いちばんやさしい

風水入門

愛新覚羅ゆうはん＝著

ナツメ社

はじめに

同じように生まれてきたのに、のちに「差」が出るのは何故だろう？と、小さな頃から人の運命の仕組みに興味がありました。

人の運命には「環境」が大きくかかわっていることを学んだ私は、その後、環境学、帝王学、宗教学を学び、「目に見える世界から見えない世界まで」を幅広く研究してきました。

そこからわかったことは、100年という人生の中で、紆余曲折はありながらも、人は最終的には「平等」に終わるということでした。さらにその人生模様には、様々な矛盾や錯覚が学びとして宿っていることもわかりました。矛盾や錯覚に惑わされることなく、自分にとってのより良い幸せをつかむには、やはり目に見える「環境」から整えていくことが大切です。時には誰かに頼るという柔軟性も重要で、生きていれば切っても切れない「対人関係」というのもまた、環境のひとつでしょう。

そして私の風水の特徴は、さらに自分自身を「家」と見立てて、自らの気を整えていくこと。健やかな身体と共に、マインド環境もしっかりと整えてこそ、開運は加速します。

本著は「日本の風土や文化に合う、21世紀の風水」としても書かせていただき、叶えたい願いごとに数多くのメソッドをご紹介していきます。難しいことはなるべく省き、どなたでも、気になるところから、いつからでも始められるのがゆうはん流風水です。

地理、家相、そして私たち自身の三位一体の環境を、今できることから、本著で一緒に整えていきましょう。

愛新覚羅ゆうはん

いちばんやさしい風水入門 もくじ

第二章 龍神も味方につけて お金も人脈も引きよせる風水 15

仕事

龍神風水

金運風水特別編

ドラゴンパワーを味方につけて幸運も！ お金も！ グイグイ引きよせる

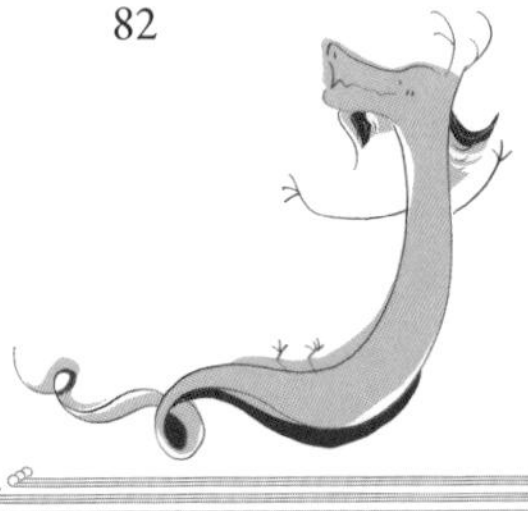

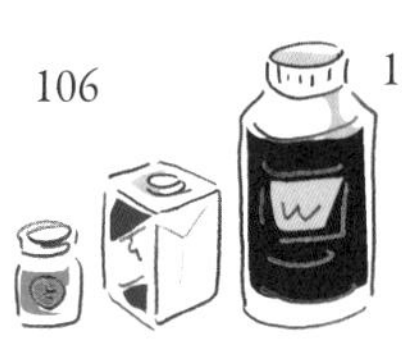

恋愛

結婚

子育て

第一章

環境と自分の「気」を整える

風水パワーの効きめとは?

その一

風水の歴史とは？

風水の始まりは古代中国でした

もともとはお墓の祀り方から始まったとされる風水は、紀元前の古代中国が発祥の地でした。人々は先祖を神仏にたとえ、その魂をしっかりと供養することで末代までの繁栄が叶えられると信じてきました。**お墓を整えることは、祖先の住《す》処《か》を整えること。のちにそれは都を整える国づくりにも役立てられるようになり、地形から風水を整えていく巒頭《らんとう》派が活躍する流れとなりました。**最も休まる場所はどこか、最も栄える場所はどこかと古代風水師は旅に出て、実際にその土地に住み、試してみてから皇帝に報告したといわれています。

◆環境学から日本独自の「家相」へ

そして、古代中国の都づくりにならってつくられた日本の都が平城京や平安京であることは大変有名です。実際の地形を生かして都づくりをしたこの地は、事実、今でも栄えています。江戸に幕府が開かれ国政の機能が移り、のちに都が江戸（東京）に移った後も、海を埋め立てて地形を人工的に整えた町づくりを実践し、近代的に発展する土地となりました。

このように、国の発展と繁栄にも役立てられていたのが、風水の環境学だったのです。

さらに、城の形や間取りなど、**住宅そのものの形状や内部構造に風水を用いたのが理気《りき》派といわれ、**地勢重視の巒頭派のあとにできた風水思想です。のちに日本に伝わってきた際に、この理気派のほうが主流となり、**日本独自の「家相」という学問へと変わって定着していきました。**つまり、私達の身近な「住まい」に風水が取り入れられるようになっていったのです。ただ、ところ変われば作法も変わるように、紀元前の風水のすべてが二十一世紀に通用するわけではないと私は感じています。ゆうはん流風水では、**古代から受け継がれる風水をベースに、日本の地形や気候に合うものを見極めて、現代日本用の風水術を提唱しています。**

愛《あい》新《しん》覚《かく》羅《ら》家に伝わる風水的教えとは？

仏教や密教が伝わる前の古代中国では、それぞれの少数民族ごとに様々な信仰がありました。我が愛新覚羅家は満州民族で、かつては女真族と呼ばれた北方系の少数民族です。シャーマニズムを原型とした文化をもち、占いや風水にも精通していましたが、特に風水は、先祖のお墓のつくり方から家の建て方まで、古代風水と現代風水が入り混じったような独特の文化へと発展を遂げたようです。北側がロシアやシベリアに面した極寒地での生活は、一筋縄ではいかない厳しいものでした。ただ、そのような環境に身を置くなかで、民族性のスピリチュアリティが高まっていったのだとも感じます。

◆女から女へと継承されてきた帝王学

しかし、この百年間の幾度かの革命の影響で、風水の重要な書物は「まやかしもの」として扱われ、ほとんどが燃やされてしまいました。現状では、我が家もそうですが「口伝」として祖母から母へ、母から娘へという形で伝承しています。

女真族の始祖「アブカハハ」は女神であり、古代は母方の系統がベースだった一族です。そのため「ここにこれを置くとこうなるよ」といった女から女への風水的ないい伝えは、一族の娘にとっては理由や裏付けを考えるよりももっと感覚的な習わしで、生活の知恵や習慣として受け継がれてきたと我が家では伝えられています。私の風水は、学校や師匠から教わったものではなく、現代に残っている本だけを読んで学んだわけでもありません。愛新覚羅家で代々継承されてきた、帝王学という教育のなかで培った術でもあるのです。

二十一世紀に有効なのは新時代の風水です

本書は「いちばんやさしい」風水ですから、難しいことはできるだけ省いています。別冊付録では、古代風水に沿った応用編も取り入れながら、できるだけわかりやすく効果的な風水術をレクチャーしていきます。

◆自分自身を内から整えることが風水の神髄

風水の「ザ・定番」といわれるようなラッキーアイテムや方角も出てきますが、**ゆうはん流風水では「自分自身を環境と見立てて整えること」**を重要視します。現代に暮らす私たちが実践しやすい、そんな二十一世紀にぴったりな新時代の風水を解説していきましょう。

その二

風水に関する素朴な疑問

Q 風水で本当に開運できるの？

人は「環境」によって人生が左右されます！

古代風水とは国家レベルの壮大なものでしたが、二十一世紀の風水はもっと身近で、私たちのライフスタイルや習慣に直結するレベルまで落とし込むことができるようになりました。

　風水は環境学でもありますから、環境やかかわるものによって運命が左右される私たちの、「衣食住」をコーディネイトする役割も担っています。

　一人で生まれて一人で死ぬという人間などいないように、誰ともかかわらず一生を終えることはありません。常に何かとかかわりながら、影響し合う人生を生きている私たちにとって、そのかかわりを選び整えることはとても大切なことです。風水で環境や習慣を整えることは、やはり運を開くための有効な手段だといえるでしょう。効果の度合いは千差万別ではありますが、早い人では即日、そうでない人にもだいたい3ヵ月で目に見える何かが起こり、遅くとも半年以内には何かしらの体感や良いお導きがあったという報告を多数いただいています。もしも「体感が薄い」「逆効果が出た」などという場合には、次のような原因が考えられます。

・自分自身の心や感情や意識部分が整わず、連動していない
・現実的な自浄努力を、能動的に同時進行させていない
・部屋の問題でも自分自身の問題でもなければ、住んでいる土地を見直す必要がある
・かかわっている人に運気が流されている
・運気のタイミングが合わなかった

　このように様々な内部的要因や外部的要因があり、これらが複雑に絡み合っている場合もあります。そのため、ゆうはん流風水では**「心（感情）、動（行動）、術（仕事や才能）」を衣食住とは別にコーディネイトすることによって、運を開く速度を加速**させていきます。このような整え方を、二十一世紀の新しい「風水曼荼羅《まんだら》システム」と名付けています。

Q 良い気を循環させて整える秘訣とは？

人は「選択」によって人生が左右されます！

何を買うか？
誰とかかわるか？
どの学校に入るか？
どこに引っ越すか？

私たちは常に選択を迫られる環境に生きています。自分で決める選択もあれば誰かの意見で決める選択もありますが、どちらであれ結果的には自己責任となります。この「選択力」が弱く流されやすい人や、自分で選択するのが苦手な人こそ、実は運気が空回りしやすく、停滞しやすいのです。

この流れを改善するには、やはり選択力を上げることが大切です。そのためには、**何よりも「自分自身」の環境を整えること**。部屋の掃除をしてきれいに整えることは、自分自身の意識の掃除をすることにつながり、**「意志や感情」のコントロールがうまくなります。すると「選択力」が上がり、どんどん強運体質になっていく**のです。

Q 風水の実践で本当に「お金持ち」になれるの？

人は「意識」によって収入も人生も左右されます！

日本の風水で最も有名な「西に黄色を置けば、お金持ちになれる」という説は本当なの？と聞かれれば、私は「西に黄色を置いただけでは、お金持ちにはならないでしょう」とお答えします。そこには本人の積み重ねた習慣や選択、それによって生まれた実績などがおおいに関係するからです。そもそも風水はそのような簡単なものではなく、**本来の風水の根源的な意味は「自らの気を整えるために、環境をほどこす」**ことにあります。実際にお金が欲しいなら「どういう自分で在るべきか」を意識していくことがとても大事だと私は考えています。強運な人というのは、常に自分がどうあるかを探求し、自分を構築する努力を惜しまないものです。ただ、ツイていない人との差は本当にごくわずかな行動の差でもありますので、ひとつひとつ、できることからコツコツとやることが大切です。

その三

風水生活を始めるには?

まずは

陰陽五行《いんようごぎょう》説を知って「気」を整える意識を持つ

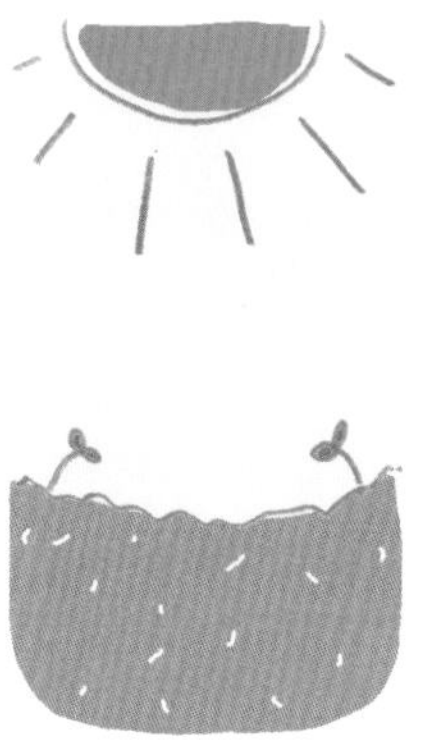

この世の森羅万象《しんらばんしょう》の成り立ちとして、古代中国の思想家たちは様々な視点からの教えを残しています。最も有名なのが「陰陽五行説」ですが、これは、陰陽思想が先に、五行説思想が後から生まれ、のちにその二つの思想がマリアージュされた教えなのです。

万物は「陰と陽」に分けられ、そのうえさらに「木火土金水《もっかどごんすい》」の五要素で成り立っているという思想です。宇宙や地球も、自然や人も、この要素で成り立ち、循環しています。そしてさらに**「衣食住という環境」「感情」「人間関係」「もの」「行動」に対する選択力によって人生に変化が生まれ、人生が左右される**と説くのが、ゆうはん流風水です。これらの根底には共通して「気」があります。「気＝エネルギー」とたとえたらわかりやすいでしょうか。

気は目に見えないもので、まるで自然の波長のようなバイブレーションが備わっています。私たち人間も気を帯びていますし、動物も植物も、プラスチックのコップも、実はそれぞれの波動を発しています。さらにいえば、それぞれの原子の集まりがそれらを象《かたど》っているからこそ、私たちには目に見えるものとして認識されているだけで、**人やものとのかかわり合いで「互いに影響し合う」のは、目には見えない気や波動の部分なのです。**

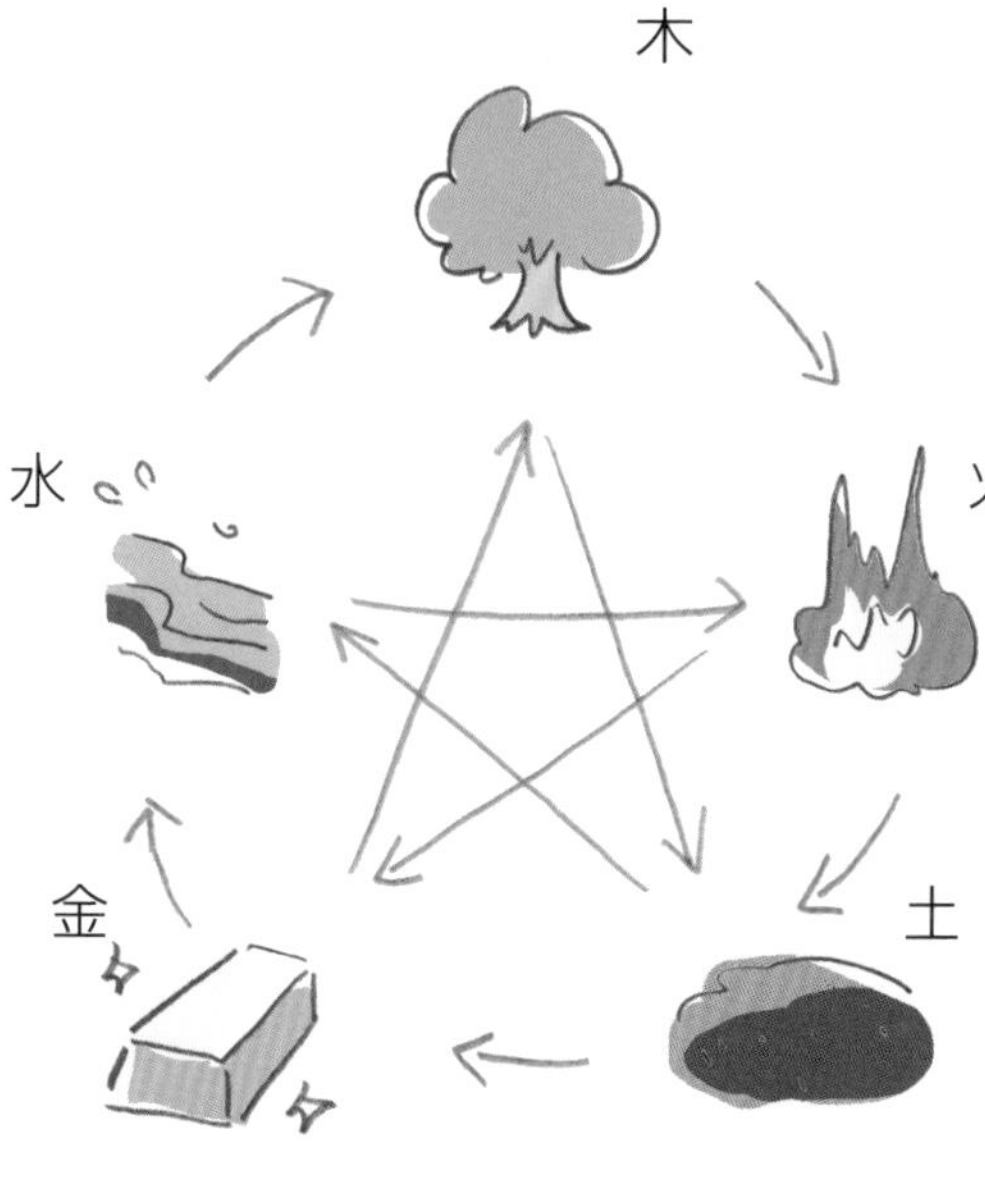

→相生　→相克

※詳しくは別冊付録P4を参照してください。

つぎに

目に見える「衣・食・住」から外面を整える

なんだか着ていて違和感がある、食べたらアレルギー反応が出た、引っ越してきてから寝付けないなどという経験はありませんか？　それは衣食住という環境の「気」が自分に合っていないサインです。私たちには動物的な本能感覚も残っているので、その察知能力で自分に合う環境を選択します。しかし、この感覚が鈍っていると、何か違和感を感じながらもその環境に慣れてしまうこともあります。さらに深く浸透していけば、合わない環境なのに慣れゆえの居心地の良さを感じてしまい、今以上を求めているのに行動が起こせなくなったり、環境を変える努力さえも面倒になったりして、さらに感覚がどんどん鈍っていくという悪循環に陥ってしまうのです。

この悪循環を防ぐためにおすすめなのが、ファッションを変えてみる、食べ物を変えてみるという試みです。「衣食住」のうちでも住まいとなると、引っ越しや独立などは手軽にできるものでもなく、いろいろな事情で縛られる要素も大きいでしょう。一方、衣と食は、手軽に新しいものを取り入れて、変化や習慣化につなげやすいジャンルです。まずは、手軽にできることから始めるという精神で、**目に見えてわかりやすい「身の回り」から整えて**いきましょう。

そして「住」では「家まるごと」というのではなく、家のなかでできるちょっとした風水術で、気に変化を与えるという方法に特化してみました。難しいことをいえばキリがないのですが、高価で手に入れにくいものではなく、手に入りやすいものを使い、面倒で続けにくいことではなく、手軽にできることを指南していきます。

そして

目に見えない「心・動・術」と内面も整える

私たちの身体や心も環境学のひとつの側面であり、これからはむしろこういった内面を整えたほうが運命は加速する、と常日頃から私は伝えてきました。たとえば、センスあるファッションで、何不自由なく美味しいものを食べ、土地も間取りも素晴らしい家に住んでいても、本人がネガティブで心に不安を抱えて家に引きこもっていれば、やはり運は開けな

いでしょう。逆もまた、しかりです。とてもポジティブで、能力も人間性も備わっている人が、ジャンクフードばかりの食生活を送り、ほつれた服を着てゴミ屋敷に暮らしていたらどうでしょう？　やはりバランスも大切なのです。

　自分に合うか合わないかを判断して選択できる力、それは、結局は私たち自身のマインドにかかっているとしかいえません。マインド環境をしっかりと整えることができて、やっと目に見える外面の選択力がつき、自分にふさわしいものを選ぶことができるようになります。本書では、この**心の在り方や、どのように行動したらさらに運が開けるのか、そしてどんな才能を高める努力をすべきなのか**、という部分も指南しながら、衣食住と心動術とを連動して、開運を加速させるお手伝いをいたします。

最後は「快」か「不快」かで判断しましょう！

　ここまで読み進めてきたなかで「私には風水はちょっと難しいかも」と不安になった方もいるかもしれません。でも、大丈夫。環境だけがすべてではないということも、ここで私はいっておきたいと思っています。

　抱えている事情は、本当に人それぞれです。今すぐには始められない、なかなか続けられない、途中でやめてしまうと運気が下がるような気がして始めるのが怖い、などという声は、風水を始めたい人からよく聞かれます。しかし、やり始めたことをやめてしまったからといって運気が下がることはありませんし、反対に、やり続けたからといって絶対に願いが叶うという保証もないのが風水です。**大切なのは、あなた自身が「楽しめるかどうか」**です。やっていて辛い、苦しいという不快感が伴うなら、それがどんなに運気を上げる良い風水だといわれても、考えたほうが良いでしょう。その不快感が、結果的に嫌気《いやけ》や不幸を引きよせてしまうのでは元も子もありません。

　本書でたくさんのテーマに対していろいろな提案をしているのは、「どれかひとつずつでもできることがあれば」という選択肢をお見せするためでもあります。**ひとつでもいいので「これなら続けられそう」というものを見つけて、まずは実践してみること**をおすすめします。そして目に見える効果や結果が実感できれば、そこからまた次にできそうなものを選ぶというスタンスで、一気にあれもこれもと欲張らないで無理なく風水に向き合ってみましょう。

　コツコツとできることから積み上げていくこと、決して無理はしないこと、不快が続くものは手放すこと。これらを意識して、本書を、そして風水を楽しんでいただけたらと思います。

第二章

龍神も味方につけて

お金も人脈も
引きよせる風水

お金　仕事　守護龍

金運風水

知っておきたい4つの鍵

key1 玄関

内と外をつなぐ最初の門。家主の第一印象を決定づける場所

豊かな人かそうでないかは、玄関を見ればわかります。玄関は家主の「顔」でもあり、お金持ちの玄関は風通しが良く、余計なものが置かれていません。彼らは**玄関が運の通り道であることをわかっていて、高級な壺や季節を感じるものでデコレートして「おもてなし」をします。**良い気で溢れている**場所は良い気を引きよせるので、お金も呼び込む**というわけ。

雑然と靴が散らばり、障害物だらけのおもてなしでは、良い気も入って来にくくなり、悪い気が溢れ、まさに邪気が好む玄関となってしまいます。運の通り道である最初の門に良い気を招き入れるには、自分ならどうもてなされたいかを意識して、入り口を整えることです。

key2 トイレ

「水の流れ」と深い関係があり、家で最も邪気が溜まる「陰」の場

風水では「水場」を大変重要視しますが、家の中の水場の代表といえばトイレです。トイレには神様がいるといわれるように、金運とも深い関係があります。**五行で「水」と「金」は互いのパワーをアップさせる相互効果の関係性で、水場が整っていないと金運も連動して下がります。**さらに、トイレは健康運も司るため、そこを軽視して健康を害してしまえば、結果的にお金を招き入れることも困難になるでしょう。「水＝陰」という見方からも、常に水が溜まる空間であるトイレは、最も陰の気が強い場所でもあります。だからこそ、小まめに掃除をしないと良い気が流れ去り、金運も流されていってしまうのです。

key3

西

お金の循環は「西」。お金の保管には「北西」が最適

お金の方角といえば「西」。五行の「金」は西を意味し、お金の流れは西に向かいます。朝日は東から昇り、西に傾くにつれて黄金色に輝き満ちていきます。太陽の動きと同様に私たちの生活リズムを表す東と西という方位は、特にお金と連動しているのです。

また、西に黄色を置くとお金持ちになるという説もありますが、中国の古代風水では「金」である西の象徴カラーは「白」。黄色は五行で中心太極にある「土」の象徴カラーです。**色のパワーを活用するなら、西にはアイボリー、ベージュ、シャンパンゴールド、ライトシルバーなど、「白」に近くかつ黄味がかったカラーのインテリアグッズを置くのが、お金に愛される家づくり**となります。さらに、「西」はお金の循環を表し、「北西」が貯金を意味します。お金は天下の回りものといわれるように、常に循環していないと腐ってしまうもの。通帳や株券など財産として貯めるものは、保管に適した北西にしまいましょう。金庫も北西に置くのがベストです。

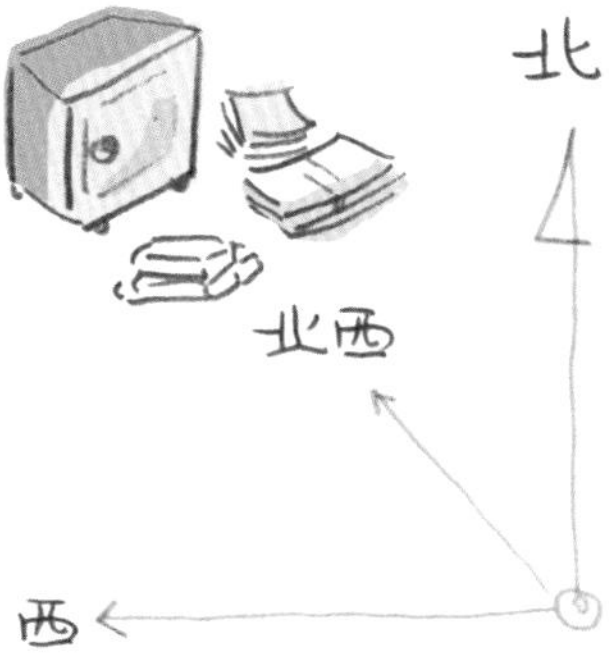

key4

龍神

自然神である龍神は「豊穣《ほうじょう》」を表しのちに金運の象徴に

龍神といえば、権力、金運、出世運など、とても野心的で強いパワーのイメージがあります。中国では皇帝＝龍神そのものとなぞらえ、森羅万象を統治する権力を有する龍神は、とても大切にされています。特に愛新覚羅家は龍の子孫といわれ、皇帝はドラゴンローブをまとい、座る椅子は「玉座」と呼ばれます。これは龍が玉を手にもつ姿から名付けられたともいわれており、龍神には偉大なるパワーが宿っていると、古代から信じられていたことがわかります。

もともと龍神の起源は「水神信仰」。古代は灌漑《かんがい》の技術が未発達で、気候に恵まれず、実りに恵まれなければ、民は飢えてしまい、国も栄えません。そこで皇帝たちは、水神として龍神を祀りあがめ、雨乞いをしたのです。つまり**自然神である龍神は「豊穣」をもたらす力をもつとされ、「豊かさ＝お金」へと変化して、金運の象徴となっていった**のでしょう。

玄関リニューアルで収入アップ

お金

玄関は運気の出入り口であり、お金の出入り口でもある

内と外をつなぐ大切な媒体である玄関は、お金の出入り口でもあります。玄関を財布にたとえると、支払いたい時にスムーズにお金を出せないごちゃごちゃな財布では、お金はうまく循環せず金運も滞ってしまいます。良い運気は外からやって来るということからも、特に玄関は重要で、内と外が出合う最初の場である玄関が汚く、障害物が多ければ、良い運気も嫌気がさして出て行ってしまうでしょう。運気を招き入れやすく、お金の循環を良くする最初の空間として、まずは玄関から心を込めて整えていくことが大切です。

Lucky

たたきはスッキリときれいにキープ

外から帰ってくると、必ず最初に踏むのが玄関のたたきです。靴底には様々な不浄なものがへばりついていますから、汚れは落とし、靴をたたきに出しっぱなしにしないで、下駄箱にしまうように習慣づけましょう。

たたきに溜まりがちな砂ぼこりやゴミは定期的に掃除をして、不浄なものが玄関を舞わないように心がけると、お金の神様は喜ぶでしょう。さらに、**たたきを水拭きすることで、浄化パワーが高まり、良い運気が定着しやすく**なります。たたきが片付けられ、スッキリと浄められている玄関は、運の通り道がしっかりと出来ています。自然とお金の出入りもスムーズで、循環しやすい空間となるでしょう。

No GOOd

豊かさのバロメーター 靴の汚れは要注意！

履かない靴、傷んだ靴、汚れが目立つ靴は思い切って処分してください。不要な靴が下駄箱を占拠しているようでは、運気も滞ってしまいます。

靴は、その人のステイタスをはかる対象物であり、経営者やお金持ちは、相手を足元からチェックしていくそうです。動物が互いの匂いを嗅ぎ合うのと似ていて、靴をチェックし合うのは互いを認識する際の儀式のようなもの。仕事をしていい相手か、取引をしていい相手かの判断基準ともなります。

また、質の良い革靴は長く履きたいもの。**革は呼吸をしていますから、部屋を換気する際には下駄箱も開けて、定期的に空気の入れ替えをしましょう。**

方位　北側の玄関には照明をプラス。明るく整えて

運気の出入り口である玄関の方位は、実は最も重要視すべきことです。ところが日本の住宅は、東南などの陽射しが入る明るい場所をリビングとすることが多いので、結果として玄関が北側になりがちです。北側に玄関がある家は「陰」の気を強く受けることになり、収入が渋る傾向となってしまいます。それをカバーするためには、まず玄関全体を明るく整えると良いでしょう。

日本では「鬼門」と呼ばれる「北東」に玄関がある場合は、さらにもうひと手間をかけましょう。水晶の玉を飾り、神社などで手に入れられる浄め塩などで、定期的に盛り塩をすることをおすすめします。**水晶の玉は玄関内の棚上に飾ってほしい**のですが、棚がなければ飾れるような壁ラックを設置して、そこに置いても大丈夫。**盛り塩は家の内側ではなく、玄関ドアの外側の、左右両脇に盛り**ましょう。

鏡　積極的に取り入れたい鏡。姿見は真正面を避けて設置して

どんな方角の玄関でも、積極的に置いてほしいのが鏡。できれば玄関を入って左手に飾ることをおすすめしています。風水アイテムの中で最も有名な鏡が「八卦鏡」ですが、普通の鏡でもかまいません。ぜひ活用してください。

入ってすぐに鏡で姿が見えることのない設置位置がポイントで、人が映り込まない高い位置や、正面からは少し角度をつけた位置にセットしましょう。鏡は邪気を祓うパワーが大変強いのですが、良い気もまた祓う習性があります。玄関からは良い気と悪い気の両方が入ってくるので、邪気だけ祓ってもらえればいいのですが、良い気まで祓われてしまってはたまりません。そこで置き方が鍵となるのです。特に八卦鏡を使う際は、できるだけ自分の姿が映らないよう工夫しましょう。全身を映す姿見も、入って真正面ではなく、左などの側面にあるのがベターです。

鏡は入口から見て
左側に置く
人が映らないよう
角度をつけて

お金の動きを学んで貯蓄力をつける

お金

「貯《た》まらない」を口癖にして、怠惰な自分を許していませんか?

相談業をするうちにわかったことは「日本人はお金の教育をされていない」ということ。どう使うか、どう貯めるかという教育を受けていないので、お金とはそもそも何なのかという根本をわかっていないと感じます。余裕があるにもかかわらず出費が多いと言い訳をしたり、余裕がないなら当然するべき収入を増やす努力をしなかったり…という「言い訳」と「怠惰《たいだ》」が金運を大きく後退させているのです。ゆうはん流風水では「目に見える環境」だけでなく、目に見えない「心や意識の環境」を大切にし、そのあたりも実践的に整えていきます。

Lucky

お金の動きを記録し理解を深める

まずは見えていないものを把握するために、ゆうはん流風水を実践しましょう。**記録に残すことは記憶に残ること。必ず金運アップに役立ちます。**自分が何に一番お金を使っているかを把握することで、やっと節約や貯蓄の意識が芽生えます。

昨今はキャッシュレス時代で、現金払いが減るほどに「使い道が見えない」状況となり、後で請求が来て返済に追われるというマイナスループも生まれがちです。ただ、お金を貯めたいなら、何にお金を使ったかを把握するのが先です。まず明細のチェック、そして家計簿をつける。半年ほど記録が溜まったら、そのお金の動きをチェックして、自分なりに分析してみましょう。

No Good

貯蓄への苦手意識が元凶

「貯金ができない」という口癖は禁物。脳は口にした言葉しか認識しないといわれていますが、**その言葉を繰り返すことによって「貯金ができない人」と自ら自分を位置づけてしまうこととなり、貯金に向かう行動が制限される**ようになります。

また、ポイント活用などの利点も含めて合理的にキャッシュレスで出納管理をしようという意識もなく、余裕がないから、とりあえずカードで後払いにしようという感覚でカードを使っている人は、決してお金に愛されません。お金に振り回されるのではなく、お金をしっかりと管理するために、現金払いに努めてみるのもひとつの手です。

方位 貯蓄なら北西。家の北西を整えてお金を「寝かせる」

お金といえば「西」ですが、西はお金の循環を促す方角です。では貯蓄はというと、「北西」が鍵なのです。「北」という陰の作用を促す方角は、鎮まる、安定、落ち着くという意味もあり、まさに「お金が寝る」のに適している方角。そのため、ゆうはん流風水では、**西が循環、北西が貯蓄とお金の役割を分けて対策**しています。

ご自宅の北西の位置には、何がありますか。トイレ、風呂場、キッチンなど「水場」がある場合は、お金が貯まりにくい家となります。寝室やリビングなら、工夫次第でお金が貯まりやすい家となります。家相では「北西＝男性」、いわゆる主人を表す方角でもあるので、**北西部分が欠けていたり、障害物が多かったり、汚かったりする場合もお金は貯まりません**し、経済的安定を生まないと考えてください。意識して浄め、整える必要があります。

収納 暗く静かな場所に、お金だけの保管場所をつくって

お金は暗くて静かな場所を好みます。お金のもとである金属、特にゴールドはどんな鉱物よりも重く、地中深くに何年もかけて蓄積していきます。だからこそ希少価値が高いわけですが、そんな金属の性質を生かして**部屋の中で最も暗く静かな場所、引き出し、クローゼットなどに保管する**ようおすすめしています。通帳、印鑑、株券、権利書など、財産にまつわるものも同様です。**ほかのものと一緒にはせず、お金だけの場所をつくってあげて**ください。

金庫を持っている人は、北西のクローゼットや収納などの一番奥の暗い場所に安置してあげてください。そして1カ月に一度でかまいませんので、クローゼットや引き出しなどを開け、さらに窓も開けて換気をすると、より一層貯蓄運がアップします。貯金が苦手な人は、手始めに北西にあるクローゼットや引き出しの整理から実践してみましょう。

北西のクローゼットの中に
お金だけの場所を

お金がお金を増やしてくれる！ 投資と運用

自分だけが働かず、お金にも働いてもらうことが大切

日本ではまだまだお金の教育が浸透していないせいか、少額でも損をするリスクを怖がり、確実な保証がないことには手を出さないという考え方が主流のようです。もちろん、お金に対して保守的であることは決して悪いことではありません。でも、これからの時代はお金のために過労になるまで働くのではなく、「お金に働いてもらう」ことを学んで実践することも有効だとおすすめしています。すでに投資運用で生活をしている、または副業として楽しんでいる人もいらっしゃると思いますが、風水術もぜひ活用してください。

Lucky

まずは環境よりも自分自身を整える

不動産、外貨、FX、株、NISA《ニーサ》、仮想通貨（暗号資産）など様々な投資運用の方法がありますが、まずは自分自身の意識を整えることが大切です。

投資運用に関する本をたくさん読み、セミナーに出向いたり、実際に投資運用をしている方からレクチャーを受けたりして、まずは積極的に知識を蓄え、自分にはどれが向いているかを見極めて、小さく始めていきましょう。「失敗するかも」「損をするかも」という意識ブロックがあればあるほど投資運用に向いていない、というのではなく、運用から遠のくと思ってください。**チャンスは常にあるということを意識して、自分のアンテナを立てておくことが、投資運用運を引きよせる秘訣です。**

No Good

「保証」を求める心が運を遠ざける!?

保険でも、雇用でも、薬でもそうですが、物事に「絶対」はありません。確実にある「絶対」は、私たちは生まれたら死ぬこと、そして死んだらあの世にお金はもっていけないということです。

今ある状況がその後も確実に続くという保証はなく、それは投資運用も同じです。今は良くても悪くなる可能性はありますし、逆もまたしかり。**保証を求めるよりも、ダメでも死ぬわけではないからやってみようという心持ちが大切です。**ただし、失敗が致命傷になるような投資のしかたはNG。借金をしてまで励むのは控えましょう。あくまでも自分の貯蓄や収入でできる無理のない範囲で運用することです。

お金

方位

西を整え　守り神「白虎《びゃっこ》」で　難を除ける

お金は「西」から舞い込んできて、「北西」で貯まるという流れを考えると、投資運用は「循環」に位置するので、お金の循環を意味する方位「西」のお部屋を整えることが大切です。また、中国で西の守り神は「白虎」という神獣。この**白虎の絵や置物を西に飾ることで、守護してくれるだけでなく、難を除けるパワー**がそこに宿ります。白虎は想像上の神獣ですが、ホワイトタイガーや虎などの写真やイラストでもOK。置物なら、ぬいぐるみなどの毛があるものは避け、陶器、木、ガラス製などの滑らかなものが良いでしょう。

また、ご自宅から「西」の方角にある銀行で投資運用用の口座を開設したり、その方角の証券会社に相談をしたりするのも良いでしょう。西からお金は舞い込んでくるので、ご自宅から見て西で開催されるセミナーなどで、お金に関する情報を得るのも良いですね。

環境

トイレ、バス、キッチンは、常に　明るく清潔に

投資運用は、常に動きがあり目まぐるしくグルグルと循環しています。為替を見るとわかるように、毎分、毎時間とグラフが取引で変化します。その変化に対応し、お金の循環を良くして運用するためには、住まいの循環も良くしなければいけません。

住まいの循環といえば、**トイレ、バスルームなどの水場を整えることが最も大切**。たとえば、排水溝が詰まっていて流れにくい、湿気がひどくジメジメして臭いがするなど、**水場の循環が滞ると金運も滞ってしまう**でしょう。まずは湿気対策です。湿気が部屋にこもりやすいと感じる人は、除湿剤や除湿器、炭などで対策を。排水溝の掃除は小まめにし、お風呂に水を溜めておくのなら、フタをするなど工夫をすること。トイレもまた常に水が溜まっているところになりますから、使用後は必ずフタをすることをおすすめします。

あなたの引きよせパワーを高める 買い物術

お金

自分を知る人は買い物上手、見栄っ張りは買い物下手

生きていくうえで不可欠なものを、私たちは働いて得たお金で購入しますが、もちろんそれだけでは足りません。趣味のため、スキルアップのため、美しくなるため、そういったたしなみにも、やはりお金は必要です。煩悩がある限り、無駄遣いの完全な制限は難しいでしょう。ただ、地球に生を受けたからには、買い物を楽しむのも煩悩を満たすという欲求の一部と捉えれば、ある程度の無駄遣いは、人として当然の性《さが》なのかもしれません。買い物は、実は「縁物《えんもの》」。あなたの引きよせ運が問われます。

Lucky

自分の好みを知って分相応を見極める

買い物運が良好なのは、自分の好みをよく知っている人です。何が好きで何が嫌いかはっきりしていれば、**それが必要か不要かの判断が瞬時にできるので、余計なものを買うことが少ない**傾向にあります。このタイプの人は自然と引きよせパワーも高まり、以前から欲しかったものを偶然の重なりによって手に入れたり、限定品で手に入らなかったものが様々なつながりで手に入るなどの幸運にも恵まれるでしょう。

さらに、自分に合うか合わないかを、**好きか嫌いかの判断ではなく「相応かどうか」で見極められる人も買い物上手**。その見極めの際の「俯瞰して見る」「客観的に見る」訓練が、あなたの買い物運アップにつながります。

No Good

ものを生かせない!? 雑念だらけの買い物

余計なものを買って後悔する人は、雑念に振り回され流されやすいタイプ。**「何となく」買い物をする癖があったり、「すすめられたから」という理由で買ってしまったりすることが多いでし**ょう。結果的に合わなかった、必要なかったという流れにもなりがちで、ものが増えても心は満たされず、下手をすれば「あの人のせいで」と誰かを恨むという不運の連鎖も起こり得ます。

また、周りから自分がどう見られるかを気にしすぎる人も、買い物では雑念から逃れられないでしょう。**プライドを保つために買い物しがちで、ものを大切にしないことも多く**、ものが生かせず、買い物運にも恵まれません。

収納 気を整えるには まずは引き出しの 小物整理からスタート

買い物下手で、後悔が残りやすい人におすすめなのが、小物の整理です。文具や化粧品などの雑貨類、手紙や冊子、書類などの紙類といった引き出しの中のものから、まずは整理しましょう。引き出しの中が汚い人は、まだストックがあるのに同じものを買ったり、使い切っていないものに違う種類を足したりする傾向にあります。結局、引き出しの中身を把握していないから、自宅に何が足りないかも把握できないのです。

引き出しという小さなスペースであっても、まずはそれを整えることで気も整ってきます。自宅の引き出しはもちろん、会社のデスクの引き出しも、同様に整理して。引き出しの中が見やすく整っていれば、ものの過不足がわかりやすくなり、無駄な買い物は減るでしょう。ただし、同じものが多すぎるということと、コレクションは別の意味なので気にしないでください。

意識 買い物で 心の不安を満たして いませんか?

不安で買いだめをする人や、不要なものをただ買うことで満足する人は、買い物を心の問題として捉えていかなければいけません。**買い物上手な人は、心＝感情のコントロールがうまい傾向にあります。ものはもつ人の心を表すといわれるように、どういう意思をもって買っているかがとても重要**です。

わかりやすいのが部屋のインテリアや身に着けているもの。冷静な目で確認してみてください。改めて見て「統一感がないな」と感じるようなら、あなたの心が散漫になっていたり、流されて買い物をしていたりする可能性が高いでしょう。逆に統一感があれば、あなたの「世界観」がしっかり出ているということで、買い物上手といって良いでしょう。もしも、心をもので埋めているなと感じたら、本当に足りないのはものではなく何なのか、ということをじっくり考えてみてください。

新しい財布を味方につけて浪費を抑える

お金を使わず、お金に使われてしまうのが浪費家への道

見栄っ張りで高いブランド品ばかり買う、不安で不要なものを買いだめするなど、心理的な要因で必要がないところにお金をかけてしまうのも浪費の大きな一因です。後に残るものなら、リサイクルや譲渡も考えられるのでまだマシですが、最たる浪費といえば「形に残らないもの」でしょう。不本意なつき合いや外食で食事代が消えたり、見栄で後輩にごちそうばかりしたりと、いつの間にかお金が消えている「浪費」は、強く意識しないと抑制しにくい部分。もちろん交際費ですから、そこに楽しさが伴っていれば話は別です。

Lucky 収支バランスを知り「予算」を整える

浪費癖がない人は、お金に「使われる」ことはありません。あくまでも主導権が自分にあり、自分が「快」と思えないものには財布のひもが固いのです。

また、自分の収支のバランスをしっかりと把握できている人は、何にどれだけお金を使えるかも熟知しているはずです。そのため、欲しくても予算が足りなければ「我慢」する習慣もおのずと身についていることでしょう。この「我慢」が浪費を防ぐ意志の要です。まずは家計簿をつけて収支を把握し、**貯金、生活費、遊興費と大枠を決め分けて使えば、節約能力も上がって浪費も減るでしょう。**自制心で枠を超えない自己管理ができている人は、浪費とは無縁です。

No Good 欲望のままの散財はお金をダメにする

欲しいものが我慢できず、早く手に入れたいという欲求が強い人は、借金してでも手に入れるという、手段を選ばない買い物癖が浪費につながっています。また、お金が入ってくるとすぐに使ってしまう、通えていない習い事やジムなどにお金を払い続けているなど、**一時的な発想だけで継続性がないことは、結果的にお金をダメにします。**

お金の管理や計算が苦手だなと感じる人は、誰かに管理をしてもらうのもひとつの手です。管理を完全に任せなくとも、お金のプロからの助言や指導など、人の手を借りてお金について学んでいくことは、浪費を抑える有効な手段となります。

お金

財布

年運を味方につけたい財布。寿命はせいぜい2年！

「財布のひもが固い、ゆるい」というたとえがあるように、浪費家かそうでないかは、財布の整え方にも関係してきます。財布の縫い目がほつれている、穴が開いている、ファスナーが壊れている、もう3年以上同じ財布を使っている…このような人は、どうしても浪費傾向に金運が傾いていきます。

財布は、「年運」というその年の運気に合わせてカラーや素材、デザインを選んで新調することで、運気にも乗ることができる重要なアイテム。最長でも2年ぐらいが寿命だと思ってください。お金は天下の回りものであるように、その器もまた同じです。そして忘れてはならないのは、お金は呼吸をしているということ。**お金が息苦しさを感じることのないよう、本革で伸びが良く、通気性の良い財布を選んでく**ださい。財布をケチると、金運を落とす傾向があるので要注意です。

環境

家の中心に「水場」があると、良い気もお金も流れてしまう!?

浪費を防ぎ、生きたお金の使い方をしたい、という希望を叶える家とは、間取り図の中心（別冊付録P11参照）に「水場」がないことが鉄則です。風水では、家のちょうど中心にトイレ、バスルーム、キッチンのシンク、冷蔵庫など「水」に関するものがあると金運が悪くなるとされています。なぜなら、**良い気は部屋の中心に溜まるため、ここに「流れる」を象徴する「水＝陰」があると、どんなに良い気が入ってきてもすべて流されてしまうという負の循環が生まれるからです。**

当てはまる間取りなら、正直なところ対策が難しい物件です。賃貸なら引っ越しをするか、一戸建てなら部分リフォームや建て替えの検討をおすすめするくらい、重要な風水ポイントとなります。ただし、家の中心がぎりぎりトイレのドアだった…などというように、水場そのものの位置が少しでも中心からずれている場合は問題ありません。

お金が居心地の良い
お財布を！

家の中心に水場があると
金運が悪くなる…
冷蔵庫も！

第二章

期待もはずれも楽しむ精神で 宝くじ運アップ！

お金

買わなければ当たらない。買うことを積み重ねられるか？

一度は高額当選を夢見る宝くじ。「どうせ当たらないから」といって最初から可能性に匙《さじ》を投げるよりは、「いつかは当たるかも」という前向きな精神で買っていくといつか幸運に恵まれるかもしれません。高額当選者には大量の枚数を毎回買うわけではなく、シーズンごとに決まった枚数だけコツコツ買い続けている人が多いようです。最初は低額が当たって、だんだんと額が大きくなり、ついに高額当選という流れが多いと統計で出ていますが、やはりこれも、買い続けることによって生まれた確率変動が関係しているのでしょう。

Lucky

運活を意識して はずれも楽しむ

高額当選者の方々は、普段から運気を上げることを意識して行動しています。「どうせ当たらない」などと可能性を否定することもありません。さらに、当たらなくてもいいけれど、当たったらラッキーという意識です。確率は何万分の一でも「もしかしたら」という可能性にポジティブに賭けるのです。

当たらなくても大丈夫という相応の枚数を購入し、自分のできる範囲で楽しみを買っているのです。この楽しんでいる姿に、福の神も打ち出の小槌《こづち》を振りたくなるのでしょう。笑う門《かど》には福来《きた》るという言葉があるように、「もしかしたら」とワクワクしながら、でもはずれたら「やっぱり！」と笑える明るい心持ちが大切です。

No GOOd

宝くじは楽しむもの。楽しめないなら不毛

過剰に当選を期待したり、これだけ買ったのに当たらなかったらどうしてくれようとマイナス思考に偏ってしまう人は、そもそもギャンブル自体に向いていないかもしれません。買ってワクワクするという楽しみより、**はずれた悔しさや後悔が残るようであれば、宝くじに手を出すのはやめましょう。**

またくじ運にツキがない人は、総じてことを何かの「せい」にすることが多いようです。人のせいにする人は、実は自分を信じられない人。それでは残念ながら福の神には好かれにくいでしょう。まずは、依存心から脱却し、自分自身や、自分の運をポジティブに楽しんでみてはいかがでしょうか。

神様

恵比寿様、大黒様の豊穣パワーをお借りしましょう

豊穣《ほうじょう》の象徴である神様のパワーにあやかることもおすすめです。恵比寿と大黒の二体の神様は、私たちに豊穣をもたらし、食べるに困らないサポートをしてくださいます。

宝くじを購入したら、**恵比寿様、または大黒様が祀られている神社仏閣に参拝に行き、ご利益を授かりましょう。**

参拝するかい

近所にそのような神社がない、または行く時間がなかなかとれないという人は、恵比寿様、大黒様の置物を買って、その前に宝くじを置いておきます。必ずしも置物でなくても、イラストなどのポストカードや写真でもかまいません。二体の神様に祈りを捧げて、パワーをお借りしましょう。

基本的に、**宝くじの保管場所としては、お金のご利益がある「西」側が最適**です。買った宝くじを神棚や仏壇に祀っているというお話もよく耳にしますが、これは効果がなく、マナーのうえでも間違いなので避けてください。

宝くじは封筒のまま
恵比寿様・大黒様の置物を

カラー

宝くじ購入にはパワーカラーの「赤」を活用して！

赤は「生命力」を表し、やる気、覇気、勇気を呼び起こす色。勝負の時に使うと絶大な効果があるといわれています。古代では魔除けとしても、赤は長く使われてきました。邪気を祓い除けて、パワーを宿すカラーとして大いに活用していきましょう。

宝くじを購入する際は、赤い靴、バッグ、下着、キーホルダーなど、何かしら赤いカラーのものを身に着けて行くことをおすすめします。身に着けることに抵抗があるという人は、当日の朝、ぜひとも赤いパワーフードをいただきましょう。イチゴ、リンゴ、トマト、エビなど、できれば季節の赤い食べ物がおすすめです。

そして宝くじを購入した後は、**購入時に入れられた封筒の封を開けずに、そのまま赤い布や折り紙などに包んで保管**しておくと、赤のパワーを逃さずキープできます。

ギャンブル運は学習と運活の二本立てでつかむ

お金

向き不向きのあるギャンブル。ほどほどに楽しむことが大切

娯楽と刺激が同時に味わえるギャンブルには、運が大きくかかわっています。だからこそ、極端な向き不向きがあるともいえるでしょう。カジノ、パチスロ、競馬など、一攫千金《いっかくせんきん》を狙うジャンルが世界には溢れていますが、実は、保険、株やFX、仮想通貨（暗号資産）などの金融商品にもギャンブル的要素は含まれます。不動産も、いつどうなるかわからないという意味ではギャンブルです。とどのつまり、私たちは常に「流動的リスク」に振り回されているということ。ギャンブル的要素なしに生きることは難しいのかもしれません。

Lucky

ギャンブルへの理解と、余裕ある心

ギャンブル運がある人は、負けることもよく知っている人です。さらに、ずっと「勝ち続ける」などということはないことを強く理解しているのです。特に、パチンコやスロットなどのギャンブルは、やり続ければ必ず負けていくシステムができていて、機械相手であるほどその法則は強まるでしょう。

カジノや競馬など、人を介したギャンブルもまた、一時は勝っても調子に乗って続けていけば、いつかは痛い目を見ることもあります。「何があっても割り切れる」という**お金の余裕プラス心の余裕がある人だけが、ギャンブルに向いている**ともいえます。「ほどほど」を知っているタイプは、自分で歯止めをきかせられるのです。

No Good

依存傾向のある人はギャンブルに不向き

ギャンブルに向いていない人の最たる傾向は、負けた分を取り返そうとギャンブルにギャンブルを重ねることです。さらには、お金がなくなっているのに借金をしてまでギャンブルに依存してしまう怖さもあります。種がないのに花を咲かせよう、などという不可能に挑む野心を、もっと別のことに生かせれば良いのに…と思いますが、そんな**不向きな人ほど、実は依存性が強い**のです。

人は何かに依存しやすい生き物でもあります。アルコール依存、恋愛依存、他者依存など、**依存する傾向が強いという自覚がすでにある人は、ギャンブルには手を出さないほうが無難**です。

音 鈴の音で邪気を祓い 神様を呼んで パワーアップ！

「風水環境学でギャンブル運は上げられないのでしょうか?」と聞かれる方には、「実は可能です」とお答えしています。ただし、万能ではないことを念頭に置いたうえでお楽しみください。

　普段持ち歩く財布やバッグなどに、鈴などの音が鳴るものを付けてみましょう。たくさん付けるのではなく1、2個ぐらい、好みの音色で、うるさい、煩わしいと感じない程度がポイントです。**音は邪気を祓うと共に、神様を呼ぶとされています。そこで神様のお力をお借りして運をパワーアップするために、音の鳴るものを常時身に着けておくことをおすすめしているのです。**ただ、音が鳴ると差し障りのある人もいらっしゃるでしょう。その場合は、ギャンブルを楽しむ日に、きれいな鈴の音や鐘の音のヒーリング音楽などを聴いてからお出かけになるのも良いでしょう。

意識 分析力・観察力を 鍛錬して、賢く ギャンブルを楽しむ

　ギャンブルは確率です。前日当たっていないものは翌日当たりやすくなっていたり、前日大きな当たりがあったものは翌日当たらなかったりということも、ままあることです。分析力を高めれば、その傾向をある程度把握でき、ツキの確率を上げることも可能でしょう。そのためには、**日頃から何事も観察を意識して、洞察力を鍛えていくと**良いでしょう。何の知識もないまま、たまたま買って当たりましたという奇跡ももちろんありますが、ギャンブル運を継続させるためには、賢くもなっていきましょう。これは、ゆうはん流風水でいう自分自身の意識を整えるジャンルになります。

　分析力や観察力をアップするために**おすすめなのが、推理小説を読むこと。**どうしてそうなったのか、どういう仕掛けがあるのかを捉え、楽しみながら考えるにはぴったりのツールです。

推理小説で
楽しみながら
分析力や観察力を

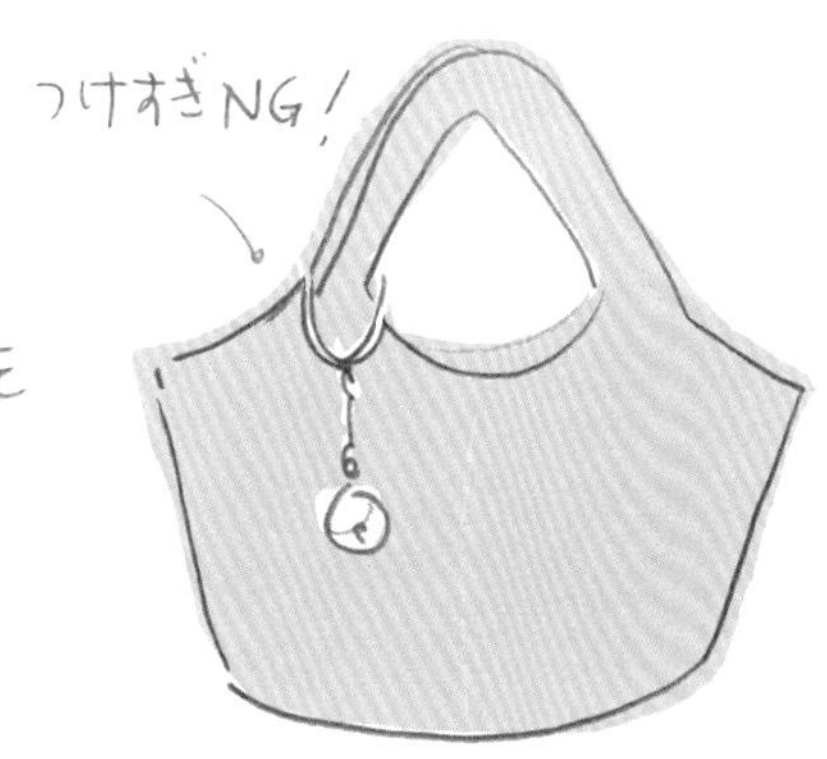
つけすぎNG！

第二章

北西を整え、土と触れ合って不動産運を育てる

最も大きな買い物、マイホーム。入手には忍耐力が必須

いつかはマイホームを建てたい、手に入れたいと思うことは、誰しもあるでしょう。家を所有するということは、安定を生むイメージもあるので、落ち着きたいな、根付きたいなという思いが強い人ほど、家をもつ傾向があります。しかし、一生に一度の大きな買い物でもあり、少子化や人口減少がさらに進めば、空き家の増加や地域によっては過疎の問題と向かい合うことにもなります。今や問題となり始めた「〝負〟動産」をどう生かしていくかも、時代に合わせて考える必要があるでしょう。

Lucky

買うにも貸すにも、責任と信頼が鍵

不動産運に恵まれているのは、忍耐力が強く、責任感がある人が多いようです。自分や家族のための不動産「マイホーム」は、安い買い物ではないし、家族を守ろうとして、居心地の良い空間を熟考した結果だからです。

また、資産運用のための不動産活用では、契約の遵守はもちろん、店子をファミリーのように捉えることができる大家さんの物件は、やはり空き家が少ないようです。結局は「信頼」というベースがしっかり意識されていないと、**買うことや売ることはもちろん、貸すことにも継続性が生まれにくくなってしまうのです。**不動産運のある人というのは、誠実さで自ら吉運を呼び込んでいるともいえます。

No Good

コミュニケーション不足が運を希薄に

一ヵ所に居つかないほうが運気的に良いという人も、実はいます。ただ、そういう運ではないのに不動産運に恵まれず、いつも家選びではずれを引いてしまう人は、コミュニケーションなどの問題で対人関係がうまくいかないことが多いようです。

友達が少なかったり、人との交流が苦手だと、その人のそばには人が居つかないので、周りの住環境とも関係が薄くなり、結果としてその地に居つきにくくなります。**日頃のご近所づき合いや、何かの時の助け合いが必然的に生まれてくるのがコミュニティなので、それが苦手な人は、不動産運ともご縁が薄くなりやすいでしょう。**

お金

神様

不動明王がご本尊の寺院へお参りするのも吉

不動産は価値に流動はあるものの、基本的には地に根付いている「もの」です。こういったもので資産運用をしている場合は、「北西」を重要視していきましょう。**家や部屋の北西をきれいに掃除して整えること**はもちろん、その方位に将来自分が手にしたい不動産のイメージ写真などを飾ってみるのも良いでしょう。木材でできた温もりのある家具などを選んで、**居心地の良い北西の空間を作って**みましょう。

さらに、「不動産といえばお不動さん」でもあります。**不動明王がご本尊の寺院へお参りする**のも良いでしょう。できればご自宅から「北西」に位置するところの寺院を探してお参りするのがベスト。そこで祈祷していただいたものを、自宅に飾るのもおすすめです。その際はポイントとなる北西ゾーンに、神棚のようなサンクチュアリ（聖域）をつくって飾るのも良いですね。

習慣

ガーデニングで土に触れて不動産運を上げる！

土に根を張って不動の大木となっていく木のように、**土に根付くことをすると不動産運は向上**していきます。土をいじり、植物を育てるガーデニングや農作業などで、土に触れて何かが実を結ぶような趣味をもち、経験を積み重ねると良いでしょう。

植物を育てるのが苦手な人は、小さな鉢植えから始めてみたり、室内で簡単に育てられる観葉植物の世話をしたりすることでもかまいません。ただし**土、根が張る、育つ、という3つのポイントをきちんと押さえることが重要**です。そうすれば土との関係が深まり、良い物件情報が入ってきたり、地に足が着くことでしっかりとした計画を立てられるようにもなっていくことでしょう。育てることが難しい環境や事情がある場合は、週に一度でもいいので、自然豊かな場所に行き樹木や土に触れる時間をつくることをおすすめします。

メンタリティが相続運を左右する

争《あらそ》わず、妬《ねた》まない。中庸《ちゅうよう》な意識が相続運を引きよせる

どのような家庭環境に生まれたかで左右される相続運もまた、実は偶然ではなく必然的な側面が大きいものです。人がその家系に生まれてきたのもまた必然。誰しもこの家に生まれてこういう修行をするぞ!と、生まれる前に選択してきているのです。「もっとお金持ちの家に生まれていれば」という不公平感も、それは比べる対象がこの地球上にあるというだけで、ネガティブに捉えることにはあまり意味がないのです。実際、恵まれない環境に生まれても、逆境をバネに大成していく流れをつかむ人がいることを忘れてはいけません。

お金

No Good

心の揺らぎが相続運に悪影響も

情緒が不安定、感情の起伏が激しいなどの揺らぎがある人は相続運に恵まれない傾向にあります。何事も感情で捉えてしまうと、本来相続できるはずのことやものも継承されなくなるでしょう。**本当に大事なことが見えなくなり、目に見える「お金」や「不動産」ばかり見てしまうのです。**

心が不安定だと、目に見えるもので心の隙間を埋めたくなります。それも人間らしいのですが、その思いが仇《あだ》となって肝心なものを相続できないなどということにもなりかねません。また相続争いになった場合、争いは感情から沸き起こるため、「心」はさらに諸《もろ》刃《は》の剣となるでしょう。

Lucky

受け継ぐものには感謝する気持ちを

相続に恵まれたということは、あなたが選んだ家系に恵まれたと考えられます。親族の死後、受け継ぐ何かがお金や不動産などの目に見えるものであることもあれば、知恵や誇り、さらにいえば生命そのものを受け継いでいくと捉えることもできるでしょう。このように、**残されたものが仮に目に見えなくても、多くても少なくても、それに感謝できるメンタリティをもっている人は、相続運に愛されるでしょう。**

親族と分けて相続する場合は、謙虚さも大切です。ただし人間ですから、もらえるものはもらっておくという貪欲さも大事で、争いたくないと相続を放棄して後悔しないよう、手放すタイミングを間違わないことも大切です。

習慣　口は災いの元。不平不満はお金から好かれない原因

お金に好かれない人の大きな特徴は、不平不満などを常に口にしていることです。他人の芝生が青く見えるがゆえの妬みやひがみといった「悪口」が多い人は、そもそもお金に好かれるはずもありません。「相続運」には、故人から受け継ぐものだけでなく、人からの贈与・プレゼント運なども入ります。「あの人に、これをあげたいな」と思ってもらえるような人間性をもった、魅力的な人になることがとても大切です。そのため、日ごろから愚痴や悪口をできるだけ減らすように努力をしましょう。

また、お金に関する口は、まさに災いの元。「お金がない」「ついてない」「なんで私だけ貧乏なの」「こんなに働いているのに割に合わない」などといった愚痴をよくこぼしてはいませんか？　**お金に関する不満は決して口に出さないという習慣をつけると、それだけで金運は大きく変わってきます。**

意識　積み重ねた「徳」が相続で返ってくることもあり得ます

寄付や奉仕活動をする人は、生きているうちに徳を積んでいきます。そして徳が高い人ほど、さらに誰かから徳を授かることが多々あります。寄付の額は関係ありません。高価ならば良い、安価なのは劣るということではなく、気持ちの積み重ねがとても大切なのです。ボランティア活動はもちろんのこと、日常的に誰かがヘルプを求めていたら、自分のできる範囲で協力してあげることで、いつかあなたが困ったときにその「徳貯金」がどかっと返ってくることがあります。相続をするというのは物質だけでなく、優しさや思いやり、親切心といった「真心」も対象であることを意識することが重要です。

また方角でいえば「北東」が相続運を司ります。もしも**相続に関する心当たりがあるなら、北東に位置する部屋をしっかりと片付け、浄めておくこと**をおすすめします。

良い循環を生むための……借金の返済力アップ

借金はネガティブに考えず、先行投資と捉えて

借金と聞くとネガティブなイメージかもしれませんが、先行投資としての「生き金」を借金することで、運気が好転することも実はあります。何に対してお金を借りるのかは大事ですが、計画的な返済が見込める借金であれば、特に問題はなく、返済に向かって努力をすれば良いのです。そもそも人生で一度も借金をしない人はごく少数派だといえます。クレジットカードでの支払いも一種の前借りですし、車や家などの大きな買い物で銀行にローンを組むこともあるでしょう。借金は経済の仕組みのひとつとして捉えていきましょう。

No Good 無責任さが借金を死に金に！

借金にのまれてしまうのは、一言でいえば計画性がなく「なんとかなるかな」という思考の人が多いでしょう。前述した返済能力に長けた人は「なんとかする」という意志で行動に向かうので、その**責任感の違いが死に金と生き金の分かれ道になる**と感じます。

また、返済が完了していないのに、その返済のためにお金を借りるという悪循環に陥ってしまうと、借金に支配される人生へと転落していくことになってしまいます。自己破産などで返済を逃れる方法もありますが、結局のところ完済ができない人は、またいつかどこかで同じように借金をこしらえることになるでしょう。

Lucky 借金は「お金の循環」。上手に乗りこなして

何度もお伝えしますが、お金は「循環」するもので、借りる人がいないと循環も滞ってしまいます。このような循環の流れをつかんで、上手に乗りこなしている人は、決してお金にのまれません。借金以上に働く努力や行動ができる人でもあり、良い意味での「借金」という感覚を日常的にもっています。何のための借金なのか、借金をしてまで行うべきことなのかを精査してから借り入れを決めてもいるでしょう。

何かしらのきっかけで返済が滞ることがあっても、立ち止まらずに動いている人は次のチャンスにも恵まれやすいもの。**あきらめず、止まらず、目的に向かって行動できる人は、借金そのものをポジティブに生かせます。**

お金

雑貨

手帳を買い替え活用して自己管理能力を上げる

お金をきちんと管理することも、自己管理能力のひとつ。自己管理ができない人は、お金の管理も下手だということになります。この能力を上げるためにおすすめなのが、**今の手帳を買い替えたり見直したりすること**。できれば本革などの手帳カバーで、愛着をもって長年使えそうなものを購入してください。中のレフィル部分を取り換えられるものが良いでしょう。毎年一冊一冊使っては捨てることをやめて、長く使えるシステム手帳にするだけでも、管理パワーがグンと高まります。

さらに、その手帳に日記をつけることをおすすめします。**自己の記録をつけられる人は、そこに反省点を見出して、では次に何をしようという目標設定の意欲も湧きやすいもの**です。それが自然と新たな「動き」を生み出してくれるでしょう。日記は必ずしも手帳でなくても、SNS上でも結構です。

神様

返済力を高めてくれる！古代中国風水の神獣ヒキュウとロングイ

返済力を高め、完済を早めるためにおすすめなのが、「ヒキュウ」という古代中国風水の神獣の置物です。部屋の「北西」に2頭飾りましょう。できればじかに置くのではなく、**赤または黄色の敷物や、小さめの座布団などを敷いてからヒキュウを置くとパワーが高まります。さらに、口が少し開いたヒキュウに小銭を一枚くわえさせるよ**うにしてみてください。ヒキュウは金銀財宝を食べてパワーにするという神獣で、お尻には穴がありません。食べたお金が出るところはない＝無駄遣いを防ぐという意味も込められています。特に借金癖がある人は、ヒキュウのパワーをぜひお借りしましょう。

応用ですが、お金の循環を表す「西」の方角にもおすすめの神獣がいます。頑張って行動してお金を稼ぐパワーとなるロングイ（龍亀）という神獣で、ヒキュウのパワーと併せれば一層返済力が高まるでしょう。

北西にヒキュウを置いて
小銭をくわえさせる
赤or黄の敷物を

西には
お金をまわす
ロングイを

ゆうはん流メソッド 1

暮らし方に合わせて神棚を祀る
ゆうはん流神棚風水

お気に入りの神様たちを祀って、自分だけの「祈りの場」をつくることが神棚風水の極意。部屋をパワースポットにしましょう。

神棚は神様のお社《やしろ》。神棚を整えることで心身が整い、祈ることで運気もアップします

古来より私たちには「祈る」という習慣があります。人のため、自分のため、世界のため、といろいろな思いと願いを込めて行うものです。ですが、毎日のように神社仏閣や教会に行けるものではありません。そこでおすすめなのが、自宅に神棚を設置して、神様のお社《やしろ》である神社の分社をつくるというやり方。これで身近に神様を感じ、祈ることができます。

今は神棚ブームでもあるので、手に入りやすく、おしゃれな神棚

お札や神札は神様の依《よ》り代《しろ》であり、神社と私たちをつなげてくれる光の柱なのです

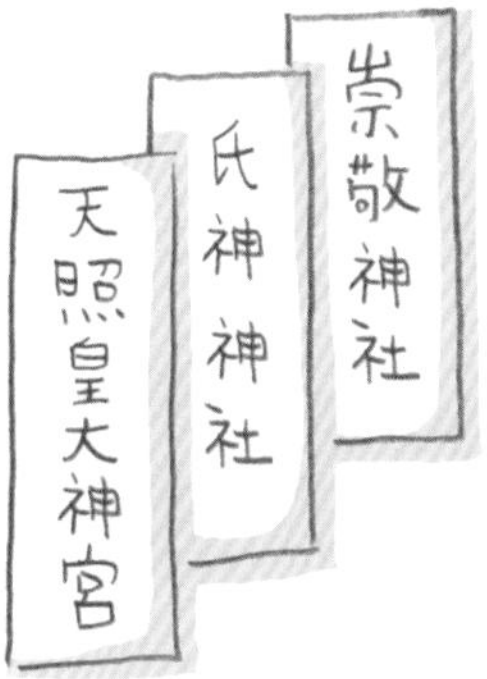

神社などで手に入れることができる「神札」や「神宮大麻」と書かれているお札は、神様の分け御霊が宿っており、人と神とをつな

神社への参拝は重要な運活。願いが成就したらお礼参りで運を循環させて

神様のお住まいである神社は、清らかで穢《けが》れのない神聖な場所だと意識した服装で、失礼のないように出向きましょう。前夜はお風呂で念入りに体を洗い浄め、粗塩を少し入れた湯船に浸かります。当日の朝は白湯をたっぷりいただき、満腹にならない程度の食事を摂り、髪が長い人は結いましょう。

参拝時は、住所、氏名、誕生日、そして願い事の順番で祈ります。

参拝後は、お守りを購入したり、境内で売っている食べ物をいただ

も増えています。お気に入りのお社を手に入れて、壁に設置しましょう。壁に穴を開けられない場合は、飾り棚上や本棚の一部分に設置しても良いのです。床に置いたり、エアコン近くやトイレなどの水場、電化製品の上などに飾るのはＮＧということだけは覚えておいて。**自分の背丈よりも高い位置、方位は東南向きがベスト**ですが、方角を限定するのが難しければ、リビングなどの人が多く集まる場所や自分がよくいる部屋の明るいところ、陽が当たるところを選んでください。

げてくれる一本の光の柱なのです。なぜお札に「大麻《おおぬさ》」と書かれているかというと、現代では札本体には木や厚紙などが使われていますが、もともとは麻でつくられていたものだから。麻は浄め祓いの浄化力が高く、古代から御幣《ごへい》などの依り代に使われていたことに由来します。

　神棚に祀る際には、**神棚が三社づくりであれば、真ん中に「天照《あまてらす》大御神《おおみかみ》」のお札を置き、右にお住まいの地域の「氏神様」のお札を、左にはお好きな神様のお札を並べます。一社づくりの場合は、天照大御神→氏神→お好きな神様の順番で重ねて**お祀りください。お札は一年に一度、取り替えてお祀りすることをおすすめしています。

　部屋に小さな神社があると、気分が引き締まります。また、願い事をしたり悩みを打ち明けたりする心の拠り所にもなるので、精神的余裕がもたらされるでしょう。

いたりすると良いでしょう。特に食事は大切で、祈祷の際、御饌《みけ》という神様に供えたものをいただくのにならい、参拝後はその地域の美味しいものをいただくとさらに運は開いていきます。

　ご利益があった際には、「願いを後押ししてくださってありがとうございます」と「お礼参り」を必ずしましょう。お札やお守りをお返しし、また新しいお守りを授かってくるという繰り返しで、神様とのつながりが一層強化され、開運も加速することでしょう。

仕事の人間関係こそ風水で整える

上司や同僚も職場環境の一部。良い関係を築いて

対人関係も環境の一部で、私たちは人という環境からも様々な影響を日々受けています。対人関係が理由で転職を考えている、パワハラを受けていて精神的にまいっているなど、職場環境での深い悩みを抱える方から多くのご相談も受けています。生きていくためには働かなければなりません。職場環境が思うようにならなくても、簡単には辞められず、葛藤を抱えて生きている人がたくさんいる一方、対人関係の悩みを乗り越え、仕事で自分の力を十分に発揮できるよう工夫している人もいます。意識を整える風水も含め学びましょう。

Lucky

相手と自分を客観視する割り切り

対人関係を上手に築く人の特徴は複合的ですが、要は「バランスが良い」のです。相手が何を求めているか、逆に何が必要ないのかなどを俯瞰して見ることに長けていれば、環境への適応能力が高まります。**臨機応変な対応力、柔軟性と調和力があれば、コミュニケーションがスムーズになるだけでなく、自分の能力を見極めて努力することや、仕事の中で余計なものを思い切って断つという判断力にもつながります。**

また、良い意味であきらめが早く、社会の仕組みに沿って割り切れるということも特徴かもしれません。そのぶん葛藤やストレスが少なく、仕事そのものに集中できますし、何より人にもストレスを与えないでしょう。

No GOOd

正義感や自我で良い気を逃すことも

会社などの組織には、それぞれに文化やルールがあり、時には「正直者がバカを見る」ことがあるのも現実。見て見ぬフリができない、嘘がつけない、間違ったことが許せないなど、正義感が強すぎるタイプの人は、世渡りという意味では苦労があるでしょう。

さらに、潔癖症で完璧主義の人も、対人関係で悩むことが多くなります。「こうでなければ」という意識や自分のものさしで人を判断する癖が強いと、他人の欠点ばかりに目がいきます。一緒に働く人たちを上から目線で見る癖や、**強すぎる自我は、表現する方法や場所を間違えると対人関係に不具合を生じさせる原因となります。**

仕事

意識 パソコンの壁紙は心癒される「水場」の景色にチェンジ

会社で使うパソコンの壁紙やスマートフォンの待ち受け画面を、透明感がある海や川や湖などきれいな「水場」の写真にすると、ストレスが緩和されやすくなるでしょう。**水＝浄化を意味し、水には浄めのパワーが宿っていますし、嫌なことやわだかまりを「水に流す」という意味もあります。**

仕事をしていれば、自分の意を曲げて相手に合わせなければならないこともあり、相手や環境を選べるわけではありません。そうすると、やはり気の持ちようが重要となります。そこで、手軽に準備できて効力も期待できるのが、美しい水場の壁紙。怒られたり、嫌味をいわれたり、理不尽なことが起きたら、その画面をジッと見て癒されましょう。気分がリフレッシュされます。自分のデスクに戻った時に、ほっと一息つけるようなお気に入りの「水場」の壁紙をぜひ見つけてください。

環境 インテリアはウッディに。自然素材の衣類を身に着けて

まずは綿、絹、麻など、自然素材の衣類を身に着けるようにしてください。絹はインナーにも取り入れやすく、綿製品ならスカーフやパジャマで身に着けたり、靴下で足元から良い気を取り込むことができるでしょう。自然な素材は身体にも優しく、**自然からのパワーをもらうことで、対人関係に「調和」という良い変化が出てくる**効果が望めます。特に、潔癖症で完璧主義タイプには、自然素材がおすすめで、思考に柔軟性が生まれやすくなります。

また、木のぬくもりからパワーをもらうのもおすすめ。身の回りに自然派志向のグッズを意識して置くことでも、同様の効果が得られます。職場はもちろん住まいのインテリアにも、**天然の木製の家具を増やしたり、植物の中でも特に「木」に着目して、植木をインテリアとして置いてみてください。**職場にウッディな文具やオフィスグッズをそろえておくのも良いでしょう。

仕事

引き立て運は、自分で動いて手に入れる

上司との距離を詰め、認めてもらうチャンスをゲット

上司に目をかけられれば出世も早く、何かと守ってもらえます。上司を上手に使える部下は仕事ができるともいわれますが、その共通点は「甘え上手」なこと。愛嬌があり、明るく、気が効き、上司をもち上げることが上手なタイプは、周囲から「お調子者」と思われることもあるかもしれませんが、結局は可愛がられて得をします。これは性格的な要素だけではなく、実際に上司の言動をよく見ていて、きちんと仕事をしているからこそできること。引き立て運は仕事と同様、「自分から取りに行くもの」という認識で動いてみることです。

Lucky

周囲に対してポジティブ姿勢を

上司だけでなく、取引先の人に気に入られることも引き立て運に該当します。外部からの称賛は上司の評価にもつながるからです。気持ちの良いコミュニケーションの積み重ねがあり、結果的に周囲に認められ、新プロジェクトに抜擢されたり、やりたかった仕事を任せてもらえたりするでしょう。また、ネガティブな言葉ばかり発しがちな人より、たとえ心底思っていないことでもポジティブにはきはきと話せる人や、褒め上手な人のほうが印象に残るものです。

仕事に真摯に取り組むことは大前提で、**普段から周囲に対する「態度や姿勢」を客観的に意識できる人は、さらなる引き立てにも恵まれるでしょう。**

No Good

ネガティブな思いは必ず伝わる!?

「私なんか」という口癖、ついつぶやいていませんか。こういう**負のワード**が、**引き立て運を下げています**。マイナス思考や思い込みが激しい人によくある傾向で、視野が狭くなり周囲が見えなくなるからです。気持ちに余裕がないと、上司が何を望んでいるか、どういう仕事をすべきなのかもわからず、引き立てられるはずもありません。

悲観や嫉妬のような感情の波長は、同じ社内にいれば伝わってしまうものです。誰かのせいにしたり、逆に自分を責めすぎたりしないこと。時には、淡々とすべきことをこなして着々と業務を進める、そんな波のないクールな勤務態度を心がけましょう。

環境

休息と充電ができる寝室を整えて。吉方位は北西

引き立て運をアップするには、寝室をしっかりと整えると効果抜群です。仕事を終えて一日の疲れを癒し、充電するのに最も重要な空間は、やはり寝室です。睡眠欲は人間の三大欲求のひとつでもあり、一日のおよそ3分の1の時間を睡眠が占めるのですから、この時間をおろそかにすることは大きな損失となるでしょう。

晴れた日は布団や枕などを陽に干しましょう。太陽はポジティブパワーの塊ですから、その**太陽パワーをしっかりと寝具に吸わせる**ことが大切です。陽に当たりふっくらとした寝具で眠れば、心もポジティブになっていきます。

また、上司との関係を良くするには「北西」の方角がポイントとなります。**寝室を北西の部屋に替える、寝る時に枕の位置を北西側に向ける**など工夫をすると、さらに引き立て運を引きよせられるはずです。

雑貨

大きめ枕にパープル系のカバーを。「質」にこだわって

枕が大きければ大きいほど、上司からの引き立て運がアップするといわれています。もし、今使っている枕が小ぶりであれば、横に広いホテルサイズの枕をぜひ新調しましょう。すぐにつぶれてしまう安価なものを選ぶよりも、それなりの値段で、自分の首や頭に合うものをオーダーメイドしたほうが、よりパワーも増大します。奮発する価値はあり。仰向け寝、横向き寝など、寝る姿勢も考えてこだわりの枕を整えましょう。羽毛など、空気をよく含む柔らかいタイプよりも、ほどよく固いほうが仕事運アップにはおすすめです。

また、**枕カバーをパープルやラベンダーなど紫系のカラーにする**と、引き立て運や上司とのつながりが強化されます。最低でも週に一度は枕を干して、枕カバーも定期的に洗って交換を小まめにすると、あなた自身が徐々にポジティブ思考に向かっていくでしょう。

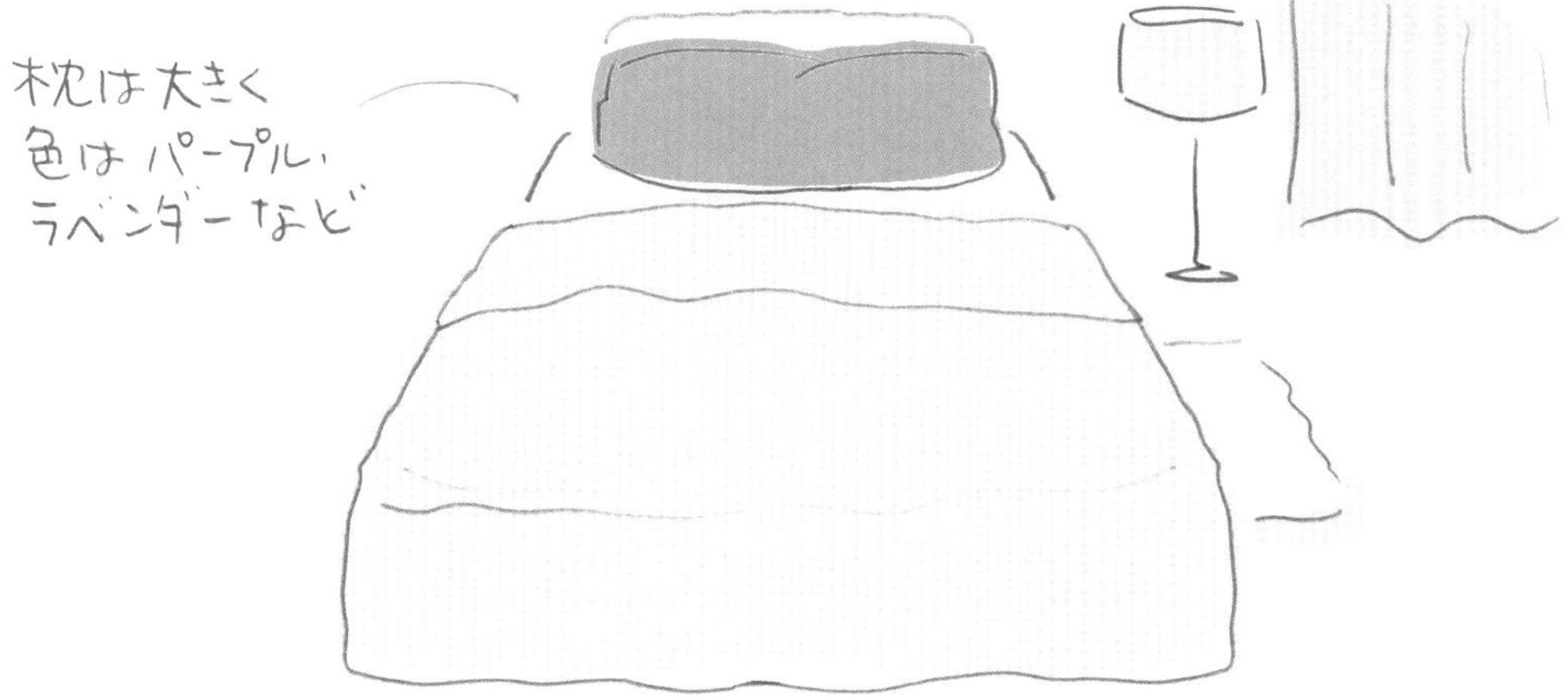

人脈は金脈。優先して人脈づくりを！

仕事

情報もお金も！　仕事に必要なものは人からもたらされる

人の縁に恵まれれば、多くの情報が入ってきて、可能性や世界が広がります。「人脈は金脈」と私は日頃からアドバイスをしていますが、お金は人から運ばれてくるもの。つまり、お金を生み出したいのであれば、金運自体を上げようとするよりも、人脈運を優先して上げるほうが得策なのです。しかし、闇雲に人に会うことが人脈づくりとはいえません。自分が将来どういう人とつながって、何をしたいかを明確にしておくこと。そういう相手と出会うためにはどのような場に行けば良いのかが推測できるので、エネルギーロスが防げます。

Lucky 人との交流を楽しめる人となる

人脈に恵まれている人は、人に好かれる要素を持っています。そして何よりも**「人が好き」という気持ちが本人のベースにあります。**好奇心旺盛で明朗、話し上手、聞き上手、一緒にいて居心地が良いなど、いろいろな魅力があり、あの人といると楽しいと思わせる自己ブランディングができている人には、自然と人が寄ってきます。

また、「仕事につながる人脈」かどうかという視点は大切ですが、相手を選別しすぎず、人としての交流を大事にできる人には、逆にそれがきっかけで仕事に発展するサプライズも。保守的すぎず、損得勘定が強すぎず、野心を表に出さずフランクにつき合う意識でいると出会い運に恵まれます。

No GOOd いつも同じ群れでは刺激不足に

対人関係や自己表現が苦手な人は、なかなか人脈が広がらず、いつも決まった人と群れている可能性が高いようです。取引先など人との関係性を深めていかないと受注できない仕事というものもあります。そして**人からの刺激が少ないと、自分の能力を高めていくことにも無頓着になりがち。社会人として小さくまとまってしまいます。**

人見知りでシャイなタイプ、逆にこだわりが強く融通がきかないタイプも、先方から仕事相手には選ばれにくいでしょう。極端に個性があること、逆に個性がなさすぎることも、人脈運を限定してしまいます。意識して出会いの間口だけは広くしておきましょう。

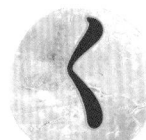

雑貨 靴は行動力の象徴。ピカピカに磨いて「足」を整える

家でじっとしていたり、座っているばかりで足を動かす時間が少なければ、生活に変化は生まれにくいし、人と出会うことも必然的に減るでしょう。足が途切れることなく動いているのは、それこそ運をつかみ取る積極性そのもの。**足に関する風水をしっかりと整えることが、人脈運向上に**つながります。

まずは靴を整理しましょう。穴が開いているもの、靴底の擦り減りがひどいものは処分します。特に大切にしている靴や、普段あまり履かない行事用の靴は、メンテナンスをきちんとした後、箱にしまって保管を。下駄箱もきれいに掃除して、湿気対策や防臭のために炭などを入れておきましょう。

そして靴の次は、靴下の整理を。穴が開いたり、ほつれたりしているもの、片方が迷子になっているものはしっかり処分します。靴や靴下に限らず、基本的に「穴」**は運気の穴になり、良い気が流れ出てしまう**ので要注意。

はかない
靴は箱に
しまっておく

バッグは
舟底形

雑貨 「舟底形《ふなぞこがた》」のバッグが人という宝を運んできてくれます

仕事で使うバッグを見直しましょう。バッグには「袋」という役割があり、「蓄え」を表す重要なアイテム。人脈運アップに最適なバッグの形は「舟底形」です。**舟は、七福神の宝船のイメージ通り、様々な情報や富、文化を運んでくる吉祥**を表します。人も宝物、それがたくさん運ばれてくるというわけです。大きすぎず小さすぎずほど良いサイズで、マチがしっかりあるものを選んでください。財布と同様で本革が理想ですが、財布ほど気にしなくてもOK。通気性が良く、汚れが目立たない素材でもかまいません。

そして、バッグの中にはできるだけ余計な物は入れないこと。仕事で使う必要最低限の物だけを整理して入れておくことで、不要なご縁を除けてくれる効果も。あれもこれもとものを持ち歩きすぎないストイックさも、仕事モードに入る姿勢としてはおすすめです。

東を整え、東に向かって評価アップ！

仕事

「目に見える評価＝昇給＆昇進」にとらわれすぎない心持ちで

社会が日々移り変わるように、会社や働いている私たちの状況も一定ではありません。運気の波のように、業績も上がったり下がったりするのは仕方のないことです。その中で「お給料への反映」や「肩書き」という目に見える評価は、今の自分の仕事運をはかるひとつのものさしでもあります。良い評価は自信につながりますが、評価ばかりが気になって一喜一憂してしまい、気持ちが空回りしてしまうこともあるでしょう。そんな時には、空気を入れ換えるように気分転換をしたり、運の障害を取り除く工夫も必要です。

Lucky

野心と努力で邪気をよせ付けない

評価に恵まれている人の根底には「野心」があります。そして野心がある人は、決して努力を忘れません。陰でコツコツと努力をしている人は、必ずそれを見ている人がいたり、自然と成果に表れたりして周囲が感じとるもの。最終的にはきちんと評価につながるのです。努力を周りに見せない人も多いので、「運だけで…」と妬まれることもあり得ますが、そういう流れにもくじけないで仕事に対するスタンスを貫ける人は、やはり評価に値し、周囲も認める存在になっていくでしょう。

努力する姿勢、こうなりたいという目標に向かっていく姿勢は、邪気をよせ付けません。そのうえ良い気を無駄なく受け取ることができるのです。

No GOOd

相応の努力なくして評価もなし！

会社の体制によっては、年功序列であまり無理をしなくても昇給できる場合もあり、それで満足ならひとつの価値観としてはそれも「アリ」です。同じ会社に居続ける、転職しながら自分に合う仕事を探していく…昇給や出世に挑むやり方は人それぞれで良いのですが、評価が欲しいなら、それに値する努力と強い意志が必要でしょう。

部屋が汚れている、生活が乱れているなど、自身の「気」が整わない環境にいると、判断力が鈍り誘惑にも流されがちに。目標もぐらつき、途中放棄することへの抵抗感も薄れてしまうのではないでしょうか。まずは、集中できる環境づくりを考えていきましょう。

方位　「出世」のパワーは東から。日頃からあらゆる「東」を意識して

初代天皇である神武天皇が「東へ、東へ」と向かったのは、より良い国づくりをするためです。**東は太陽が昇る方角で、風水では「出世」を表します。**暗い闇の中から一点光り始める太陽は「達成」や「誕生」を表し、顔を出すという意味ももっています。このことから、昇進を促したいならデスクは東向きが最適ですし、仕事で外に出る際はできるだけ方位磁石を持参して、自分が東向きになれるテーブルや席を選ぶようにしてみましょう。

さらに「東」とつく駅名や地名の場所で仕事をしたり、取引先との打ち合わせをするのもおすすめです。日頃からあらゆる「東」を意識することがポイントとなります。また、ご自宅から見て東の方角に位置していて、仕事運や勝負運に強い、または金運にご利益のある神社などがあれば、そちらに積極的にお参りをするのも良いでしょう。

五行　出世運を刺激する上に伸びる「木」の植物。東に配置を

東のエネルギーは五行でいうと「木」が担当しています。そのため、**木製のもの、さらには育つものを部屋やオフィスに飾ることをおすすめします。**しかも横張りに成長するものではなく、**上へ上へと縦に伸びていくもの**であれば申し分ありません。たとえば、竹やパキラなどは上へ上へと伸びる性質があり、室内で比較的育てやすいのでおすすめの植物です。自宅なら「東」または「東南」の方角に、選んだ植物を置きます。会社のデスクに置くなら小ぶりで邪魔にならないものを選んで、デスクから見て「東」または「東南」に置くと良いでしょう。

皆様によくおすすめしているのは「ミリオンバンブー」です。くるくるとねじれながら天に向かって昇っていくような形状なので、まるで昇り龍のようです。昇進にはうってつけのイメージで、ベストチョイスです。

気を滞《とどこお》らせず、流れをキープして 能率向上

仕事

ロスを減らして能率を上げれば、仕事運が動き出す

能率向上というのは、まさに風水の得意分野です。というのも、風水というのは環境学で、どこにどんなものを置いたらいいというのは、気の流れを良くするための動線づくりの一環。仕事の能率を上げるにも、やはり流れを良くすること、つまり、仕事の動線づくりをすることが第一歩なのです。経営を見直す時に「経費削減《けいひさくげん》」が挙げられます。その経費は本当に必要か、節約することでもっと利益が出るのではないか、という考え方ですが、それにとても似ています。能率向上には「経費削減」と同様に「取捨選択《しゅしゃせんたく》能力」が必要です。

Lucky

情報は取捨選択して優先順位を整理する

現代は情報化社会ですが、有益な情報もあれば、自分にとっては無益な情報に振り回されることもあり、そこで迷って進めないでいると、いつまでたっても能率は上がりません。できる人は、迷った時には周囲に意見を求め、一人で悩んで仕事を滞らせたりはしません。いつも気持ちに余裕があり、優先順位をしっかりと考えられるのです。

仕事は日々積もり、どんどん処理しないと追いつかなくなり残業必至ですが、実は上手な処理のプロセスは、部屋の片付けととても似ています。**「意識の収納」を考えて、きちんとメモやメールなどに思考やアイデアを残すこ**と、TO DOリストをしっかりつくることから始めてみましょう。

No Good

あきらめの言葉や独りよがりは×

掃除が嫌い、整理が苦手な人、そして「できない」「わからない」など、**あきらめの言葉をすぐ口にしてしまう人は、仕事でも能率が悪い傾向にあり**ます。〝ならばどうすれば良いか〟と考えることすら、「できない」と口に出したとたん面倒になってしまうからです。

一般的に、仕事というものは様々な情報をつなぎ合わせたり、人の意見をまとめたりする作業が必須となります。一人でするには限界があると心得て、まずは独りよがりからの脱却をおすすめします。周囲に迷惑をかける前に、能率の良い仲間を探してアドバイスをもらったり、できる人に頼ることが開運のポイントになるでしょう。

収納
背の高い木製の本棚を整理して情報も良い気も収集

仕事運につながる収納といえば、本棚。能率を上げるには、本の整理から始めましょう。愛読書、もう読まないもの、未来にも役に立つというものに仕分けます。何度読んでも感動でき、面白くて元気が出る愛読書は残し、もう読まないものや、頭にしっかりと入って実践が完了している実用書などは、思い切って処分します。ポイントは「未来に役に立つかもしれない」というジャンル。いつ読んでも役に立つ、いつ読んでも面白いという普遍的なものだけをセレクトし、数を減らしてスッキリ見やすく、必要な本を取り出しやすい本棚にしましょう。

背の高い縦長の本棚のほうが、良い運気が集まってきます。天井に届くぐらいのサイズで、木でできているものを選んでください。意外とほこりが溜まりやすい場所なので、「情報」にほこりを積もらせないよう定期的な掃除とチェックを心がけましょう。

習慣
書類は積み重ねずファイルで立てて取り出しやすく保存

どんなものでも積み重ねて置いたままにしておくと、良い気が通りにくくなります。家や会社のデスクに溜まっている書類は、停滞した運気そのもの。最低でも週に一度は整理する習慣をつけましょう。**紙は、その人の思考や心の状態、置かれている環境を表す**物質でもあります。**積み重なった書類を目にしたら、自分自身の疲弊したメンタルを意識して**あげてください。

書類が積み重なってくると、必要な書類がすぐに取り出せず仕事の能率が悪くなります。忙しい時には溜めがちになりますが、できるだけ日付や曜日を決め、意識して片付けを実践していけば、仕事の処理速度も上がるでしょう。見出しシールをつけてわかりやすくファイリングし、すぐ取り出せるように収納を。自分なりの工夫を始めると、整理や収納も楽しくなります。積み上げず、立てて保存するのが鉄則です。

気のバランスを整え モチベーションアップ

やる気の波は誰にもあるもの。スイッチを切り替えて

仕事が溜まっているのにやる気が起きない、上司に叱られて落ち込んでいるなど、仕事へのモチベーションが下がった経験は誰しもあることでしょう。「モチベーションはどうすれば上がるのか」というご相談も数多くいただきます。器用な人は、プライベートを充実させて、仕事は生活を支えるためほどほどにと割り切ることもでき、結果として仕事のマンネリ打開、さらにモチベーションアップにつなげています。長く働くなら、自分の気持ち次第で気の循環を図ることもできる、という仕事観を心にとめておきたいものです。

Lucky

プライベートの充実や適度な休息を

仕事への意欲にもバイオリズムがあるので、上下するのは仕方のないこと。やる気が起きない時は適度にこなして、モチベーションが上がっている時に精力的に頑張るというタイプは、スイッチの切り替えがうまく仕事上手といえます。モチベーションが上がらない時に無理をしても、ミスが多くなったり仕事の質が下がったりするだけ。割り切って、**風水で重要とされる「休息」を上手に取りながら、プライベートを充実させて、**気を循環させながらモチベーションを高めましょう。

仕事は仕事、と良い意味で肩の力を抜いて向き合うのもひとつの手。組織内は連携プレーだからこそ、自分がダメなら臨機応変に人に任せることです。

No GOOd

長引く時は、問題の整理も必要に

モチベーションがなかなか上がらない状況に嫌気が差すと、不器用な人ほど転職や休職などを悶々と考えてしまいがち。**生活のリズムが狂ったり気のバランスを崩すと、悪い気を溜めるばかりで、**なかなか上向きになりません。

恋愛がうまくいっていない、対人関係で長く悩んでいる、仕事の内容が面白くないなど、ネガティブ要素を複数抱えていると、気持ちが散漫になり仕事をする動機を見失ってしまいます。責任感が強くて頑張りすぎる人も、このような状況に陥ることがあります。まるで部屋が雑然と散らかっているような状態なので、ひとつずつ問題を整理して、片付ける必要があるでしょう。

仕事

カラー
ポジティブパワーの詰まったピンクが力をくれる

色のパワーには、様々な効果があることが証明されています。特に、モチベーションをアップしたい、取り戻したい人におすすめなのが「ピンク」です。ピンクは、赤と白というおめでたいカラーが混ざって仕上がります。そこにほんの少しの「黄」という光のカラーを入れることで、可愛らしいピンクが生まれます。モチベーションが落ちているなと感じた時は、この**ポジティブなカラーパワーが詰まったピンクを積極的に身に着けましょう**。

ピンクが苦手な人は、目立ちやすい服やファッション小物ではなく、文具や下着など、表に見えにくいもので工夫して取り入れてみてください。また、桃、桜餅、たらこ、ソーセージ、紅生姜、ピンクグレープフルーツなどの**ピンク色のパワーフードも強い味方**となってくれます。積極的に食べることで気もアップするのでぜひお試しを。

環境
おすすめは洗濯。まずは「洗濯機の洗濯」からスタート！

モチベーションが上がらないのは、気のバランスが悪いか、または停滞しているのが原因です。それを解決するためには、「気の循環」を自らの手でつくり出すことが大切です。これには様々な方法がありますが、日常的で最も簡単なのが「洗濯」です。

まずは普段使っている洗濯機の洗浄から行いましょう。私たちの日々の汚れを洗い流してくれる器には、意外と汚れが溜まっているもの。洗濯槽クリーナーなどを活用してください。そうしてきれいにした洗濯機で、カーテンや布団カバー、シーツなど大きめの生地のものを洗って整えます。特に**カーテンは外と内の間にあるパーテーションのような役割で、気の交換は窓からとなるため重要なアイテム**です。寝具は、私たちの身体の疲れや、気の疲れを日々吸い取ってくれているもの。洗っていないと気がよどんでしまうので、定期的に洗うことを心がけましょう。

北西＝天《てん》門《もん》からアイデアを引きよせる

仕事

アイデアの引きよせには、キャッチした状況を再現

新商品を生むためには、どうすればもっと生活が「便利」になるかを考え、リサーチします。利便性以外だと、面白いもの、今までになく斬新なものなど、未来を感じる革新的なものが現代は好まれる傾向にあります。コンパクト化も時代のキーワードであり、アイデアマンというのは一種の「未来予知能力」をもっている人なのでしょう。継続してアイデアを生み出したいなら、過去にアイデアが降ってきた場所、タイミング、服装など、その時の状況を覚えておくと、繰り返しアイデアの引きよせに使えるかもしれません。

Lucky

常にアンテナを張り想像力を働かせる

アイデアに富んだ人は「過去」の傾向から未来を推測する分析力に長けています。歴史は繰り返すという言葉があるように、良いものはリバイバルすることもありますが、何がリバイバルするか、その見極めも的確です。

また、普段からどこかにヒントが落ちていないかと、アンテナを張って思考を巡らせます。想像力が豊かで工夫が好きな人ほど、アイデアに恵まれることでしょう。多岐にわたった習い事や趣味活動をしているなど好奇心旺盛なタイプにもアイデアマンは多くいます。中には器用貧乏と呼ばれる人もいますが、**いつか何かにつながるかも！という前向きな心も、アイデアキャッチの大事なポイント**です。

No Good

頑固すぎるのも慎重すぎるのも×

アイデアがなかなか湧かない人は、「人の話を聞かない」傾向にあります。周囲の意見を取り入れたり、できた案を講評してもらうことで改善点が出たり、違う観点から思わぬアイデアが浮かんだりするものですが、自分の考えを過信して固執してしまうと、新しいアイデアを取り逃がしていまいます。

もちろん、人の意見に流されてばかりいたり、せっかくのひらめきを、本当にこれでいいのかと慎重に考えすぎて取り逃がしてしまうのは、とてももったいないことです。アイデアが浮かんだら、**このひらめきに賭けてみる！という割り切りや度胸も、時には必要**な要素かもしれません。

方位

北西とベージュがひらめきを運んでくれる！

家の「北西」部分は、風水用語で「天門」と呼ばれ、仕事運や金運を司るとても大切な場所となります。アイデアや想像力という「ひらめき」は、天から降ってくるものともいわれ、ひらめくもひらめかないも、それは天の計らいと捉えることもできるのです。

自宅の北西に部屋があれば、まずはその部屋をしっかり掃除して浄めましょう。それから机を置いて、アイデアを練る場所にすると良いでしょう。北西に部屋がない場合は、自宅から見て北西の方角にあるカフェや図書館などの仕事ができるスペースに出向いて、アイデアを練ってみるのもおすすめ。

さらに、色のパワーも味方につけます。**北西と相性の良い「ベージュ」や「アイボリー」などの黄みがかったホワイト系のインテリアでワークスペースを整えて**、仕事に出かける際には、そのカラーのものを身に着けるとなお一層ひらめきに恵まれます。

五行

「水」のパワーで湧き上がるアイデアをキャッチしましょう

「アイデアが湧く」という言葉の「湧く」という力をまさに高めるのが、水のパワーです。この**水のパワーをワークスペースに取り入れて、ひらめきを得る力**を借りましょう。

勉強机や仕事机に小さめの水槽を設置して、小さい魚や金魚を飼ってみませんか。水槽内の水を循環させる装置などをつければ、水の循環が目の前で常にキープされます。生き物を飼うのが苦手な方は、室内用のファウンテン（噴水）を飾るのも良いでしょう。ただし、必ず水を循環させて、湧き上がるようにしないといけません。ただ水が溜まっている状態では意味がありませんので要注意です。仕事をしている時だけでも良いので、常に循環するようにしてください。どちらも難しい場合は、加湿器でも効果あり。水を入れて循環させながら加湿するスチームタイプの加湿器が特におすすめです。

南を味方に、意欲と覚悟で起業運を整える

経営者になることで、新しい自分や才能を発見！

自分で事業を起こして、経営者になる方たちも昨今はたくさんいらっしゃいます。やりたいことが明確にある人もいれば、人に勧められて起業してみたらうまくいった、向いていたなど、起業のきっかけは実に様々です。安易に起業をしてしまう人たちがいるのも事実で、会社員でいる現状から逃れるための手段とする人もいますが、結果としてうまくいけば問題はありませんし、たとえ失敗しても何かしら得るものはあるはず。いずれにせよ運気を循環させることにはなるので、意欲と覚悟があれば一度は経験しても良いのではと感じます。

Lucky 頼りは「自分」。スキルと柔軟性で勝負

起業に向いている人は、「適当な」人かもしれません。ちょっと語弊がありますが、起業するとすべてが自己責任となるわけですから、あまりにも真面目な人には負担が大きすぎるかもしれません。「なんとかなるさ」とどこか力が抜けていて、**柔軟性のある人**のほうが、むしろ成功しています。

ただ、その根底にはもちろんスキルや自信があり、**マーケティング**や、**人づき合いが得意な人**が多いと感じます。さらに、**決断力に長けている人**もまた、起業に向いています。万が一、経営が難しくなった際、過度にしがみつかず、潔く会社員やアルバイトに転身できるような**身軽さ**や**強いメンタル**も、あるに越したことはないでしょう。

No Good 強すぎる承認欲求は起業に不向き

起業に向いていないのは、自分を認めてもらいたいという承認欲求が強すぎる人です。会社では実力を正当に認めてもらえなかった、主婦をしていたけれど子育てが終わったので社会的に認められたいなど、認めてほしい願望が先立つと空回りの原因となります。自分軸がしっかりあること、承認欲求が強いことは必ずしも悪いことではありませんが、それが起業の原点で、結果に他者からの承認を求めすぎてしまうのは本末転倒です。なぜなら、事業というものは、基本的には社会貢献であるからです。自分の強みを生かして社会貢献を目指す人には、やはり成功者が多いようです。

仕事

方位

南からやって来る良い気を取り入れてパワーをもらう

何かを「起こす」というパワーは「南」の方角に宿っています。そこで、起業を考えるなら、まずは自宅の南側の部屋やスペースをきれいに掃除してしっかりと浄め、整えましょう。そして、南の方角と相性の良い「ピンク」や「ラベンダー」のカラーを基調としたインテリアを配置します。

風水では、最も良い気は「南からやって来る」といわれていますので、南側に窓があるのは理想的な間取りです。一日に一回は南側の窓を開けて、部屋の空気を循環させましょう。良い気を家に取り込んで、「起こす」パワーを後押ししてもらうことで、前進力もアップしていきます。

実際に起業をする日や大事な契約がある日は、**自宅から見て「南」の方角にある神社仏閣にお参り**しておくことをおすすめします。この心持ちが、さらに良い結果を招くことでしょう。

食事

おすすめフードは「種」や「新芽」。種まきで起業運をもらう

起業は「種まき」にたとえることができます。種をまいて作物を育てましょう！となると農業に限定されてしまいますが、**種を食べて起業運をつけることは、あらゆる業種に応用できます。**

たとえば、ナッツ類ではカシューナッツが種ですし、かぼちゃの種、ひまわりの種などの食用種子は手に入りやすく食べやすい食品です。また、杏仁豆腐もおすすめです。杏仁豆腐は杏《あんず》の種の中にある「杏仁」を、パウダー状に砕いてさらに加工したもので、本来は薬膳スイーツです。中国では杏仁を漢方薬として用いていますが、風水的効果も十分あります。種が苦手という人は、昨今はやりのスプラウト系＝カイワレやモヤシなどの「新芽」系の食べ物でも良いでしょう。タラの芽、ヨモギ、ハコベなど、山菜類の若菜や若葉にもパワーが詰まっているのでおすすめです。

目的を見据えて副業運を引きよせる

仕事

「楽して稼ごう」は、甘い考え。継続を志して

社員の副業を可とする企業が増えてきました。本業のキャパシティに余裕があって好きなことを副業にしている人もいれば、経済的理由で副業をもたないと生活が難しい人もいると思います。昨今は起業ブームに次いで副業ブームでもあり、中でも不労所得に近い副業が人気です。不動産投資などの投資運用ジャンルやアフィリエイトなど、肉体的な稼働よりも、頭脳とアイデア勝負の稼働が目立っているようです。ただし、あまりにも楽して稼ぎたいという方向に走ると、本業に支障を来したり、失敗するケースもあると感じます。

Lucky

仕事の継続性は運気の土台

副業に向いている人は「体力と気力がある」ことが基本です。本業で通常業務をこなしながらも、さらに空いた時間で副業をするわけですから、それだけのバイタリティがないと兼業の継続は難しいでしょう。何事にも継続性を**もたせることで、運気の土台も強固になり、成長を促してくれます**。あれもこれもと欲張りすぎたり目移りしたりせずに、自分に合う副業が見つかったら、本業と同じようにじっくりと継続的に頑張ることをおすすめします。

副業運が良い人の分岐点は、本業以上に副業で稼いでしまった時でしょう。しだいに副業が本業となり、起業や経営に至って、様々なジャンルの業種を手がけて次々と成功する可能性もあり。

No GOOd

副業も、目的なくして成功はなし

副業に向いていないのは「目的が明確ではない」人。副業というのは、生活の事情や、気持ちの充足といった目的が明確でないと成り立ちにくいものです。**目的が明確でないまま安易に始めてしまった副業では、継続性を生まないでしょう**。たまたまやったら運よく当たったという場合もあるかもしれませんが、それはごく稀なことです。

さらに、楽に儲けようという甘言にひっかかる人は、そもそも副業をもつことに向いていません。楽して儲けるには、必ずリスクがついてまわります。不労所得であっても初期投資が必要なジャンルもあるので、甘い罠《わな》にはまりやすい人は気をつけてください。

習慣　誰かを喜ばせる言動が「棚ぼた」の副業運を連れてくる

副業運は、ある意味では「棚ぼた運」で、たまたまやったら良い利益になった、という流れから風水を見ていきます。事情にもよりますが、本業ほどには必須ではなく、偶発的な要素も強いという見方です。日頃から人に親切に応対したり、ボランティア活動をしたり、額にかかわらず募金をしたりと、**誰かのためにできる範囲で尽くすことを心がけている人は、この偶発的な運に恵まれやすい**傾向にあります。

また、感謝の言葉をストレートに人に伝えることをおすすめします。「ありがとう」「嬉しい」や、さらに相手を喜ばせる「きれいですね」「可愛い」「すごい」など**褒める言葉のエネルギーも、強力に運を呼び込み**ます。感謝を言葉にしてきちんと伝え、人に喜んでもらえる言動を意識して心がけていくうちに、思わぬ副業チャンスや運に恵まれることがあるでしょう。

財布　財布の中の「紙」はお札だけ。これで副業運アップ

あなたの財布をチェックしてみましょう。領収証やレシート類で膨らんでいませんか？　この紙類を溜めないようにすることで、副業運はアップします。**お札以外の「紙」は、財布の中から極力減らしたほうが、収益アップが見込める**のです。かといって、そのためにいくつもの財布を使い分けることは不便ですから、おすすめなのは外ポケットがついているタイプの財布です。領収証やレシートはその外ポケットにしまい、帰宅したら封筒や専用の箱などに移します。外ポケットに入れておいたレシートなどの紙類は、その日のうちにすべて移動させることを心がけ、財布に余計な紙を留めない工夫をしてみてください。

ショップカードなどのカード類でも、紙製のものはなるべく財布に入れないようにして。別のカードケースにまとめてもち歩くようにすると、さらに収益アップの効果が見込めます。

ストレスを払って就職・転職運をつかむ

仕事

天職をつかめるか？　就職前は誰もが不安に直面します

就職や転職のご相談も多くいただきますが、昨今は「転職」のお悩みのほうが多い傾向です。キャリアアップしたい、現在の職場が合わない、違う仕事をしてみたいなど、転職理由は人それぞれです。一方、就職の悩みといえば、会社との相性や会社の将来性、どこに内定をもらえるかなどの相談が多くみられます。就職前にもかかわらず、就職後の状況や未来が気になるという悩みが絶えない理由は、それだけ人生にとって仕事が占める割合が多く、生きがいを感じるかどうかがハッキリとわかるものだからだと感じます。

Lucky

自分を知り、的確に伝える表現力を磨く

適職を見つけることができる人は、自分の強みをよく知っている人だと感じます。生かせる才能やスキルが当てはまる業種や職種を探すのも得意です。雇用側も、この人を雇えば会社がより良くなるだろうと将来を見込める相手を最終的には選ぶもの。双方の条件がある程度一致することと、面接ではフィーリングも加味されることでしょう。

人当たりが良く、はきはきと自分の意見を的確に伝えることができる伝え上手な人も面接時に好印象で有利です。就職・転職活動中も、**様々なストレスにめげることなく、いざという時に自己表現力を発揮して自分の良さを伝えることができる力こそが**、希望の職に就くのに必要だといえるでしょう。

No Good

不安な気持ちがマイナス運気を呼ぶ

なかなか内定をもらえない人や、就職先でうまくいかない人には、「自分は必要とされていないのでは？」と可能性を不安視してしまう傾向があります。就職・転職活動中に不安を感じない人はいませんが、プレッシャーを感じやすい人や、卑屈になりやすい人は、**一人で抱え込まずに誰かに打ち明けて不安を共有することで、乗り越えられる**ことも増えてきます。

完全に満足できる職場などないという前提で、就職活動を頑張るのも良いでしょう。結婚と同じで、就職もしてみなければわからないもの。相手が理想通りとは限りませんし、相性ばかりは組んでみなければわかりません。

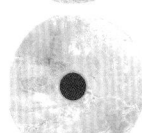

方位

「鬼門《きもん》」の北東を浄めて整え転職に備える

日本では、北東の方角は「鬼門」とされていますが、中国の古代風水では鬼門という考えはなく、日本独自の家相風水の考え方です。特に転職はこの北東の方角が司っており、部屋の北東部分が汚いと転職先がなかなか見つからなかったり、職が安定せずに転々とするような仕事運となってしまいます。北東に部屋がある場合は、まずはその四隅に溜まっているほこりをしっかりと取り除きましょう。四隅には邪気が最も溜まりやすいのですが、特に**北東の鬼門には邪気を溜めないことが全体運も良くします。**

さらに、仕事は人生全体を支えるものでもありますから、**大きな運を司る「北」の方角も、きれいに掃除をして浄め、**整えましょう。そのうえで、北の守り神である「玄武《げんぶ》」という神獣の置物やポストカードなどを飾ると、より一層「北」のパワーが増します。

方位

情報を運んでくれる東に、「赤」のパワーをプラスして

就職は「転機」を、転機は「始まり」を表します。太陽が東から昇るように、始まりを表す方角といえば「東」。**東は情報を司る方角でもあり、東を整えることで、良い情報が入ってきたり、内定などの良い便りが届く**といわれています。就職・転職活動をしている時期は、活動先を探す際の準備はできるだけ東の部屋で行い、相手先への連絡は東を向いてするなど、東を意識して行動すると良いでしょう。

また、**東にぴったりなカラーが「赤」**です。インテリアグッズに取り入れることをおすすめしていますが、赤が多すぎるとバランスを崩しやすいのが注意点で、東の部屋の三割ぐらいに抑えておくとちょうど良いでしょう。スマートフォンのケースやストラップに赤を選ぶと、活力、行動力、決断力といった赤のパワーにあやかることができます。

ゆうはん流メソッド❷

非日常体験で気を巡らせる年に一度の開運旅行

旅行とは、日常から非日常への「トリップ」。良い気を取り入れるポジティブな行動です。休暇を利用して旅行を楽しみましょう。

旅行は「運活」のひとつ。長期休暇には海外旅行でより運気を高めましょう

運気を整えるために、年に一度は旅行をすることをおすすめしています。非日常を体験する旅行を楽しむことで、気のバランスが良くなります。特に**吉方旅行は、良い気を巡らせるのに効果的。短い距離よりは、海外への長距離旅行ができるとさらに良い**でしょう。

「海外に出かけるほどの余裕がない」という声もよく聞きます。誰もが、人生のどんな時期にも、年に一度の海外旅行を楽しめるわけではないでしょう。ただ、そんな時期でも「海外への目」だけは閉じないで。たとえば世界地図を開くという行為は、世界の広さや地理、様々な国に思いを馳せることができる開放的な心の旅です。地球儀や、インターネット上の3Dマップも良いでしょう。**地目で見て確認して、世界の広さや多様さを感じるだけでも、あなた自身の気の巡りに大きな影響があるのです。**

吉方位への旅は、もちろんおすすめ。旅のお守りにターコイズを連れて行って

自分の吉方位を調べてそれに合わせた旅程を組んだり、年運の吉方位で行きたい地域を探して行くのも良いでしょう。特に方位を重視するのは九星気学なので、詳しく知りたい方は参考にしてください。ただ、流派によって吉方位が異なる場合もあるので、最終的には自分が行きたいところへ行きましょう。細かいことを気にしすぎて旅行が楽しめないと、運の障害になるだけ。心地良く、気分が上がることを優先してください。

旅行時の思わぬ事故やアクシデントを防ぐためにおすすめのパワーストーンが「ターコイズ」です。比較的手に入れすいパワーストーンで、旅行のお守り、守護石として古代から重宝されています。ブレスレットやネックレス、ストラップなど、どんなアイテムでもOK。旅のお供&味方にぜひ携帯していきましょう。

ドラゴンパワーを味方につけて

幸運も！

お金も！

グイグイ引きよせる

龍神風水

金運風水特別編

あなただけの守護龍を知って

もっと金運をアップする

龍神を味方につけて 強力な 金運をつかむ

龍神は 自然崇拝から生まれた信仰です

私たちが神社仏閣などで目にする龍神は、古代中国で九頭の動物（蛇、駱駝《らくだ》、鹿、虎、鷹、蛟《みずち》、兎、鯉、牛）を組み合わせてかたどられた想像上の神獣です。龍の起源は諸説ありますが、中国東北部の遼河《りょうが》文明が発祥といわれており、実際、現代の龍神に通ずる形状の装飾品などが古墳から出土しています。さらに辿っていくと、もともとの信仰は、川、海、湖、雨など「水」にまつわる自然崇拝からきています。龍神を見るとわかるかと思いますが、波間や水面をうねうね、くねくねと流れるような「曲線」のさまは、蛇につながります。水辺に住んでいた万能な動物「蛇」を神格化させていった信仰が、龍神のベースになっていると私は提唱しています。

蛇信仰というのは、古代エジプト文明や日本の縄文文化でも見られました。蛇は生きながらに脱皮をして生まれ変わるという生態が「不老不死」の象徴として崇められたり、ひと噛みで人間をもその毒で殺してしまうという恐れから、「破壊と再生」の象徴とされたりして、神格化されていったのです。

愛《あい》新《しん》覚《かく》羅《ら》家は 龍とつながる一族です

龍神発祥である「遼河文明」は中国東北部の遼河流域で興った中国の古代文明のひとつ。その中国東北部が愛新覚羅氏の満州民族（かつては女真族と呼ばれていた）発祥の地でもあるのです。この一帯は、ツングース系民族といってシャーマンの語源発祥となった「薩満《サマン》」が生まれ、シャーマニズムの原型となった独特な信仰が古代からありました。インドから仏教や密教が入るまでは、独自の自然神や精霊崇拝をベースにした信仰が行われ、龍神との深いかかわりが出てきます。

特に愛新覚羅家は、自分たちのことを龍の末裔または子孫として誇りを持ち、皇帝そのものを龍神となぞらえて、龍神を権力の象徴として君臨させてきました。皇帝や皇族だけが着用できるドラゴンローブといわれる、龍の文様がシンボリックな「龍袍《りゅうほう》」がまさにそれを表しています。我が家でもまた、龍の子孫として、代々受け継がれている龍神にまつわる伝説や秘儀を、帝王学として教育されてきました。ですから、龍神はとても身近であり、暮らしの中でも常にドラゴンパワーを感じています。

　清王朝が中華史上最も長い王朝を築いたというのも、ドラゴンパワーのなせる奇跡だったのかもしれません。

金運を上げるための龍神風水とは？

　龍神は「水神様」でもあります。水不足が続けば稲が育たないので、龍神に雨乞いをしたり、逆に川の氾濫が絶えないところに龍神を祀ることによって鎮めたりと、水にまつわる祭事に深い関係があります。

　地球は水の惑星ともいわれていますし、私たちの身体も60%は水分で保たれています。「水」は私たちの命の源でもあり、繁栄を生む大切な自然神ともいえるでしょう。ここから「豊穣」という意味につながり、農耕で得られる五穀豊穣を祈るために龍神が崇められるようになっていったのでしょう。そしていつしか「豊かさ」や「権力」の象徴から「龍神は金運を司る」という流れが定着していったのです。

　金運アップのためには、豊かさの象徴でもある龍神を味方につけること、つまり信仰することで、強力なバックアップが期待できます。龍神が祀られている神社仏閣に出向いて祈願するのも良いですね。また、龍神は蛇が元祖の神様でもあります。「宇賀福神」など蛇体の神様が祀られている神社仏閣もおすすめです。

守護龍

もっと引きよせもっと身近に！龍神の好みを知る

龍神の好きな天気や音、香りは？

龍神は天候を左右する象徴でもあります。そのため、春や秋など天気の移り変わりが激しい季節、梅雨や秋雨といった季節の変わり目に起こる天候の揺らぎ時期が大好きで、活発に動きます。そのためこの時期の「運活」は効果が出やすいかもしれません。

また、音に敏感で、音の高低にかかわらず、音楽を好みます。鈴の音、太鼓の音、水の音が聞こえる場所には、龍神たちのエネルギーが集まっているといわれています。神社仏閣、お祭り、野外コンサート、自然の水音や木々のそよぎなどが心地良い観光地など、音を楽しめる場所に積極的に出かけましょう。

龍神はまた、桃の香りを非常に好みます。桃といえば、中国には「桃源郷」といって仙人や仙女たちが住む幻の秘境があるといわれています。実は龍神は、その仙女の使いでもあるのです。そのため、桃の香りがするところに寄ってきます。

逆に嫌いなものは、暗くてジメジメしているところや、狭

龍神に好かれるタイプになるには？

龍神の好む人のタイプは大変わかりやすいと思います。

まず、最も嫌いなタイプは「動かない人」です。龍神は滞ることなく流れるパワーをもっていますから、留まったままの、受動的で保守的、動こうとしない人をバックアップはしてくれません。行動的で、どんな逆境であっても立ち止まらず頑張る人を応援したくなるのが龍神です。そのため、楽をしたがる人よりも、苦労性の人のほうが龍神に好かれる傾向があります。そして、努力する人を応援します。努力をしないで、誰かのせいにしていれば、龍神はどんどん遠のいていくでしょう。

さらに、親を大事にして、先祖供養をしっかりしている人が大好きです。人には自我がありますが、気が強すぎて、親の話を聞き入れないかたくなな態度は龍神にとって好ましくありません。また、両親との間に確執があると、過去の失敗をついつい親のせいにしてしまいがちですが、どんな親でも、あなたを形成している根元であり、その根元を否定すること

く閉鎖的なところ。そういう場所ではパワーを存分に出せないのです。部屋にしても、空気がよどみ、換気が十分にされていないところには寄りつきません。空気の入れ替えがきちんとされて、開放的で広々とした休まる空間づくりをすると、龍神が住みついてくれるかもしれませんね。

は、自分自身を否定することです。親を認めない、大事にしない考えは、龍神の意に反します。今すぐ改めたほうがいいでしょう。

龍神は、愛と慈悲と謙虚さを大事にしている人に、パワーを貸したくなるのです。

あなただけの
守護龍の見つけ方

生年月日から引き出す天帝数があなたを守護龍に導きます

守護龍のカラーは全部で九色。中国は紫禁城《しきんじょう》の「九龍壁」や日本で知られる「九頭龍伝説」など、龍を象徴する数字といえば「九」です。この九色の龍神たちのうち、あなたを守護してくれるのは何色の龍神なのか導き出します。

まずは、あなたの生年月日をバラバラにして、1桁ずつの数字にします。この数字をすべて足していき、合計が2桁の数字になったら、その数字もバラして1桁ずつにして足します。合計が1桁の数字になるまで繰り返してください。最後に出た1桁の数字が、あなたの「天帝数」となり、その数があなたを守護龍に導いてくれます。

例）1989年10月9日生まれのあなた

1 + 9 + 8 + 9 + 1 + 0 + 9 = 37
↓
3 + 7 = 10
↓
1 + 0 = 1

あなたの天帝数は1となり、「金龍」があなたの守護龍とわかります。

天帝数	守護龍
1	金龍　P66
2	黄龍　P68
3	赤龍　P70
4	紫龍　P72
5	翡翠龍　P74
6	黒龍　P76
7	青龍　P78
8	白龍　P80
9	透明龍　P82

天帝数 1

守護龍が金龍《きんりゅう》のあなた

性格

牽《けん》引《いん》力《りょく》に秀でた天性のリーダー

金龍のあなたは正義感が強く、曲がったことが大嫌い。頼られることで本領を発揮し、困っている人を助け、先導していく天性のリーダーシップの持ち主です。褒められて伸びるタイプで、人に喜ばれることが大好きです。ただ、自分の価値観を過信し、他人の提案を受け入れずに意見を押し通す傾向があるため、敵をつくりやすい面も。自分の常識＝他人の常識ではありません。自我を通すべき時と、一歩引いて譲ってみる時のバランスをしっかりと考えたほうが良いでしょう。

結果重視タイプで、そのぶん努力家のあなたは、目標が定まると一直線に頑張ります。逆に、目標がもてずやりがいを感じられないと、運の巡りが悪くなってしまいます。さらに、人に頼り甘えることが苦手なので、難題を一人で抱え込みやすい傾向も。苦しみを打ち明けられる人を身近にもつことが開運ポイントです。

恋愛

恐れず短期決戦！この姿勢が良縁を呼ぶ

好きも嫌いも態度や表情に表れてしまう、嘘がつけないタイプです。惚れっぽいけれど、熱しやすく冷めやすいので、長距離走というよりは短距離走型。失恋しても切り替えは早いでしょう。ドラマティックで刺激的な恋愛を好む傾向もあり、大恋愛の末にゴールイン！という人も。ジェットコースターのように緩急の激しい刺激的な恋愛を楽しみたいという願望ももち合わせています。

ただ、プライドの高さから失恋を恐れる気持ちも強く、相手が自分のことをどう思っているのかを探ってからアプローチに出る人も多いようです。その慎重さゆえに、自分は恋愛には不向きなのかなと悩む時期もあるかもしれませんが、波長の合う相手が見つかれば結婚も早く、結婚後のほうが運気も向上していきます。恋愛期間や同棲期間を長く過ごすよりも、短期決戦で勝負して、ダメなら次へと考えたほうが恋愛運の巡りは良いですよ。

金運

収入も出費も多い!? 目標設定で金運上昇

頑張り屋で努力家なので、お金に困ることはありません。ただしお金を循環させるタイプなので、入ってくるものも多いけれど、出ていくお金も多いでしょう。好奇心旺盛で、趣味にお金をつぎ込むなど好きなものに浪費する癖もありますが、プライドの高さゆえ人にどう見られるかを気にしてブランド品で身の回りを固め、見た目を整えたい一心で大金を浪費していく人もいるでしょう。

ただ、マンションの頭金、結婚資金、起業の運転資金など、目標があればきっちりと計画的に蓄財することも得意です。賢いお金の使い方としては、常に目標を決め計画的に欲しいものを手に入れるプランニングを心がけること。そうすれば金運が極端に悪くなることはなく、貯蓄を目標にすれば、人が驚くほどの蓄財もできます。

人にごちそうしたり、プレゼントすることを習慣としている人もいますが、相手に喜ばれることが自分の喜びになるタイプでもあるので、それはそれでかまいません。その循環は金運にもつながるでしょう。ただし頼られたらついお金を貸してしまう人の好さもあります。助けることと甘やかすことは違うので、そこは少し慎重に。使い方を間違えなければ金運はさらに安定します。

金龍より あなたへ

頑張りすぎたら
肩の力を抜いた
リラックスタイムを

金龍の 金運財布

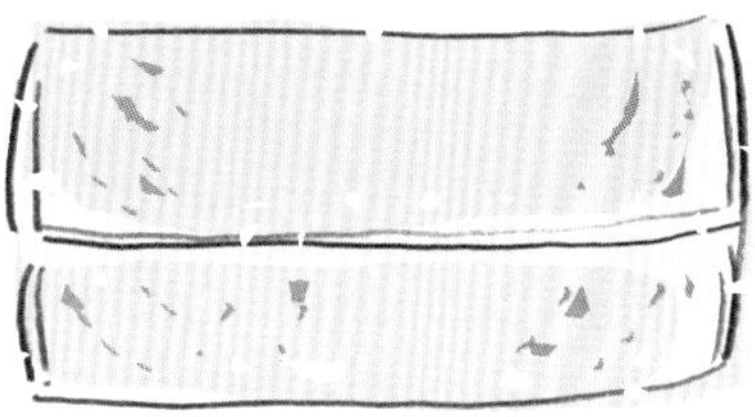

「ゴールド」の財布がぴったり。全面ゴールドでなくとも、一部にゴールドのキラキラ感が入っているだけでOKです。派手めが苦手なら、「イエロー」「アイボリー」「ベージュ」がおすすめ。

天帝数
2

守護龍が黄龍《おうりゅう》のあなた

性格 愛され上手なムードメーカー

常に笑顔で明るく、ハッピーオーラに満ち溢れたあなた。愛嬌があって、誰からも可愛がられ大事にされますが、あなた自身も、自分より相手のことを考える優しさの持ち主です。そんなあなたゆえの悩みもあります。誰のことも悪く思いたくない、悪い人はいないというのがあなたにとってはごく自然な考え。どっちの味方なの？という選択を迫られることは最も苦手です。ゆえに、八方美人のように誰からも好かれたい、嫌われたくない、という振る舞いをしてしまうこともあり、そこが周囲には優柔不断に見える場合も。また、あなたの純粋な優しさを利用しようとする人もいます。だまされても許してしまう弱さもあるので、つけ込まれないようにしましょう。

豊かな感性に恵まれているので「美」に関する分野に携わる人が多く、ファッション、美容、健康、美術、音楽などの業界や、華やかな空間が似合います。

恋愛 信じた相手を一途に長く愛したい

基本的に人から好かれ、異性からもモテます。相手に困ることはないでしょう。あなたの愛情深さから恋愛は長続きする傾向で、遠距離恋愛や、学生時代からのロングラン恋愛も多く、一途に一人とつき合ってゴールインする人も。ただ、あなたのその一途さを利用しようとする相手もいるでしょう。結婚詐欺や浮気など、信じた人の裏切りに大きく傷つけられて人間不信に陥ってしまうことも。おかしいと感じたら、信頼できる人に相談を。普段から親しい友人とは恋愛話をしておくと安心です。

優柔不断さや情の深さで、相手に同情してズルズルつき合ってしまうこともありますが、それはあなたの恋愛運を落とします。相手としっかり向き合うこと、決断力をつけることで、恋愛運はさらに向上するでしょう。相手に直してほしいところがあれば、素直に伝えることも開運ポイントです。

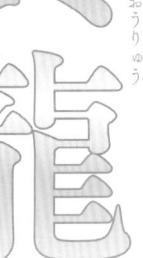

金運

成果を焦らず長い目で見て蓄財を

お金の使い方のバランスは良く、危機管理能力もあるあなた。ボランティア精神に富み、どちらかというと自分よりも人のためにお金を使う傾向があります。

年上に可愛がられる運をもっているので、ごちそうされたりプレゼントをもらったりすることも多く、お返しを欠かさないのでさらに可愛がられるという、素敵なサイクルもできあがります。礼儀正しさというより、嬉しい気持ちをお返しに表せるのがあなたの良いところです。ギフトも多く相続運もありますが、そこに目をつけてすり寄ってくる人がいるかもしれません。どんな状況でも、保証人や借金の肩代わりは受けないことです。

堅実にコツコツと実益を生んでいくタイプで、ギャンブルなど一攫千金の運はありません。株やFXなどの投資運用には向いていないので、儲け話には乗らないこと。長期的な積み立て運用などを選ぶと良いでしょう。

感受性の強さから、自分の「美」や「健康」や「感性」を磨くことにお金をかける傾向があります。追求すればきりがない分野でもあるので、その自己投資は本当に必要かどうかを見極めることが大切です。しっかりと精査することで金運も向上していくでしょう。

黄龍よりあなたへ

リフレッシュタイムがストレスからあなたを救うでしょう

黄龍の金運財布

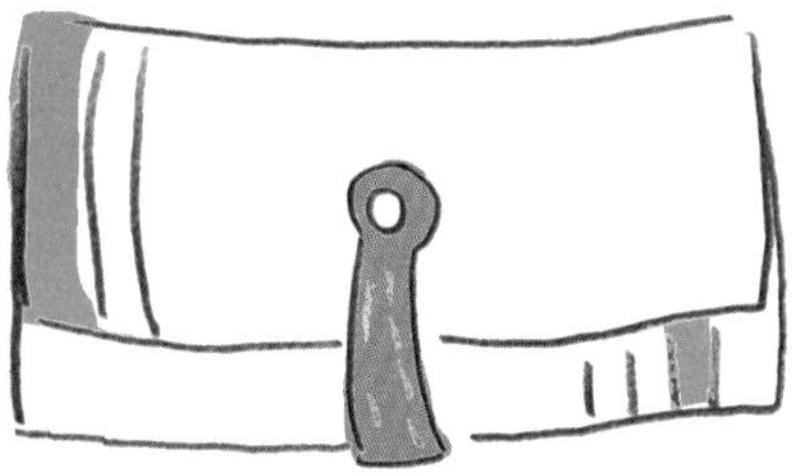

「イエロー」がおすすめです。ペール系のイエローや、山吹色といった渋めのカラーが良いでしょう。さらにストライプなど直線的デザインが入ったもの、革なら艶感があるものを選ぶと吉。

天帝数
3

守護龍が赤龍《せきりゅう》のあなた

性格

最先端を走る行動力の化身

好き嫌いが激しく、好奇心旺盛で直感を重視するスピードタイプ。止まっているのが苦手で、抜群の行動力で常に動き回っている忙しい人です。新しい情報や面白い情報をキャッチするためにアンテナを張り巡らせ、それを人とシェアするのが趣味です。一方で、面倒くさがりで享楽的な面もあり、物事に拘束されることを苦痛に感じます。常識に縛られるのも苦手で、社会に馴染めず苦労する人も。趣味やプライベートの時間を充実させてバランスを保ちましょう。また、結果を求めるあまりにことを急いでしまいがち。すぐにあきらめず、堅実に遂行する姿勢を意識すると、もっと運気は向上していきます。

おしゃべり好きだけれど聞き下手なあなた。人の話から得るものはたくさんあります。右から左に聞き流さず、興味をもてるポイントを探しながら耳を傾けることが開運に繋がります。

恋愛

ベッタリよりも軽めにサラッとつき合いたい

異性の好みははっきりしていますが、お調子者で、あの人もこの人もいいなという浮気性な面もあります。でも、相手を楽しませたいという思いは強く、一緒にレジャーに出かけたり、サプライズを計画したりと、アイデアマンの本領を発揮して恋人を喜ばせるのは得意です。

友達以上恋人未満のような関係が好きで、ベッタリとしたおつき合いは苦手。恋愛してもあまり熱くならないので、相手は「本当に好きなの？」と不安を抱くかもしれません。自己愛も強く、相手より自分や楽しいことを優先してしまいがちなので、それが原因で相手に愛想をつかされることもありそうです。ただし失恋しても長く引きずらず、新しい恋を見つけるフットワークの軽さはピカイチ。積極的なので相手には事欠きません。趣味の世界にハマりすぎて恋愛や結婚への興味を失い、独身貴族を満喫するタイプも多いでしょう。

金運

大人数でのレジャーで運を引きよせる

プライベート重視で、「お金は楽しむことに使う」がモットー。堅実に貯蓄はしないものの、金銭感覚はしっかりしていて、借金をしてまで楽しみたいとは思わないので、大きな借金を背負うこともないでしょう。収入に見合った楽しみ方を心得ているタイプです。

人とのつながりをとても大切にするので、飲み会やパーティーなどには惜しみなくお金をつぎ込みます。そんな交流の場から仕事が生まれ、収入につながるような良縁に恵まれる才能をもっています。しかし、面白そうだと儲け話に乗ったり、ギャンブル性が高いものに手を出したりすると金運はどんどん落ちていきます。うまい話には裏があるもの。基本的には甘い話が来たら警戒する意識をもつことが大切です。

また、くじ運がありますので、懸賞に応募したり、宝くじを買ったりすると思わぬラッキーに巡り会うかもしれません。ただし、これものめり込んでしまうのは良くありません。自分なりの楽しみ方を見つけてください。

お金を理性的に考えて使うと金運を高めます。みんなで楽しめて良い経験となるような旅行やレジャーに投資をすると、思わぬご縁に恵まれることでしょう。

赤龍よりあなたへ

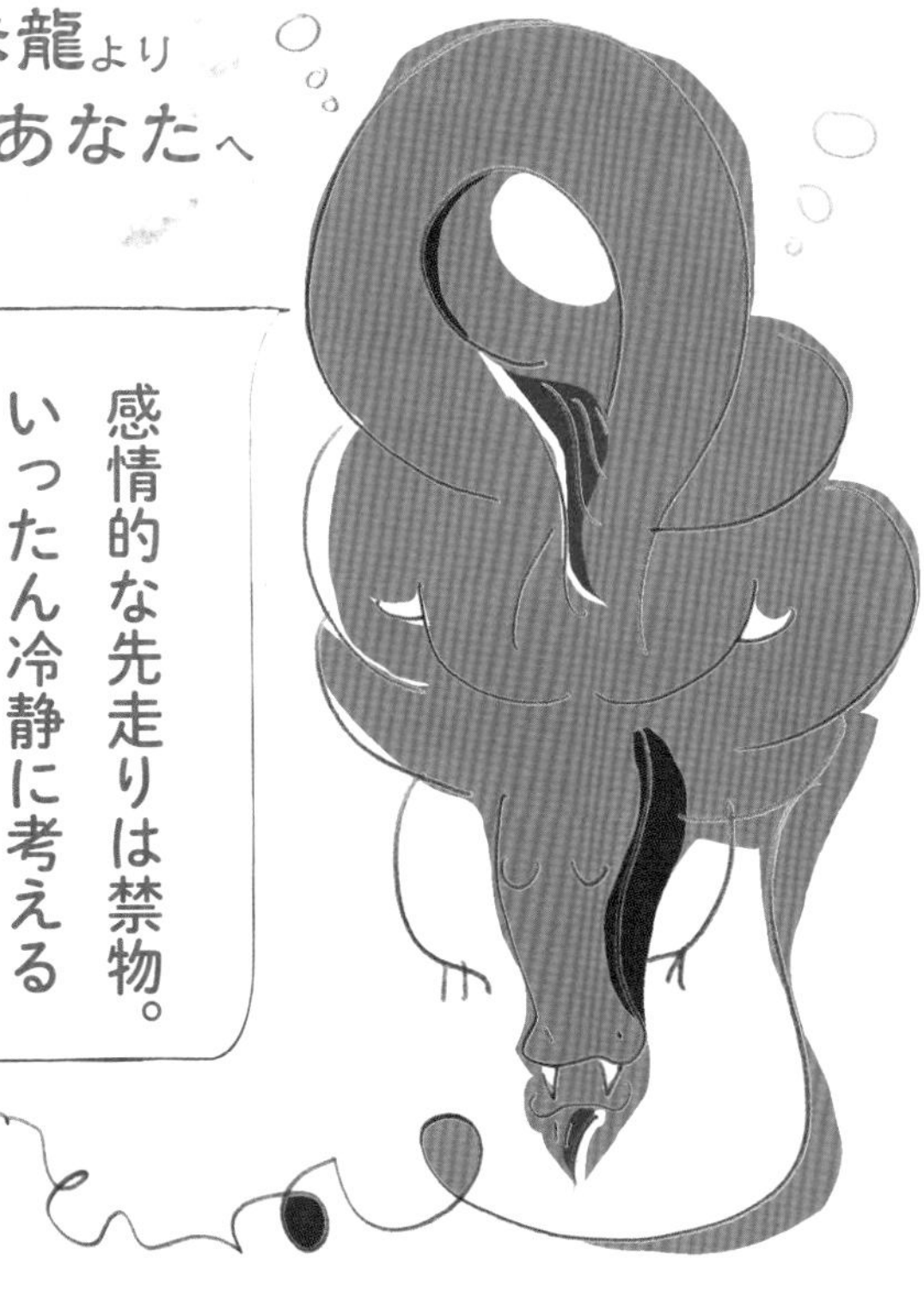

感情的な先走りは禁物。いったん冷静に考える癖をつけましょう

赤龍の金運財布

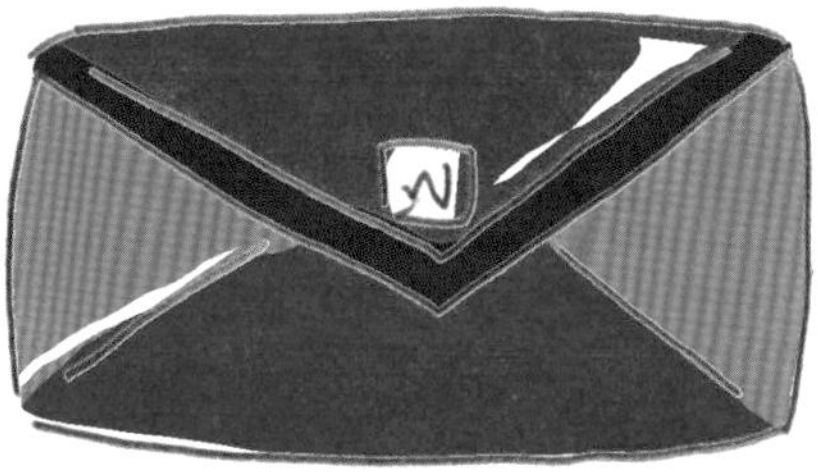

「レッド」がおすすめです。赤は中国ではお金がどんどん循環する吉カラー。赤に抵抗があるのなら「ピンク」「ボルドー」も良いでしょう。大人っぽいデザインやクロコダイルでパワーアップ。

天帝数

4

守護龍が紫龍《しりゅう》のあなた

性格

賢明で慎重。責任感の強い優等生

頭脳明晰で分析力にも長けています。真面目で気配り上手、人一倍責任感が強く、完璧主義者ともいえるでしょう。何事にも熱心に打ち込む姿勢と情報処理能力の高さから、チームをまとめる重要な役割を与えられることも多く、責任感の強さから、周囲の信頼を得ます。愛想を振りまいて人に取り入ろうとはしないので、嫉妬を買うこともないでしょう。ただ、上からも下からも頼られるので、つい頑張りすぎてキャパシティオーバーとならないよう注意してください。傷つくのが怖くて自己主張するのを我慢したり、気を遣って疲れてしまった時は、リフレッシュする工夫をしましょう。

また、石橋を念入りに叩くタイプ。保守的で、決断までに時間がかかることがよくあります。一度決断してからは速いので時間をかけて考えるのは良いことですが、守りに入りすぎてチャンスを逃さないようにしましょう。

恋愛

時間をかけて関係を深める誠実さが魅力

恋に受け身なタイプのあなた。分析が好きなので、相手が自分をどう思っているのかを気にしながら、あちらからアプローチがあるのをひたすら待つ傾向が。誠実で真面目な気質がベースにあり、警戒心も強く、相手の素性がわかるまでは心を開くことができません。時間をかけて信頼関係と互いの愛を育むことを重んじます。

また、順序立てた交際を好み、ジェットコースターのように波瀾万丈な恋愛よりも、穏やかで安定した恋愛をしたいという願望があります。想いを伝える勇気をなかなかもてず、片想いのまま一人の相手に長く恋することもあります。あきらめが悪いので、いつの間にか年を重ねてしまって、新しい恋愛に踏み出すことが億劫になってしまうことも。しかし、スムーズに愛を育んで結婚に至れば、真面目によく働き、女性は良妻賢母に、男性は家庭も仕事も大事にする賢い夫になるでしょう。

金運

無駄を許さず大きく使う倹《けん》約《やく》上手

堅実で無駄遣いはせず、子どもの頃もお小遣いやお年玉をコツコツ貯めていたタイプです。目的がなくても「お金はあって困ることはない」という思想から貯蓄に励みます。無駄が嫌いなので、節約も自然と身についているでしょう。ただし、使う時は思いきり大きな買い物をします。小さいものをちょこちょこ買うのは我慢して、車やマンション、学費など、自分や将来への投資に貯金を使うのです。そこにためらいや後悔はないでしょう。

人づき合いは割り勘主義。食事に誘われても、本当に心許せる人でなければ自腹を切ってまでプライベートを共にすることは少ないでしょう。無駄な交際と感じたら一切お金を使わないケチな一面もあります。交際費は一見無駄に見えて有意義な出費となることもあるので、たまには出かけてみると運気が刺激されるかもしれません。

靴や財布、バッグなどは長年同じものを使う物持ちの良いタイプで、壊れて使用できなくなるまでは大切にひとつのものを使い続けます。アンティークや骨董品を好む傾向もあり、コレクターとしてお金をかける人も多くいます。良いものを長く使うことに重きを置き、お金やものの有効活用を常に考えられるタイプでしょう。

紫龍より あなたへ

インドアよりもアウトドアを楽しんでさらなる開運を！

紫龍の 金運財布

「パープル」のお財布がおすすめ。青みがかったピンクや、ラベンダーカラーでもＯＫ。高貴な色として知られるパープル。艶のある上品なカラーとデザインのものを選ぶと吉です。

天帝数

5

守護龍が翡翠龍《ひすいりゅう》のあなた

性格

理想を貫く エネルギッシュな自由人

常に成長や進化を考える理想家で、様々な体験を経て自己実現にまっすぐ向かっていく強さがあります。一度会うと忘れられないインパクトを相手に与えるでしょう。感受性が豊かで束縛を嫌うため、常識に囚《とら》われることなく自由を謳歌します。ただし「傍若無人に」ではなく、しっかりと周囲とのバランスを見据えながら自我を貫くので、自由人でも地に足が着いたタイプといえます。

思い通りにことを進めるためには努力を惜しみませんが、理想主義な面が強く、自分の意見を相手に押しつけてしまうこともあります。どんな経験も力に変えていくタイプなので、成長できる機会に恵まれないと、何のために生きているのだろうとやる気をなくしてしまう繊細なところもあるでしょう。行動力はあるので、理想を現実化することを意識し、同時に我慢を覚えると、欲しいものをすべて手に入れられる可能性すらもっています。

恋愛

刺激的な恋が好き！ 強い恋愛結婚願望も

固定概念に縛られない恋愛スタイルを貫き、周囲にどう批判されても、自分が良いと思えばそれを優先します。人の話を聞かない傾向にはありますが、仮に失敗してもその経験をバネに成長していくので、大きな問題はありません。あまたの恋愛や失恋を経て、いろいろな傷を克服しながら、最終的には自分に見合った相手に落ち着きます。ただ、そんなあなたを周囲はハラハラドキドキしながら見ています。たまには素直に意見を聞く謙虚さを示すと、思わぬご縁に恵まれるかもしれません。

刺激を好むので、普通の恋愛では物足りないかもしれません。結婚願望も強く、情熱的な恋愛結婚が理想。その思惑が強く影響し、理想の相手を追い求めるあまり誰とも恋愛に発展しなかったり、少しでも理想と違うと気持ちが冷めてしまったりすることも。理想と現実のバランスを見極めることが開運への近道です。

金運　才を生かして財を成す。借金は極力避けて

才能やアイデアを生かして財を成す運をもっています。人に教えることが得意で、それが財を成す手段となる人も。お金が大好きなので、豊かになる方法を学ぶセミナーなどには積極的に参加して、情報をキャッチするでしょう。投資運用などの勉強も、金運アップにつながります。

理想的な生活をするために努力もしますが、現実に努力が行き届かない場合は、借金をしてでもその理想を叶えようとする強引さももち合わせています。元手がないのに見栄を張って、後輩や仲間に大盤振る舞いをしてしまうこともあるでしょう。最もわかりやすい特徴は、クレジットカードやポイントカードなど、カードをたくさん所有していること。節約やポイント活用という目的もありますが、いつでも借り入れできる状態もつくり出しているのです。多すぎるクレジットカードは整理する必要があります。身の丈に合ったお金の使い方を覚えないと首が回らなくなってしまうので、とにかく借金をしないように心がけてください。家計簿をつけて具体的なお金の使い方を管理すること、そしてお金のプロや管理上手な方にアドバイスをもらうことが、貯蓄や開運につながるでしょう。

翡翠龍よりあなたへ

理想は理想。周りが見えなくなったら、深呼吸して心の調和をはかって

翡翠龍の金運財布

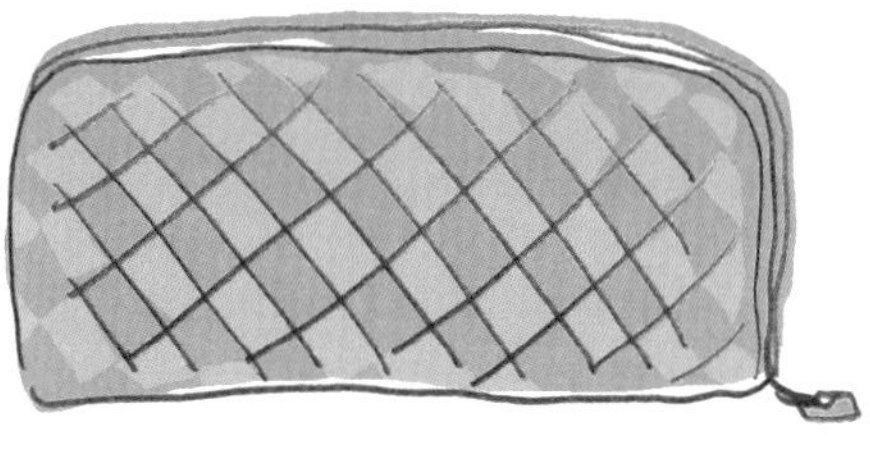

「グリーン」がおすすめです。緑は「調和」や木々の「成長」を表すカラーなので、お金を成長させたいあなたにはぴったり。メッシュ状になっているデザインが吉です。

天帝数 6

守護龍が黒龍《こくりゅう》のあなた

性格

多くの人から求められる 情に厚い奉仕の人

バランス感覚に大変優れ、どんな人とも分け隔てなく愛情深くつき合うことができるので、人間関係は良好です。あなたといるとホッとするという人も多いでしょう。面倒見が良く、困っている人がいたら放っておけません。子どもや老人がお相手の分野に就職する人も多く、人が嫌がることにも使命を感じて積極的に行動できる、まさに奉仕の人。慈愛に溢れるその姿に感動して、あなたを助けてくれる人が自然と周囲に増えていくでしょう。

人の痛みをわかってあげられるあなたですが、あまりの共感力に情がからみすぎてしまうことも。自分を犠牲にして奉仕することで、相手の自立心や学びの機会を削いでしまう場合もあるので、行きすぎないことを意識してください。縁の下の力持ちとして活躍する人も多く、組織ではなくてはならない存在に。ただ、中には自己表現や主張が苦手でチャンスを逃す人もいるでしょう。

恋愛

相手に尽《つ》くし 慈愛のすべてを注ぐ

優しく慈愛に溢れた尽くすタイプ。あなたから愛された相手は、とても幸せな関係を築くことになります。尽くしたい人と尽くされたい人の需要と供給がマッチしていればまったく問題はありません。相手のことを第一に考えるというあなたの性格から、相手が嫌がること、相手に嫌われるようなことはできるだけしない抑圧的な恋愛傾向になってしまうのは仕方がないことで、周囲から心配されるような恋愛だとしても、あなたがそれで満たされて、相手も納得しているのであれば、良縁です。

寂しがり屋で、思うように会えない状況が続くと、不安やストレスで心が揺らいでしまうことも。相手の言動に一喜一憂したり、我慢しすぎる傾向もあります。また、あなたの愛情を利用する相手との交際には要注意！　ハラスメントやDVなどを受け入れ続ける可能性もあります。不安を感じたら早い段階で誰かに相談しましょう。

金運

無駄遣いしない倹約家。収入は年と共に安定

慎重で、財布のひもは固いほうです。質素で最低限の生活ができれば良いと思っているので、自分のために無駄遣いはしません。意識して貯金をしなくても、出費が少ないのでいつのまにか貯まっているタイプ。逆に、お金に無頓着な面が悪いほうに出ると、気づいたら貯金が底をついてしまった！という状態に陥ることも。小銭を貯金箱に貯めるなど、始めやすく続けやすいことから意識していくと、金運が安定します。

また、周りを気にした「おつき合い」の気持ちでの消費など、流されるままの消極的なお金の使い方は避けましょう。無い袖は振れないタイプなので、借金をしてまで人にお金を貸したりはしませんが、奉仕精神が高じて今あるお金で誰かが助かるならと渡してしまうことがあります。目の前の困っている人を無視できない性格ですが、自分自身の生活を守ることを第一に考えたうえで人に手を差し伸べるよう心がけましょう。

若い時期には出費が多く、お金に悩まされるかもしれませんが、食べるに困らない金運をもっているので心配はありません。大器晩成型なので、年齢と共に信頼が厚くなり、仕事の評価も上がって収入が安定してきます。

黒龍より あなたへ

先を不安がらず、「今」を生きることに集中しましょう

黒龍の金運財布

「ブラック」がおすすめです。黒は陰で、五行では水を表し、お金の循環を生みます。黒が苦手なら「ネイビー」「チャコール」「チョコレートカラー」などもOKです。花のモチーフがさらに吉。

天帝数

7

守護龍が青龍《せいりゅう》のあなた

性格

我が道を行く クールな個性派

自分は自分、他人は他人とクールに割り切る人です。マイペースに自分の世界観を貫く、インテリジェントな一匹狼タイプ。自分なりの距離を測るのが上手なので、冷たい人だと誤解されやすくても、本人は気にしません。博愛主義な面が強く出ると、要領良く人間関係を築き、社会に馴染んでいけます。天才肌で、興味があることに関してはとことん追求します。想像力や発想力も豊かなので、専門職に就くと本領を発揮できるでしょう。

他人にあまり興味をもてず、人からの好意を素直に受け取れないあまのじゃくが多いのも特徴です。そこが小悪魔的に映り、ミステリアスで浮世離れしたあなたに魅力を感じる人もたくさん現れるでしょう。

また、鋭い直感力をもち、思ったことをすぐ口にしてしまう癖があります。「口は災いの元」となることも多いので、発言の前にひと呼吸置くことを心がけましょう。

恋愛

本心を隠しながらも 一途にアプローチ！

静かでおとなしいタイプなので、恋愛には消極的に見えます。でも実際は、興味のない相手にはそっけなく接しますが、興味がある相手には、様子を見ながらアプローチを工夫する、冷静で駆け引き上手な面も持ち合わせています。そんな多面性が魅力的に映り、異性からのお誘いは多いでしょう。

素直に気持ちを表現するのが苦手で「寂しがり屋の一人好き」でもあるあなた。好きな人にも自分の弱さを見せないように努めるので、相手に不安を抱かせることも。でも、実は情熱的で、好きになったら一直線。何がなんでも手に入れるために、長期作戦を企てることもあります。そんな性質を理解して、不器用なところを受け止めてくれる包容力のある相手が見つかると、その出会いをきっかけにあなたの良いところはますます引き出され、恋愛運に限らずすべての運が向上していくでしょう。

金運

資産運用は大胆に循環させて吉

青龍が守護する人は、何不自由ない環境を生まれつきもち合わせていることが多いでしょう。遺産相続や、不動産など、働かなくてもその資産で生活ができるような環境が用意されていることもあります。それを元手に投資運用などでさらなる資産を築くことも可能ですが、ハイリスクハイリターンの運をもっているので、ほどほどのところで引くようにしないと危険です。のめり込みすぎないことが、あなたの資産や金運を守るコツとなります。

そんな環境に自分は当てはまらないなと感じた人でも、生涯において動かすお金は大きいほうが合っているので、小さくまとまらないようにしましょう。コツコツお金を貯めたり、使ったりではなく、基本的には多くお金を貯めて、多くお金を使うほうが金運は向上します。つまり、ケチケチしたり、節約しすぎたり、お金を使わないで貯め込みすぎると金運はダウンしてしまうというわけです。

生まれついた環境が恵まれすぎているため、お金に執着がなく、お金について深く考えない人もいますが、それは運を無駄にしています。好きなことを仕事にして財を成す運命をもつので、たまたま好きなことをやったら儲かったという経験を得るのもこの守護龍の特徴です。

青龍よりあなたへ

分かち合う喜びもあるものです。たまには人に素直に甘えましょう

青龍の金運財布

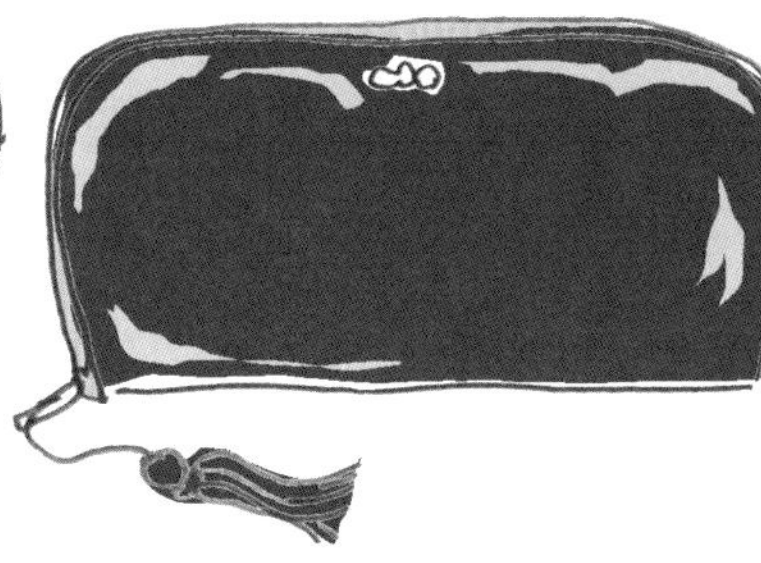

「ブルー」がおすすめ。青は若さや蕾《つぼみ》、芽生えなど始まりを表すカラーです。内布がブルーのものや、ブルー系のお守りやストラップをつけるのも効果的。エナメル素材で光沢感があるとさらに吉。

天帝数

8

守護龍が白龍《はくりゅう》のあなた

性格

情に厚くしっかり者の常識人

温厚でしっかり者、社会性があり、伝統や規律などを重んじるタイプです。堅気な気質なので、一見すると融通の利かない頑固な印象を与えますが、心の器は広く包容力があります。礼儀正しく、上下関係も重んじるので、上からは可愛がられ、下からは慕われるでしょう。ただ、常識人であるがゆえに、非常識な人が許せず、モラルのない人に対してはつい小言をいいがちです。あなたが良かれと思って助言しても、小うるさい人だと敬遠されてしまうこともあるので、ほどほどにしましょう。相手を支配してコントロールしたくても、人には人の都合があることを忘れないで。上手にバランスを取らないと、あなたのせっかくの良さが半減してしまいます。

実力重視、結果重視なので、仕事でも人生でも結果が目に見えないとプライドが許しません。自分にも他人にも厳しいので、窮屈で葛藤が増えることもあるでしょう。

恋愛

障害があればあるほど燃える強欲な恋!?

恋愛の主導権を握りたがり、アプローチや喜ばせ方を自分のものさしだけで考えがちですが、それを素直に喜んでくれる相手は必ずいるものです。良い相性のパートナーを見つけることに時間をかけましょう。

懐が深く、好きな人なら何でも許してしまうという極端さももっているので、あなたに甘えたいと寄ってくる相手もいるでしょう。とてもポジティブなので、失恋しても何が悪かったのか反省せず、同じ失敗を繰り返す可能性があり、都合のいい解釈が続けば恋愛運は先細るばかりです。また、障害が多い恋愛ほど燃えるタイプで、相手に恋人がいても関係なく、略奪してでも手に入れたいという強欲な面も。恋愛を勝ち負けで捉えすぎると、本来の愛情を見失うかもしれません。恋愛は独りよがりでは続きません。バランスを考え、コミュニケーションを大切にして相手の声によく耳を傾けましょう。

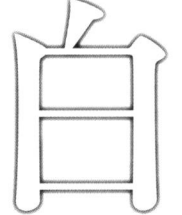

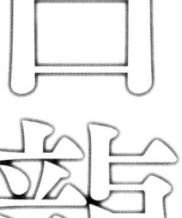

金運

巨額な資金を動かす強運の持ち主

実際にお金があってもなくても、あなたは周囲に「豊かさ」を強く感じさせる人です。お金がなくてもお金がある風の言動で、過去の裕福だった時にそろえたブランド品などを身に着けていれば、豊かだなという印象が残りますし、品が良く、気前の良い性格も加味されて、周囲にゆとりのある印象を与えます。強い金運をもつがゆえ、お金に頓着しないところが、あなたをそう見せるのでしょう。

実際、この守護龍の人はお金に困ることはありませんし、苦労はしてもお金を生み出す力をもっています。ただ、自営業者や経営者が多いため、運転資金を借り入れることも多いし、保証人になって負債を負ったり親の借金を背負わされたりという場合もあります。しかし、その借金さえも返せてしまうような強い金運の持ち主です。たまたま宝くじを買って当てた、突然遺産相続の話が舞い込んできたなど、思わぬ収入を得る運命をもっています。親分肌で、困っている人へ出資したりと流動が激しいのも特徴で、先行投資などお金を大きく勢いよく回すことは、あなたにとって金運の巡りが良くなる行動です。最低限の生活や仕事の資金は残しつつ、循環させるのが吉。

白龍よりあなたへ

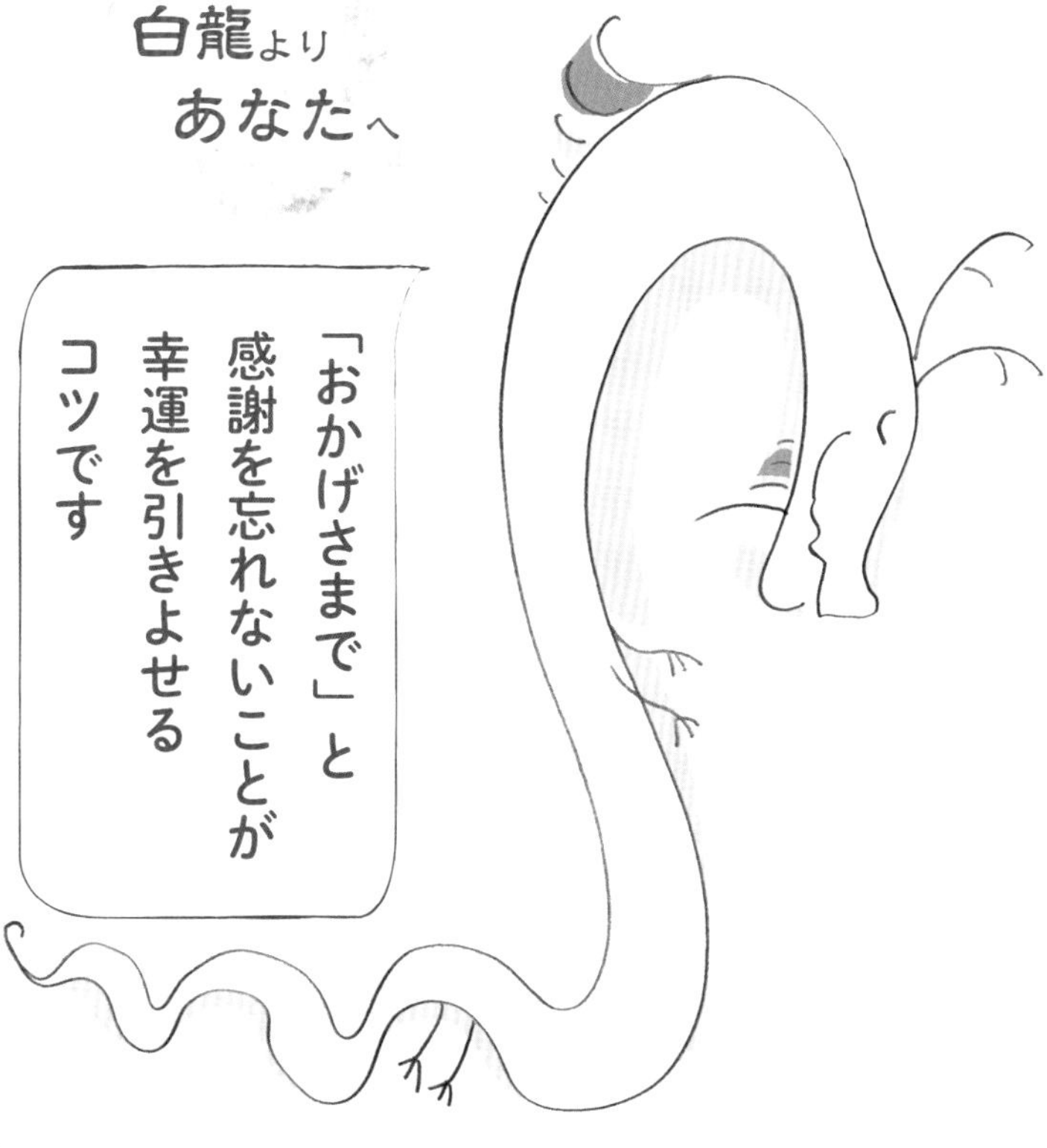

「おかげさまで」と感謝を忘れないことが幸運を引きよせるコツです

白龍の金運財布

「ホワイト」がおすすめです。白は五行では「金」を表し、お金との相性は抜群。純白が苦手なら「アイボリー」「ベージュ」「シルバー」を選んで。スタッズなどがついたデザインも吉。

天帝数

9

守護龍が透明龍《とうめいりゅう》のあなた

性格

敏感で繊細なガラスの心の持ち主

献身的で思いやりがあり、常に公平さを求めるあなた。秘密主義で人と打ち解けるまでに時間がかかりますが、いったん打ち解けると人が変わったように人懐っこくなり、行きすぎると相手に依存してしまう面も。疲れた相手に引かれると、「私には価値がない」とどん底まで思い詰め、自分で自分に疲れてしまう傾向も見られます。流されやすい一面もあり、そこを柔軟さとして上手に発揮できると社会にとても馴染めますが、悪い方向に流されることもあるので、つき合う人や環境がとても重要です。

奉仕の精神が強いので、医療や介護の現場で活躍する人も多い反面、人の心の機微に敏感すぎて、ネガティブな感情をまともに受けてストレスを溜めやすく、ダメージが大きいと引きこもってしまう場合もありそうです。繊細で優しく、誰にでも寄り添える面を生かし、スピリチュアルな仕事やカウンセラーになるのも良いでしょう。

恋愛

見返りを求めぬ献身愛。非現実的な恋も

アニメや漫画の登場人物に本気で恋をしたり、周囲が「あの人？」と思う意外な人を好きになったりするため、変わり者と思われることもあるでしょう。叶わぬ片想いを一途に続ける人もいます。献身的で見返りを求めない反面、寂しがり屋なので、コロコロと相手が変わったり、何人かと並行してつき合う人や、常に何人かをストックしている恋愛体質の人も。互いに依存し合えて、一生離れることのない絶対的な信頼で結ばれた愛を求めるあまり、仕事に身が入らず、友達とのつき合いをないがしろにしてのめり込んでしまうこともありそうです。

本来は癒し系のあなた。自分の意見を押し通したり、いい合ったりするのが苦手なので、逃げ腰になってしまうことも。心優しく、あなたに安らぎを感じる相手とマイペースに愛を育んでいけると良いでしょう。自らの不安を増幅させせないように心がけることが開運のポイント。

金運

良くも悪くも お金には無《む》頓《とん》着《ちゃく》

お金に対する執着が薄く、貯めることにも稼ぐことにも興味がない傾向があります。最低限の生活と、自分の趣味にお金を使えれば幸せというタイプです。「もっと欲しい」とは思わない無欲さですが、あればあるだけ使ってしまう人も多く、緊急時に必要となるお金を考慮せず、目の前のことに使ってしまいます。気分にムラもあり、一時の感情に任せて浪費することもあるでしょう。

　将来を見据える感覚も乏しく、お金を生かすどころか散財して自滅する可能性もあります。実家で暮らして家族に管理してもらう、お金に強い友人やパートナーに管理を頼むなど、欠点を自覚して工夫することが必要です。体が弱いことも多く、持病や突発性の病気で思わぬ出費に見舞われることもあるので、しかるべき保険などを検討し、最低限の準備を心がけると運が整ってきます。

　スピリチュアルな才能に恵まれ、相談業などの副業で花開くこともありそうです。自分の才を生かした仕事でお金をもらうことで、金運は安定していきます。また、人を引きつける魅力をもっているので、援助を申し出る豊かな人が出てくることも。人の縁に恵まれてお金が入ったり、養ってもらえたりする運をもっている人です。

透明龍より あなたへ

無理は禁物。
自律神経をケアして
睡眠を心がけると
運も安定します

透明龍の 金運財布

透明は光や色を通すスピリチュアルカラーで、実は「レインボー」を表します。角度を変えるとオパールのようにきらめくカラーや、「ホワイト」「プラチナカラー」で、宇宙っぽいデザインが吉。

ゆうはん流 メソッド ❸

波動の良い場所から力をもらう パワースポット巡り

何かを感じる、癒される…そこを訪れることで、行き詰まった気の巡りが好転することも。「気」の合う場所を探しましょう。

パワースポットは強い波動をもつ場所。目に見えない力があなたに何かを与えます

パワースポットと聞くと、神様が願いを叶えてくれる場所、エネルギーや波動が心地良い場所、力強い気を感じる場所…などと、人によって様々なイメージを浮かべるでしょう。文字通り「パワー＝力が強い」「スポット＝場所」ですので、困っている時や悩んでいる時に、運気の後押しをして欲しいという人々がそこを訪れます。

特に現代は、誰もが生活にストレスを感じ、深い悩みや不安を抱えやすい社会です。このような時こ

むやみに訪れるとリスクもあり！ それだけのパワーをもつ場だと心得て

人同士に「気が合わない」という言葉があるように、場所にも「気」が合うところと合わないところがあります。気が合うスポットと合わないスポットをどう見分けたら良いのでしょうか。

- 心がスッキリするような感覚がある
- 元気が出て、やる気が起きた
- 良いことが起きた、良い知らせが来た
- 不安から解放された、悩みが解決した

相性が良いスポットは、運気を後押ししてくれます。見つけたら、定期的に出向いて

好相性のパワースポットを見つけるまでは、最低でも1ヵ月は間隔を空けてのスポット巡りがおすすめです。兆しを見つつ、相性をはかりながら、自分に合う場所をいくつか探しましょう。

神社仏閣へは、効果的なお参りをしたいもの。P38でも少し触れましたが、10か条にまとめました。

❶前日にはお風呂に小さじ3杯の粗塩を入れて浸かる　❷髪は不浄のもの。まとめるか、結う　❸神社に入って真ん中は神の道。歩

そ人は目に見えないパワーに引かれ、頼りたくなるものかもしれません。

　昨今のパワースポットブームに後押しされて、老若男女を問わず神社仏閣などのパワースポット巡りが流行っています。ですが、これは今に始まったことではなく、古代からずっと人々に受け継がれてきた行為なのです。きっとそれだけ多くの「力強い」場所があり、それだけ多くの人々がそこからパワーを授かってきたということなのでしょう。

○願いが叶った
●頭痛やめまいを感じた
●帰宅後に発熱、下痢、嘔吐などがあった
●悪い知らせが入って来た
●電化製品が壊れた
●霊障が起こるようになった
　○のような兆候が、スポットを訪れている時や訪れた後に出現する場合は、そこはあなたにとって相性が良いスポットです。●は合わない兆候です。あまり時間が経ってからではなく、当日や翌日、長くても1ヵ月程度で良い兆しが現れるところが、あなたと「気」が合うパワースポットです。

かないよう気をつける　❹手水《ちょうず》で浄め、社務所や立て板などで案内を見て、どんな神様なのか知っておく　❺本殿だけでなく、可能なら奥宮や摂社にも参拝する。神社の案内に沿って参拝しても良い　❻参拝時に「名前、住所、誕生日」をお伝えするとさらに良い　❼参拝後はお守りやお札を授かる。ご朱印も良い　❽境内でいただける食べ物や、その地域の美味しい食事を摂る　❾帰りは鳥居や出入口前で振り返り、一礼してから出る　❿購入したお守りやお札は、帰宅後すぐに袋から出して神棚やお気に入りの場所に飾る
　そして願いが叶ったら、P39でも触れた「お礼参り」を必ずしましょう。その際、忘れてはいけないのが「お賽銭《さいせん》」です。願いを叶えてくださったことへのお礼金ですから、ケチらないのが吉。お守りやお札の購入額の3分の1から半分くらいは納めましょう。

ゆうはん流 メソッド 4

身近な素材でできる①「鏡・塩」のお浄め風水

お浄め風水で最もおすすめしているのが、鏡と塩を使った風水術です。邪気祓いと浄化の作用がありますので、ぜひお試しを。

鏡には 反射作用があるため、邪気を祓ってくれる強力なアイテム。まずは玄関に置いて

鏡には、反射作用で邪気や凶、災いを祓うパワーが宿っています。風水グッズで有名な八卦鏡の「八」は八方位のことで、様々な方向から来る悪いものを除ける意味が込められています。北東＝鬼門に置くと鬼門封じとなり、悪いものを家に入れない結界ができます。地理風水や陽宅風水における「化殺《かさつ》」という凶相パワーを弱めるための利用法も、別冊付録で解説していますので、ぜひチェックしてください。

普通の鏡なら、なるべく円形のものを選びましょう。玄関に飾るのがおすすめですが、飾り方はP19を参照してください。禁じ手として①「合わせ鏡」に設置　②玄関の真正面に姿見　③三面鏡　④寝室の寝姿が映る鏡…などがあります。テレビやパソコンの画面にも鏡と同じ反射作用があるので、置き方には気を配りましょう。

塩には 心や身体に溜まった邪気を出して浄化してくれるパワーがあります

浄化には塩も有効です。「塩うがい」は、コップ八分目の水にティースプーン1杯程度の粗塩を入れてよく溶かし、7回に分けてうがいをして吐き出してください。神社仏閣に行って気分が悪くなったり体調に変化があった時、イライラしたり誰かに怒られた時など、身体や心に溜まった毒素を出したい時に効果的です。

また、大切な人と会う、神社仏閣に行く、大事な契約があるなど、とっておきの日の前夜のお浄めとしておすすめなのが「塩風呂」です。40度ぐらいのお湯に、大さじ3杯ほどの粗塩を入れて溶かし、15～20分ゆっくりと浸かりましょう。使ったお湯は再利用せずに捨てます。心臓が悪い人は、温度や入る時間を調整しながら試してください。身体に溜まっていた疲れや不浄な邪気が、毛穴という毛穴から出ていき、リセットできます。

第三章

身体の中から浄め、整えて

美と健康を手に入れる風水

健康

美容

健康風水

知っておきたい3つの鍵

key1 掃除

心が休まるきれいな部屋には健やかな気が満ちている

「健全なる精神は健全なる身体に宿る」。これは古代ローマ詩人ユウェナリスの詩集からきた言葉です。身体が健康であれば、自然と精神＝心も健康になる、という意味ですが、逆もまた真なりです。心と身体は切っても切り離せないもの。常にお互いに影響し合い、バランスを保っているのです。心が落ち込んだり、ささいなストレスでも長期間感じ続けたりすると、やがて身体に異変として表れてきます。また、外的要因による切り傷などのケガは、内面の異変によるものではありませんが、それがきっかけとなり日常生活に不便を感じて落ち込んだりすることもあるでしょう。これは、身体に降りかかった不幸がそのまま心に影響してしまう例です。そんな心と身体、双方のバランスを調整するために、風水はとても役立つツールといえます。

　悩みやストレスを抱えていると、つい部屋の掃除も手抜きになってしまうもの。けれどその状態に甘んじていると、家でも心が休まらず、その結果として体調を崩してしまうという人は多くいます。「住まいの環境＝健康のバロメーター」といっても過言ではないでしょう。最近疲れているな、と感じた時こそ、家の掃除をしましょう。身体を動かすことで心も活性化し、部屋全体にも、あなたの体内にも、良い気が巡ってくるはずです。

key2

感謝

「元気な私」でいることが、豊かな人生への第一歩になると意識して

「今以上に豊かになりたい」とは誰もが一度は考えることかもしれません。やりがいのある仕事がしたい、お金をたくさん稼ぎたい、恋人や友人など大事な人とつながり合って楽しく毎日を送りたい…と豊かさの意味は人それぞれ。けれど、考えてみてください。何をするにも身体が資本なのです。精力的に業務をこなしたりアクティブに人と交わったりと、一生を実りあるものにするために、まずはこの肉体ありきです。

私たちは普段、健康な身体と健康な心をもっていて「当たり前」だと思って過ごしています。けれどある日体調を崩したり、病気になって苦しみを味わうと、健康な心身のありがたみを思い知るのです。そこで日頃から、**自分の心身が元気なことに感謝する習慣をつけてください。するとと意識が変わってきて、ささいな身体の不調に敏感に**なります。「少し疲れたから早めに寝よう」とか「のどがイガイガするからうがいをしてから食事しよう」など、進んで不調を予防するようになるはずです。この「感謝」から生まれる意識の在り方を体得することこそ、風水の最も大切なテーマといえます。

key3

笑顔

口角を上げて声を発することで心身共に活性化される！

手足や目、耳など、目に見える部分はもちろん、心臓や肺といった体内の器官は、日々生命維持のために活動してくれています。けれど寝ている間も働いている自分の身体について、じっくり考えたことがないのでは？ ここでぜひ、胸に手を当てて身体について考え、「感謝」の言葉を伝えてみましょう。寝る前に内臓のことを思いながら「今日もしっかり働いてくれてありがとう」とお腹に手を当てたり、ケガや病気が治ってきた時に「免疫が頑張ってくれたおかげだよ」と声に出していってみたり…言葉はそれ自体がエネルギーをもっています。**身体は言葉を発した時、それが前向きなものであればあるほど、そのパワーを取り込んで生き生きとしてくるのです。**その際、「笑顔」を心がけるとさらに効果的です。医学的にも、笑うことは免疫を活性化する効果があるといわれています。最初は口角を上げるだけでもOKです。

笑顔を心がけ、バラエティ番組を観るなど、笑えそうな場面を自ら増やすのもおすすめ。「笑う門《かど》には福来《きた》る」の言葉通り、良い気が自然に引きよせられてきます。

代謝アップの鍵は筋肉量にあり

日々の努力で筋肉量は増える！ 気の巡りも良くなり運も上向きに

新陳代謝《しんちんたいしゃ》は加齢と共に衰えていきますが、その最大の要因は筋肉量の減少です。筋肉量が減れば基礎代謝も運動代謝も減退するため、汗をかいたり身体が温まるのに時間がかかり、冷え性になったり老化を早める結果にも…。反対に筋肉量が増えると汗をかきやすくなり身体が冷えにくく、平熱も上がって代謝効率もアップ。また医学的な研究によるとがんの発症率は平熱に反比例し、36・5度以上の人はがんになりにくいのだとか。風水的にも身体を温めることは、体内の気の巡りを良くする効果があります。

Lucky

心の温度を上げる「お祈り」も効果的

心と身体のつながりを思えば、心の温度も上げていたいもの。ですが、疲れや不安からネガティブになり、気づけば心が冷えていることがあるのも事実です。予防として、日頃から元気になれる趣味を見つけておきましょう。好きな音楽や映画に身を委ねたり、たまには思う存分好きなものを食べたりして、自分を甘やかすのもいいでしょう。

趣味がないという人におすすめなのが「お祈り」です。**瞑想《めいそう》状態で心が無にリセットされ、内側から浄化される祈りのパワーはとても強力。**胸に手を置き、心を大事に包み込むイメージを浮かべながら、望む状況を強く願います。神社や教会など落ち着けるパワースポットに足を運ぶのもおすすめです。

No GOOd

デスクワークは代謝の大敵！

ワークスタイルが多様化した昨今ですが、決まった場所にこもって仕事というルーティンワークの人も多いようです。**エネルギーは発散してこそ循環し、運気の風通しも良くなるもの。**天気のいい日は新しい仕事スポットを探すなど、マイルールをつくって積極的に、日常に変化を取り入れましょう。

また、デスクワークが長いと血行が悪くなり、むくみや肩凝り、腰痛などの不調も出やすくなり、心身の代謝も効率ダウン。1時間パソコンと向き合ったら10分休憩して、散歩やストレッチ、軽い筋トレなど、意識して身体を動かしましょう。冷えやすい人は厚手のソックスやカイロで、予防策を忘れずに。

健康

方位

前向きになれる東or南向きの部屋で体調も整う

北側の部屋は日照時間が短いため、東や南側の部屋に比べると1、2度体感温度が違うほど、常に冷えています。代謝の低下や冷え性などを自覚しているなら、北部屋を避け、東や南側の、日光がより多く入る部屋を選びましょう。**東は太陽が昇る方角であり、風水的には「男性性」を意味する**ので、男性には特に東部屋がおすすめです。女性には、**太陽が頭上高くに長く留まることから「女性性」の象徴とされる南**の部屋がベストです。性別にかかわらず東と南はどちらも運気を活性化するので、自然と気持ちが前向きになり、今以上にアクティブになって、冷え性でも症状が改善されていくでしょう。

北部屋を避けられない人も、対策があるのでご心配なく。温かいものを食べたり服装に気をつけたりして身体を冷えから守り、また運動を小まめにするなど常に体温を上げる意識をもつように心がけましょう。

カラー

生命力を高める赤。「腹巻」がベストチョイス

代謝アップに最も効果があるカラーは「赤」です。赤は私たちの身体に脈々と流れている血の色であり、生命力の象徴とされています。血流が良くなることは循環にも好影響し、身体と心のすみずみにエネルギーが行きわたるでしょう。

とはいえ部屋のインテリアに赤を取り入れるのは、なかなか難しいもの。**赤は強力なパワーをもつ色でもあり、場のバランスを乱すと逆効果になってしまうことも…**。そこでおすすめなのが「腹巻」です。私たちの免疫細胞の7割は、腸にあるといわれています。お腹が冷えてしまうと当然免疫システムも低下し、心身の不調につながってしまう恐れが。逆に腸を温めれば、身体の中からパワーアップできます。真っ赤はちょっと…という人は、赤のハート柄や濃いめのピンクベースなど、赤系の色素が強めの腹巻をチョイスして。

決め手は自分流。「変化」で疲労回復

溜まった疲れは小まめに抜くこと。上手に気持ちを切り替えて

私たちは時間と闘いながら社会と向き合い、日々フル回転で生きています。当然、一日の終わりには疲れが心身に溜まり、その疲労が積もり積もれば心身のバランスを崩してしまう可能性もあります。余裕がないと感じた時こそ、ほんの5分でもリフレッシュの時間をつくりましょう。方法は人それぞれですが、今の状況を「変える」ことを心がけて。パソコンに向き合っているなら、アイピローで目を休めながら次の休日の計画を練る、人間関係で悩んだら、緑の多い公園などを一人で散歩する、などの「変化」を起こすことを心がけましょう。

Lucky

性格改善で「疲労感度」を下げる!

疲労を感じる度合いは、実は性格にも左右されます。つまり性格＝心の在り様を変えれば、疲れにくい身体も手に入るというわけです。それには、まずは楽観的であること。**何事も「なんとかなる」と前向きに考えてことに当たる、息切れしそうなら周囲に応援を頼む**など、その場その場で気持ちを切り替えられる柔軟さがポイントです。

また**マイペースを心がけることも、疲労感度を下げるには効果的**。欲するままの行動なら、その結果疲れ切っても、自ら望んだものと割り切れるはず。一度立ち止まり、ゆっくり休息する余裕も生まれます。やがて回復した時には、また次の目標に向かうバイタリティが自然と湧いてくるでしょう。

No GOOd

潔癖さやプライドが「気」を滞らせる!?

「疲労を感じやすい」という人に、潔癖さを感じることがよくあります。何事もきちんとしていて、周囲からも高評価を得ている人が多く、気を抜けない毎日なのかもしれません。プライドの高さゆえ、思い通りにいかない状況に心身をすり減らしてしまう、という人もいるでしょう。いずれも大事なのは、自分のキャパシティを知りましょう、ということ。周りの期待に百パーセント応えるのは不可能です。

気の流れも、ゆとりある中ではよく循環します。できると思ってもあえてスピードダウンしたりヘルプを頼めば、ゆったりした空気が生まれ、気も循環しやすくなり疲れも半減するでしょう。

健康

習慣　自然の中に出かけて心身にパワーを取り込む

空気や水、植物は私たち人類よりも先に地球上に現れました。そして自然の環境が整った時、初めて私たち人間は誕生できたのです。緑の多い場所は、特にヒーリング効果が高いので、足を延ばして森林浴に出かけると、心身共に日常から解放されて疲れもスッキリ取れるでしょう。時間が取れないなら近所の公園や植物園でも効果はありますし、ガーデニングや家庭菜園を始めてみるのもおすすめです。

　また動物好きの人はぜひ、動物と触れ合えるスポットに足を運んでみてください。動物園や水族館、また最近は猫カフェやフクロウカフェなど、近場で手軽に動物と触れ合える施設が増えてきました。**動物という存在は、あるがままに生きているため生命力に満ち溢れて**います。なでたり抱いたりすることで、そのパワーのおすそ分けをいただきましょう。

動植物との
ふれあいでパワーチャージ!

雑貨　フタ付きゴミ箱で不浄をシャットアウト

風水ではゴミは不浄のものであり、悪い気を集めるとして、家に留めておくことをＮＧとしています。古代の人々がゴミを家から離れた場所まで捨てに行っていたことは、貝塚史跡などからわかります。理想としては「ゴミ箱は室外に」といいたいところですが、現代に生きる私たちにはその不便さがストレスとなり、かえって疲れてしまうでしょう。

　そこでおすすめは、フタ付きタイプのゴミ箱です。できればステンレスなどの金属製で、しっかりしたものが良いでしょう。**金属にはすべてのものを遮断する役割があり、ゴミ箱の中の邪気が外に漏れるのを防いで**くれます。プラスチック製なら、浄化力のある白か寒色系を選んで。ただ、いずれにせよフタをしても、ゴミそのものを浄化することにはなりません。少量でも収集日には必ず出すなど、溜め込まない意識をもつことが大切です。

フタ付きゴミ箱で
不浄から身を守る
プラスチックなら
白か寒色系で

体力アップの鍵は「体温」が握っている

心身を温める準備運動が、やる気とパワーの源に

手足が冷たい、肌が青白い、貧血気味などの人は、東洋医学でいう「虚《きょ》」の体質のため、力が身体に宿りにくい傾向があります。が、生来の虚体質ではなくても、身体が冷えていては次のアクションを起こしにくいもの。運動前にはウォームアップをするように、行動前には準備として身体を温め、その熱をキープする習慣をつけましょう。特に冷え性の人は、すべての「首」のつく部位＝首・手首・足首を、真夏でも冷やさないよう工夫して。体温を意識的に上げると、心の温度も上がり、やる気とパワーが全身に満ちてきます。

No GOOd

湿った寝具は邪気の巣窟《そうくつ》

人間の三大欲求のひとつである睡眠は、人生の約3分の1を占めています。まずは寝室の環境をチェックしましょう。寝具やリネン類は定期的に取り換えていますか？　眠っている間にかく大量の汗を吸ったシーツや枕カバーを洗濯せずに使っていると、不衛生なだけでなく、悪い気に眠りを妨げられて体力の回復が十分果たせないことに…。布団や枕も、晴れた日は天日干しをおすすめします。**太陽のパワーで温まった寝具には、「陽」の気が集まっています。**

また、不規則な生活リズムはそのまま運気の乱れにつながるので、特に「虚」体質の傾向が強い人は、早寝早起きを習慣に体質改善を図りましょう。

Lucky

風通しが良く動線もスムーズな家

適度な運動でバランスの取れた筋肉を整え、気力を充実させることが大切です。気力が満ちている人は「陽」の気をもち、自然と人に愛される「強運体質」。そうなるにはまず、換気を心がけましょう。**風通しの良いカラッとした空間では「気」も良く循環します。**

生活動線も見直しましょう。**玄関から休む場所までの動線をスムーズにして、よどみのないシンプルな生活を心がければ**、余計な体力や気力を使わず温存できて、心身もよく休まり、新たなパワーを蓄えることができます。お気に入りのソファなど、くつろぎのスペースを片付けていつでもリラックスできるよう、オフタイムを心地良く過ごせる環境づくりを心がけましょう。

健康

環境　寝室の鏡やテレビにはカバーをかけて良質な睡眠を

寝室の中に鏡やテレビなど、あなたの姿が映り込むものはありませんか？　姿を映すものはすべて、「気」をはね返すほど強力なパワーをもっています。上手に使えば運気を変えるツールとなりますが、眠っている間そのパワーを受け続けると、睡眠時間は足りているのに疲れが取れない、ということにもなりかねません。できれば**寝室内には鏡やテレビは置かず、やむを得ない場合は寝る前にカバーをかける**などの対策をとってください。

また、ベッドや布団の位置にも注意が必要です。頭の上に窓がある、というセッティングはなるべく避けましょう。外気が頭にダイレクトに伝わってしまう位置関係なので、疲れが取れないうえに体力をさらに消耗するおそれがあります。位置が変えられないなら、**厚手のカーテンでしっかり外気をシャットアウト**するようにしましょう。

習慣　電化製品や携帯電話は睡眠の大敵！　寝室ではアナログ趣味を

寝室は身体を休める場所であり、テレビを観たりゲームやスマホをさわる場では本来ありません。パソコンやスマホから発生するブルーライトや電磁波の影響で、交感神経が刺激されて活発になり、深い睡眠を得られないという研究結果もあります。眠りが浅くなると脳は十分な休息が取れず、自律神経のバランスを崩しやすくなるといわれています。電気のコードがベッドの下を通っている場合も、良質な睡眠を妨げる原因に。**電化製品や通信機器は、なるべく寝室にもち込まない**ようにしましょう。スマホのアラームを目覚まし時計に替えるなど、見直しや工夫をしてみましょう。

読書や編み物など、アナログな趣味なら寝室で楽しんでもOK。ただし眠る30分前にはやめて、電気を消しましょう。軽いストレッチをして瞑想するなどの入眠習慣もおすすめです。

ダイエット成功は、意識改革から

市販のダイエット商品も、楽しくチャレンジして吉!

摂取カロリーより消費カロリーが上回るよう調整できれば、ダイエットは成功しますが、現代の人気メニューは高カロリーなものが多く、一方仕事はデスクワーク中心で、消費カロリーを稼ぎにくい生活パターンの人がほとんどかもしれません。そこで目を向けたいのは、ダイエット商品です。風水の立場からすると、ライフスタイルから改善するのが理想ではあります。けれどダイエット商品の長所は、無理なく楽しみながらトライできること。気になるものは、ぜひ手に取ってみて。前向きな姿勢そのものが、良い気を引きよせてくれるのです。

Lucky

シンプルな生活が心身の贅肉《ぜいにく》を落とす

体内の「気」が留まることなく常に循環している人は、エネルギーを効率よく消費できるヤセ体質。そうなるには、自分の身の丈を知って、背伸びや無茶をしない謙虚さを体得することです。**食事やファッションも、意識してシンプルで良質なものを選ぶよう心がけると**、余分な贅肉はいつしか消えてなくなっているはずです。

またこだわりが強いことも、ダイエットには強み。思い立ったら即ダイエットアプリをダウンロードし、プログラムに沿って忠実にエクササイズしたり、マクロビオティックなどにトライし体質改善を目指したりするのもいいでしょう。「無理せず楽しみながら」を合言葉に気長に頑張りましょう。

No GOOd

心の贅肉が「太り体質」を呼ぶ!?

「太っている」とは「余分なものが身についている」状態で、それはそのまま、あなたの心の状態でもあります。疲れやストレス、ものや考えなど、溜めているものは様々ですが、悪い「気」が心に住みついていると、働きが鈍り、**身体にも悪影響を及ぼすでしょう。**すると身体は何かが「足りない」と感じ、ドカ食いしたり甘いものを欲しがったりするようになります。自分を責めて食に走るという悪循環もあるでしょう。

また、心配性の人も「万が一に備えて」と様々なものを溜め込みがちで、これはそのまま「脂肪」の性質そのものです。まずは意識から整えていかなければ、やせ体質には近づけません。

健康

五行

目標達成には「木」＝紙製品の整理から

ダイエットに挫折してしまう人の大半は、整理整頓を苦手としているようです。片付けられずに雑然と積み上げられたものに、どこから手をつければいいのかわからないという人もいるかもしれません。そこでまずは「紙」から整理することをおすすめします。

紙の原料である木は、五行でもそのまま「成長」を表し、何か目標がある時にはその成否に強く働きかけるパワーをもっています。そこで書類や保証書、手紙など、紙製のものをより分け、種類別にファイリングしてみましょう。また**「不用品＝不浄品」であり、良い気を遠ざける原因になってしまう**もの。不要なレシートや読み終えた雑誌などは、この機会に処分してしまいましょう。その後は必要書類などを小まめにファイリングする習慣づけが大切。日常のルーティンをきちんと守れるようになって初めて、大きな目標は達成できるのです。

習慣

「水」の冷蔵庫に紙を貼るのは禁物。内も外も整理して把握

つまみ食い防止には、冷蔵庫に理想とするモデルさんの切り抜きを貼っておくとよい、という記事を何度か見たことがあります。確かに庫内のお菓子やジュースを我慢する効果はありそうですが、この方法は風水的にはＮＧです。**冷蔵庫は五行では「水」を表しますが、紙は水に溶けてしまいます。この二者は、実は最も相性が悪い関係**といえます。イメージトレーニング用の写真だけでなく、カレンダーやメモ、書類などの紙類も、冷蔵庫にはなるべく貼らないようにしましょう。

庫内の整理も、ぜひしてほしいものです。食べ残しや賞味期限切れの食品は、すぐに処分して。また野菜室などをチェックすることは、自身の食生活を見直す良い機会となるでしょう。風通しも良くなり、良い気が巡って冷蔵庫内の食品のパワーもアップします。

メンタルストレスは日常的にリセット

健康

「邪気」は無意識に溜まるもの。日々洗い流して

「病は気から」という言葉の通り、「気」が乱れると身体を壊してしまいます。私の祖父は産婦人科医で、癌《がん》学会の研究員でもありましたが、がんの主な要因を尋ねたら、最初に挙げたのは「ストレス」でした。生活習慣や遺伝も原因となりますが、ストレスがかなり強く関係している、というのが現在は主流の説だそうです。気を遣《つか》ってなかなか本音がいえない、つい我慢して自分を後回しにしがちなど、どちらかというと自分を出すことに消極的な人は、知らず知らずのうちにストレスを溜め込んでしまう傾向がありそうです。

Lucky

直感での行動は無敵。バッグ内の整理も吉

ストレスが溜まらない人は「好き嫌い」がハッキリしています。対人関係、食べ物、居場所など、公私を問わず直感で判断して行動するので、心身を疲弊させる悩みとは無縁なのでしょう。

性格を変えるのは難しいけれど、少しの工夫でストレスを減らすことは可能です。おすすめしたいのは、バッグ内の整理。財布や手帳、携帯電話などの貴重品をバッグインバッグにまとめておけば、バッグを替えても忘れ物をしにくくなります。さらに必要なものを探す手間から解放されて、小さなイライラを感じなくてすむでしょう。**整頓された環境には、良いエネルギーが循環するもの。不運を遠ざけ、人やものとの良縁も招いてくれるでしょう。**

No Good

決断できない弱さが心身の不調を招く

何に対しても迷う、すぐに決められない、誰かに決めてほしいなどと「**決断力」に欠ける人は、悩みを抱えやすく、ストレスも溜まりやすい**傾向にあります。依存体質で、人にいわれたことやメディアの情報を鵜呑みにし続けている人にも、結果によってはダメージが増幅されます。

まずは玄関の佇《たたず》まいを見るとわかりやすいと思います。ダンボール箱や傘、備蓄品などが雑然と置かれている玄関は、その家の住人の心の乱れをそのまま表しています。毎朝玄関を片づけながら心の整理もして、どちらもスッキリしてから出かけましょう。ストレスは軽くなり、運も開けていきます。

五行
「水」の浄化パワー。より効果的なのは
発泡水

ストレスを感じたら、小まめに水を摂るよう心がけましょう。私たちの身体の約60%を占める水分は、体内の代謝や循環を促すという大切な働きを担っていて、3日間水が飲めないでいると人は死に至るほどです。また風水では、**五行の「水」は潤いや休息を表します。浄化のパワーも強く、疲れた心を癒しながら、体内のネガティブなものを洗い流して**くれます。

心身共にすり減らしていて、即効性を求めたい時は、炭酸水や水素水など発泡性のある水を飲んでみましょう。より強力な浄化作用があり、心身のデトックスを促してくれるでしょう。また、炭酸水には血の巡りを良くする効果もあるので、新陳代謝もアップします。体調が整うことで活力が生まれ、心も活性化して疲労から回復するので、また前向きに進むエネルギーが湧いてくるはずです。

習慣
「水毒《すいどく》」の解消が最善策。リンパマッサージや
鍼灸で滞りを流す

肩が凝る、むくみがある、マッサージで痛みを感じる部位があるといった不調のサインは、できるだけ軽いうちに解消しましょう。運動や加圧ソックスを履くことで、血流を良くし、身体を冷やさないよう心がけて。

リンパや血液の流れが悪い時、体内には老廃物が滞り溜まりやすいのですが、ストレスもまた、何かを滞らせ、行き詰まらせ、スムーズに進めなくしていくものです。そんな時、身体は様々なサインを出しますが、特に**手足が湿っているように感じたら、東洋医学では「水毒」が溜まっている症状とされ、ストレスによって肝臓や腎臓などの代謝機能が低下をしている状態で**す。「水毒が溜まっている＝ストレスが溜まって緊張で張り詰めている」と捉えて、鍼灸やリンパマッサージなどに通って体内の水の巡りを良くしてもらうと共に、ストレスも流して軽減しましょう。

馴染《なじ》む意識でアレルギーとつき合う

反応の強弱を決めるのは「性質＝心」の違い

現代病の代表ともいえるアレルギーには、多くの人が悩まされています。発症には生まれつきの体質も影響しますし、同じ食品を摂り続けることで、拒絶反応が出るようになることも。またアレルギーは一説には、誰もが体内にコップ＝許容量をもっていて、アレルゲンやストレス、食事の乱れなどアレルギー発生要因が許容量を越えた時に発症する、といわれています。ただ、兄弟姉妹のように、同じ遺伝的要素と環境で生活していても発症する人としない人がいるのも事実です。この差を私は、「性質の違い」によるものと考えています。

Lucky 腸を労《いたわ》り免疫力を上げる

アレルギー症状を軽くするには、免疫力を鍛えること。その免疫システムの約7割を司《つかさど》っているのが「腸」で、腸内環境が良い人は風邪も引きにくく、疲労からの回復も早い、と良いことずくめなのです。大切な腸の健康をキープするためにも、**腸に優しく、その活動を助けてくれる野菜や果物を積極的に食べましょう。**その際、できるだけ自然に育てたオーガニックや減農薬の素材を選ぶことをおすすめします。

また、生活そのものもシンプルな自然体を心がけて。特に衣類やタオル、寝具など肌に直接触れるものは、やはりオーガニックの天然素材がベスト。身体が良い気を受けて健康運が上がり、心も明るく前向きになれるでしょう。

No Good 異物や外気を恐れすぎないで

花粉や動物、ハウスダストなど、アレルギーの原因となるものは多種多様。それらを完璧に除去できれば当然身体は反応せず、症状に苦しまなくて済むのですが、これはほぼ不可能な話でしょう。ほこりを払い、掃除機をかけ、拭き掃除をし、空気清浄機を回し…と気の遠くなるような作業を毎日繰り返し、心身共にヘトヘトになってしまっている人たちには、逆転の発想への切り替えをおすすめしています。アレルギーと戦うのでなく、受け入れて共に生きるのです。**症状はアレルギー源に「馴染む」ことで軽くなっていくともいわれています。アレルギーと気長につき合う勇気をもちましょう。**

健康

食事　オーガニックな食材を新鮮なうちに味わって

日本は食品の加工や保存の技術開発が、世界でもトップレベルといわれています。スーパーやコンビニエンスストアには、生鮮食品と共に多様多彩な加工食品も並んでいます。時短調理やストックとして利用している人も多いでしょう。ただし、ここで気をつけたいのは添加物。種類によっては蓄積されるとアレルギー反応が出るなど、摂りすぎると健康を害する可能性のあるものもあります。また無添加をうたっていても、加工によって失われる栄養素があることも事実です。

　食材はなるべく新鮮で、さらにオーガニックなものを選ぶのがベスト。そして**買った食材は早めに使い切ることを心がけて**。**新しいものにはフレッシュな気が宿って**います。外食が多い人は、自然食レストランを、洋か和かを選ぶなら和食のほうが、素材本来の味を生かしているのでおすすめです。

習慣　換気は運の呼び水に。空気清浄機や扇風機も活用して

花粉などのアレルゲンが入ってくるから、と窓を閉め切っている人が多くいるようです。お気持ちはわかりますが、部屋の中の空気がよどむと、どんどん運気は低迷していきます。風水の考えでも、良い気は外から入って来るとされていますので、**朝起きた時と夜寝る前に最低限でも1回ずつ、窓を開けて空気の入れ替えを**しましょう。

　とはいえアレルギー症状が重くて窓を開けることに抵抗がある、という人もいるでしょう。そんな季節には、空気清浄機を活用するのもおすすめです。室内の空気を浄化するだけでなく、循環させる働きがあります。運気は流動してこそ、パワーを発揮するもの。空気清浄機がなければ扇風機など、空気の動きが感じられる器具を部屋の中心にセットして**風を回すと**、**空気がよどみにくくなり**、**「気」が部屋のすみずみまで行きわたり**ます。

窓を開けられなかったら…
他のもので代用してもOK!

冷えは万病のもと。足元を温めて

まずは平熱を測って「冷え度」をチェックしましょう

「冷えは万病のもと」といわれるほど、身体が冷えると様々な機能が低下しますが、「冷え」を自覚せずに身体を冷やしている人は、意外に多いものです。冷えているかいないかの目安として、まずは平熱をチェックしてみましょう。理想としては目覚めてすぐ、それが無理でも午前中の計測をおすすめします。36度以下なら、冷えやすい体質といえるでしょう。熱を測るのが面倒なら、起きてすぐ手足の指先を触ってみて。ヒヤッとするなら冷え性のサインですから、むくみ防止ソックスを履いて眠るなど、対策をとるのがベターです。

Lucky

「陰気」対策を徹底。足元を冷やさないで

「冷え」は陰の気をもっています。心身が高揚して熱を帯びている時には有効ですが、日常的には冷えを予防する工夫を心がけましょう。普段から飲み物は氷抜きにし、夏でも冷たいものばかり食べずに、食事は常温以上の温度のものを選ぶと良いでしょう。

「冷えは足元から」という言葉があるように、風水では床に注目します。床暖房のないフローリングでは、足を冷やさないようにカーペットを敷いたり、スリッパを履きましょう。また、悪い**気は下に積もるといわれていて、ほこりや汚れの溜まった床は、冷え以上に運気を下げるので、**これもNGです。掃除機をかけ、シミや汚れはきちんと拭い去っておきましょう。

No Good

「気・血・水」の停滞が邪気を招く

東洋医学では、「気・血・水」の流れが滞ると病を得る、といわれています。風水でも「気」は風、「血」と「水」は水《すい》にあたります。気が停滞すれば心が疲れて身体の不調につながりますし、血の巡りが悪くなれば貧血になり、疲れが溜まりやすいなどの症状が出ます。水分の不足や滞りは肌荒れやむくみを引き起こすでしょう。そしてこの三要素のバランスを乱す原因となるのが、まさに「冷え」なのです。

また、環境学の観点からは「気」は風の、「血」「水」は水の通り道、と考えます。**換気が悪い、動線にものが置かれている、水回りの掃除をサボっている、などは健康運を下げる要因です。**

健康

雑貨 スリッパやルームシューズで邪気から足元を保護

「底冷え」という言葉があるように、冷気は下に溜まるものです。**風水でも邪気は地面に近いところに巣食うもの**とされています。そこで、家ではスリッパを履く習慣をつけましょう。毎朝掃除機をかけていても、1日の終わりには、床にほこりや汚れが積もるものです。帰宅したら、スリッパのほこりを軽く払って履けば、邪気も冷気も防いでくれるでしょう。

スリッパには季節感を取り入れ、また清潔に保つよう心がけて。拭き掃除のついでに裏側を水拭きしたら、しっかり乾かしましょう。お気に入りだからと、履《は》き古《ふる》したものを使い続けるのはNGです。色やデザインはお好みで選んでください。**迷ったら浄化カラーの白、アイボリー、ベージュがおすすめです。**スリッパが苦手なら、ルームシューズや靴下でも代用できますが、小まめに洗濯して取り換えるなど、常に清潔なものを履くよう心がけて。

スリッパを履く習慣を!
迷ったら!!
色は白・アイボリー・
ベージュが おすすめ

方位 陰＝冷える北側は温める暖色系で気を整える

北側にリビングがある、大きな窓があるなど、北の方角が中心となる家に住んでいる人は、残念ながら冷えやすい環境です。対策としてはホットカーペットを敷いたり、陽の気をもつ暖色系のインテリアで、気のバランスをとることをおすすめします。ただし色選びには注意が必要で、真っ赤やネオンカラーのピンクなど、強い色を使うのは逆効果。お互いの強力なパワーがぶつかり合い、落ち着かず疲れが取れない空間になってしまう恐れがあります。**浄化作用のある白の混ざったペールピンクや、気の流れをゆるやかにする暗色系のボルドーなどを選んで、リラックスできる部屋づくりをしましょう。**

また日頃使っていなくても、北部屋を散らかしっぱなしにしておくのはNGです。定期的に風を通して掃除し、やはり暖色系のインテリアなどを置いて、冷気を溜めないようにしましょう。

ゆうはん流メソッド 5

肥満もストレスも一気に解消！ 風水的・開運エクササイズ

自分の「肥満原因」を知ったうえで、気長に健康的にダイエットしましょう。風水パワーを味方にすると、さらに効果的です。

減量は健康な身体があってこそできるもの。まずは健康診断を受けることをおすすめ

誰しも楽してやせたいものですよね。ただ、昨今のダイエット関連商品やCMを見ていて思うのは、簡単に体重を減らす、ウエストを細くするなどばかりをうたっていて、「それが必要かどうか」という問いかけは一切されていないということです。

そこでダイエットを始める前に、ひと通り健康チェックを受けることをおすすめします。それによって、あなたが本当にダイエットをするべき体格なのか、やせる必要

肥満の原因をきちんと分析してから、自分に合ったライフスタイルの改善を

次にチェックしてほしいのは、あなたの「太った理由」です。肥満の原因は、大きく分けて4つあ

風水の力を借りて、無理なく楽しくエクササイズ。「継続」できるかどうかが鍵に

第二・第三の原因、運動不足と代謝の低下もやはり、ライフスタイルの改善が必要ですが、ここで大切なのは「継続すること」。エレベーターやエスカレーターをやめて階段を使う、デスクワークの合間にストレッチや軽い筋トレをするなど、日常に運動を取り入れましょう。そうして身体を動かす習慣が身についたら、次は週に一度、興味あるスポーツの講座に通うなど、徐々に運動の強度を上げていくと良いでしょう。**身体を動**

がないのかが見えてきます。健康診断をしばらく受けていないという人は、血圧や各種の検査など、基本的なメニューでいいのでぜひ受診してください。定期的に健診を受けている人も、頭痛や胃痛などにたびたび悩まされているといった不調があるなら、専門医の診断を仰ぐのがベターです。**ダイエットは身体に節制、つまり、ある種の我慢を強いるもの。体調が万全な状態であって初めて、挑戦するべきもの**と心得ましょう。

るといわれています。第一に挙げられるのは過食でしょう。そして運動不足、代謝の低下、ストレスと続きます。

　第一の食べ過ぎによる肥満は、比較的楽に解消できます。まずは食事を決まった時間に規則正しく摂ること、そして三食を感謝しながらいただくことです。小腹が空くたびに、ある時はお菓子、時間があればラーメンなどと、質も量も違うものを気の向くまま不定期に食べていると、食べ物に対してますます鈍感になっていきます。

　食事は本来、食べ物のもつパワーを取り込むための大切な儀式。おろそかにすると、老廃物や余分な脂肪など、質の悪い気が体内に残り、それが溜まって身体が重くなり…という悪循環に陥ります。どうしても食事の時間が不規則になってしまうという人も、せめて回数を守り、「身体に優しい」食品を、時間をかけて味わいましょう。

かすことは、心身の気の循環を活性化し、第四の原因でもあるストレス軽減にもつながります。

　そして、どなたにもおすすめしたいスポーツは、水泳です。肩や腰に多少の痛みがあっても、水中では浮力のおかげで無理なく動かせて回復が早まり、また水圧の負荷がかかるので、歩くだけでも運動になります。風水的にみても**「水」は浄化作用や物事を「整える」役割があるので、身体を整えていくにはぴったり**です。

　そして、ダイエット器具ならストレッチポール。直径15㎝長さ90㎝ほどの円柱で、体幹の筋肉を鍛えたり、ストレッチ効果を高める器具として人気です。「円柱」はバランスや調和を意味し、心身の改善に効果的といえます。

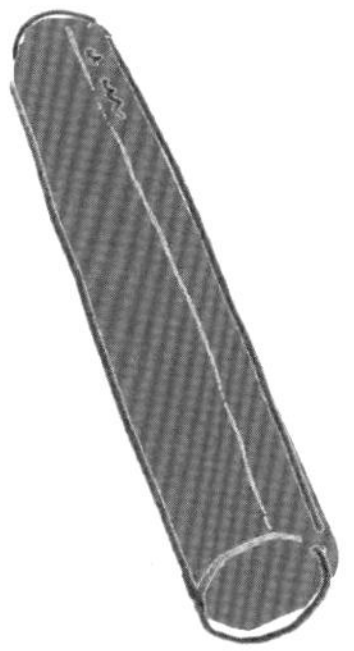

環境と生活を整えて美肌を手に入れる

美容

腸の乱れは肌荒れに直結。ライフスタイルの見直しを

肌が荒れれば化粧ののりが悪くなり、しわやたるみも目立ちます。それだけで一日気分が落ち込んでしまうものです。そんな肌の調子を左右するのは、実は腸の健康状態です。食生活の乱れや睡眠不足は腸内環境を悪化させ、それがニキビなどの吹き出物や肌荒れを引き起こします。腸はとてもデリケートで、ちょっとしたストレスにも敏感に反応し、動きが悪くなってしまうのです。美肌を目指すなら、まずはあなたの食事やライフスタイルを見直しましょう。また心の不調、疲れやストレスも美肌の妨げとなるので早めの解消を心がけて。

No GOOd 水回りの汚れが運気を乱す

お肌のトラブルに悩まされている人は、水回りが乱れていませんか？　特に洗面台やバスルームなど、美容に大きくかかわる水場をチェックしてみましょう。水あかが付いていたり排水溝が詰まりぎみな水回りは、そのまま邪気を招くマイナス要因になります。また湿気は陰の性質があり、気をよどませるので、水回りを使った後はしっかり換気し、汚れやすい所は水気を拭き取るなど小まめにケアをしましょう。

水回りで意外と見落としがちなのは、鏡の曇りや汚れです。使用後はそのつど水滴や汚れをぬぐっておき、週末など時間のある時に、定期的にガラス用洗剤などで磨いておきましょう。

Lucky 南の環境を整えればお肌のキメも変化!?

お肌がきれいな人は、南側の部屋が整っているように感じます。南は「女性性」を表す方角で、美容風水に最も適した場所とされています。古代風水の定義でも、最上の気は南からやって来るといわれています。美容運を上げたいならリビングを南に配したり、南側でメイクをするなど、南で生活をするように意識してください。

心持ちは、ストレスフリーがキーワード。仕事もプライベートも自分らしく、無理をしない生き方・暮らし方を心がけましょう。ひたむきに頑張ることに疲れたら、時には誰かに頼ること。ストレスやプレッシャーを軽くし、人間関係を深めるきっかけになることも。心の風通しも良くなるでしょう。

鏡

心身の「今」を映し出す鏡。常に磨いて曇りをなくす

風水では、鏡は邪気を祓うものとして、重用されてきました。それだけ鏡の作用はパワフルで、特に女性はその影響力を強く受けています。お出かけ前の身支度や洋服選びの時には鏡が不可欠ですし、外出中も化粧室の鏡や手持ちの鏡をのぞき込んで、メイクや髪型などを直す機会も多いでしょう。また外見だけでなく、鏡は肌の調子や顔色など、私たちの内面からにじみ出る好不調をも映し出します。小まめに磨いて、常にきれいな状態にしておきましょう。

ひびや欠け、洗剤でも落ちない汚れが染みついているという状態の鏡は、強力な邪気を帯びているので、思い切って処分しましょう。鏡は魂が宿りやすいものなので、処分の際は「ありがとう」ときちんと感謝を告げてから、お住まいの自治体のルールに沿って廃棄してください。

食事

高タンパク質なメニュー選びで楽しく食事を

美肌になりたいなら、まずはタンパク質をしっかり摂ること。タンパク質は私たちの血肉を形成するうえで必要な栄養素であり、お肌や髪のハリツヤを左右するもの。**目安として、一日に体重kg×1gのタンパク質が必要とされていて、体重が50kgの人なら50gが必要になります。**この必要量をすべて肉や魚、乳製品や豆類などの食材から摂れれば理想的ですが、食生活が整わない時期もあるでしょう。そんな時には、プロテインのサプリメントやドリンクなどで補うのもおすすめです。

食事の栄養バランスを整えることは大切ですが、栄養ばかりにこだわりすぎると、食事に味気がなくなり、食材のもつパワーを前向きに受け取れなくなり、心の栄養不足に陥ってしまう恐れも…。メニュー選びでは高タンパクを心がけつつ、いただく時には栄養のことはちょっと脇に置いて、「食べること」を楽しみましょう。

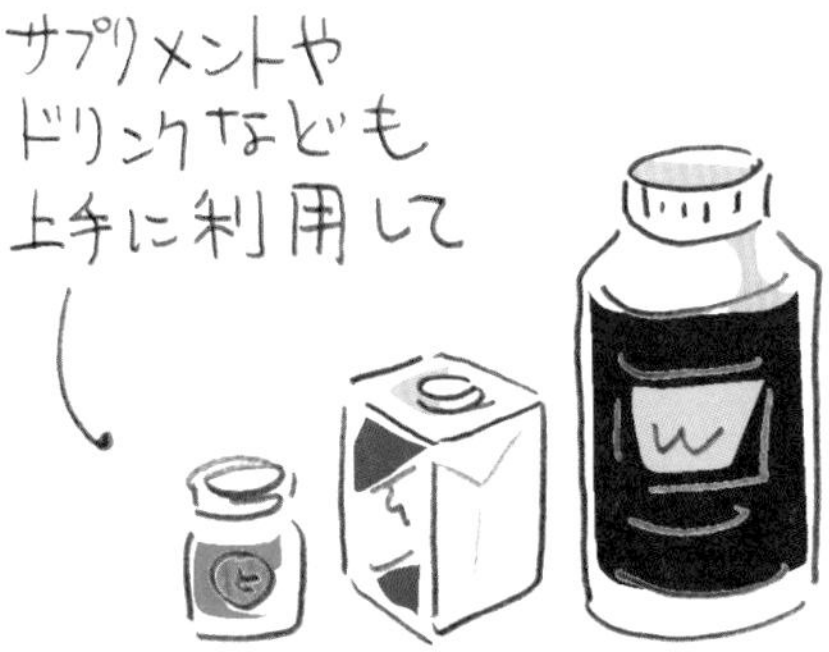
サプリメントや
ドリンクなども
上手に利用して

邪気を祓《はら》って芯からの美《び》髪《はつ》を手に入れる

労《いたわ》りながらしっかりヘアケア。内側からの輝きを！

美しい髪は、美しい肌同様にすべての女性の願いでしょう。「髪の長きは七難隠す」といい慣らわされているように、古来より長い美髪は男性にとっても美と憧れの象徴です。この髪質アップに欠かせないのはやはり主成分のタンパク質。良質の肉や魚、豆類などを意識して摂るよう心がけましょう。また髪は、悩みやストレスの影響を強く受けるものでもあります。心労が重なると髪がパサついたり抜け毛が多くなったり、一夜で白髪になったり…ということすらあります。疲れを感じている時こそ、念入りなヘアケアで髪を労って。

Lucky

美容院でダメージの予防と邪気祓いを

美容院には、定期的に通いましょう。プロのシャンプーは、日頃自分では洗いきれない不浄の気をしっかり落としてくれます。さらに頭皮をよくマッサージしてもらうことで、血行を促し、毛根から毛先までエネルギーの循環が良くなり、髪のダメージ予防につながるでしょう。**ヘアカットは傷みがちな毛先を切り落とし、健やかで良い気を帯びた髪を育てる**効果があります。

また日本人には黒髪が多いのですが、**黒は落ち着きや現状維持を表す色。新しいことを始めたり、行動力を高めたい時には、少し明るめの色にカラーリング**したり、思い切ってお好きな色のエクステンションを入れてみるのもいいかもしれません。

No Good

落ちたままの抜け毛はすぐに拾って

風水では実は、髪は不浄のものとさ**れています。外気にさらされ、匂いなどもしみつきやすく、邪気の棲み家になりやすいのです。**特に抜け毛にはマイナスの気が宿るので、床や洗面台に落ちていたり、櫛《くし》やブラシに残った毛髪を見つけたら、すぐに捨てましょう。

また髪の悩みが多い人は、良くも悪くも「こだわらない」傾向があります。髪質に合わないシャンプーを選んだり、自分でヘアカットしてしまう、などという人もいるかもしれません。バスタブに浸からず、シャワーで済ませてしまうのもマイナス。湯船に浸かって血行を良くし、体内の循環を促すことで、髪の先まで栄養が行きわたります。

美容

習慣 髪の分けめは運の分けめ。目的別に分けめもチェンジ！

髪の分けめには運命を分ける、つまり運気を変えるという意味があります。まずはあなたの自然な分けめをチェックしてください。わかりにくければ美容師さんに相談してみるのもおすすめです。あまりツイていないと感じている時期には、**自然な分けめに逆らうように分けてみると、髪が根元から立ち上がるように感じるでしょう。すると気の流れも上向きに**なり、今の状況が好転していきます。

分けめによる運気の変化も、知っておくといいでしょう。センターで分けると気の流れがゆったりと落ち着き、真面目な印象も与えるので面接や契約の場に適しています。勉強など集中力をアップしたい時は、前向きな意識を生む七三分けか六四分けにしましょう。八二分けやオールバックは個性的で自己アピールが強くなるので、パーティーなど華やかなシーンにおすすめです。

習慣 天然素材のブラシや櫛で下から上へとブラッシングして

ブラッシングは髪のもつれをほぐすだけでなく、頭皮を刺激して血行を良くする効果もあります。風水の見立てでは、同質の素材同士は相性が良いとされています。毛髪は自然なものなので、天然素材のブラシや櫛を選びましょう。静電気が起きにくく、髪に優しいのは、ブラシでは豚など動物の毛を使ったもの、櫛ならツゲやツバキなどの木製のものといわれています。

ブラッシングは絡まりがちな毛先を念入りに解きほぐし、少しずつ根元に向かいましょう。東洋医学では**頭頂部にあるツボを百会《ひゃくえ》と呼び、刺激することで全身の循環を良くして、特に抜け毛など髪のトラブル解消に効果がある**とされています。その百会に向かって下から上へマッサージする要領で、ブラシや櫛を通していくことをおすすめします。シャンプー時も同様に毛先から根元へとほぐしていくよう心がけて。

頭頂部にあるツボ
百会《ひゃくえ》に向かって
下から上へマッサージする
ブラシは
天然素材が
ベスト

美容

あるがままを受け入れ、楽しんでエイジングケア

「終わり良ければすべて良し」の心持ちで、上手に年を重ねて

アンチエイジングという言葉が一般的になり、年齢に逆らって若さをキープすることが良しとされる昨今です。けれど人を含めすべての命は誕生すると日々成長し、やがて年老いて死んでいくもの。風水の思想でも、始まりがあれば終わりがあることは自明の理と考えます。自然の摂理に逆らわず、受け入れながら穏やかに年を重ねている人こそ、心身共に美しいのではないでしょうか。様々な美容法を試すのも悪くはありませんが、ここでは加齢と上手につき合い、最後の瞬間まで人生を楽しむことをおすすめしたいと思います。

Lucky

50歳からは「再生への準備期間」

加齢を受け入れ、自然体で生きましょう！とはいっても、シミやシワが増え、衰えていく自分の姿を鏡で見て落ち込んだり、若々しい友人に会った時、羨ましく思う気持ちも理解できます。

そこで面白い風習をお教えします。中国では50歳を還暦としてお祝いしますが、この年を人生のピークと考え、翌年は49歳と、1歳差し引きます。つまり50歳が折り返し地点であり、その後は50年前の「誕生日」に向かって年齢を引いていくのです。**年を重ねることは死に向かっているのではなく、再生するための準備期間というわけです。**このようにエイジングを捉えれば、老化も「ありのままの自分」として前向きに受け止められることでしょう。

No GOOd

汚れた外気の邪気が老化を早める！

呼吸をすることで体内に取り込まれる酸素は、体内をすみずみまで巡り、エネルギー生産にかかわっています。当然その質もとても重要です。けれど大気汚染が進む昨今では、残念ながら日常の吸気は、清らかとはほど遠い状態。この吸気の汚れはそのまま邪気となって体内に残り、エイジングを促進する要因にもなっているでしょう。特にタバコの煙には同様の強い影響があり、避けて正解です。

邪気を祓うためにも、**緑の中で深呼吸してマイナスイオンを体内に取り入れたり、家では好きな香りのアロマを焚いてリラックスするなど、**意識して良質な空気を取り込みましょう。

習慣

四季を楽しむ生活で自然のエネルギーからパワーチャージ

季節を楽しむ生活は、自然界の「今」のエネルギーを受け取ることができる、理想的なライフスタイルでしょう。最大限の恩恵を受けたいなら、季節ごとにその時期最も美しいと思える景勝地などに足を運び、その美と変化のエネルギーを堪能しましょう。桜は○○公園、アジサイなら□□寺というように、お花見は種類によって名所とされているスポットが各地にあり、実行しやすいかもしれません。忙しい人は家に季節の生花を飾り、1ヵ月に一度はお花を楽しみましょう。生花も生き物なので、疲れやストレスなど、マイナスの気を代わりに吸い取ってくれるともいわれ、またその色や香りにも癒されるでしょう。

食べ物に四季のものを採り入れるのもいいでしょう。**風水では旬の食材は成長や前向きなパワーを表し**栄養価も高いので、効率的にエネルギーを摂取でき、デトックス効果も期待できます。

食事

「新しい」「若い」がキーワード。フレッシュな気に満ちた食材選びを

幼稚園の先生や小児科医など、子どもにかかわる職業の方を若々しいと感じたことはありませんか？　子どもを食べて長生きする山姥《やまんば》の民話もありますが、不老不死と「若い血」には深いかかわりがあると、古くから信じられていたようです。

実際に**植物の新芽や若葉には、フレッシュで最も強いエネルギーが**宿っています。春先にお店に並ぶフキノトウやタラの芽、また昨今は豆苗《とうみょう》や様々な野菜のスプラウトなど、種から伸びたばかりの新芽が一年中売られていますから、ぜひ食事に採り入れましょう。

山菜などは苦手という人は、新ジャガや新ゴボウ、春キャベツなど、柔らかくみずみずしい野菜にも同じ効果が期待でき、おすすめです。野菜はどれも新しいほどおいしく、栄養価も高いもの。新鮮なうちにたくさん頂いて、若々しいパワーをもらいましょう。

月経はライフスタイルで変えられる！

長くつき合うものだからこそ、グッズや気持ちの切り替えも

月経は女性特有の生理現象で、平均して35～40年間つき合わなければなりません。最近は生理用品のデザインや種類が多種多様になり、肌に優しいオーガニックコットン製や布ナプキンなども一般的になってきました。肌に直接触れるナプキンを天然素材に替えることで不快症状の改善に効果があるといわれていますので、試してみる価値はありそうです。社会的にもPMS（月経前症候群）など女性ならではの不調に理解を示す企業が増えてきています。月経中は無理をせずできるだけ休息を取り、健康的な生活で心身をリセットしてください。

Lucky

周期を知れば美容効果もアップ！

産婦人科医だった祖父は私に「子宮は命を育む大切なお宮《みや》だよ」と教えてくれました。私たちの子宮はいつ命を宿してもいいように、良質なエネルギーを内部に蓄えます。けれど、どんなに良いものでも蓄積され古くなれば邪気に変わってしまいます。そこで月に一度、溜まった栄養を排出し、すっかり洗い流したらまた新たなエネルギーを受け入れる…これが月経のメカニズムです。まさに、**女性だけに与えられたデトックス**なのです。

月経前に肌が荒れたりイライラする人もいますが、周期を知れば対策を立てられるでしょう。また月経後は心身がリセットされ、エステやダイエットの効果が出やすいともいわれています。

No Good

生活の乱れやストレス恋愛の影響大

食事の時間が不規則、夜遊びが好きなど、不摂生な生活は生理の周期も乱します。身体を冷やしがちな生活も、ホルモンバランスを崩すマイナス要因となるので気をつけましょう。

また、賛否両論ある説ですが、ワケアリの恋愛をしていると、婦人科系の悩みを呼び込む傾向があるようです。人にいえない秘密の恋は、スリルを楽しんでいるうちはいいのですが、やがて悩みやストレスに変わり、体調にも影響するのかもしれません。**女性は凹で男性は凸ですから、どうしても女性が受け皿となりその気を受容する役回りとなるため、**運の悪い男性との関係も、やはり運を下げる結果となります。

美容

食事 ベリー類は血行を促進。月見草オイルもお試しを

ストロベリーやブルーベリー、クランベリーやカシスベリーなど、**ベリー類には古来より「女性性」を高める豊穣のパワーが宿っているとされてきました。**ポリフェノールが多く含まれている食品でもあり、血液をサラサラにして血行を良くしてくれるので、月経にまつわる不快な症状を軽くする効果も期待できます。生でいただくのはもちろんのこと、それが難しければ、冷凍やドライタイプをヨーグルトに入れたり、ハーブティーで楽しむのもいいでしょう。生理が重い人は、お気に入りのベリー類を探して、一日に一度、継続して摂ることをおすすめします。

またイブニングプリムローズ＝月見草オイルも、古代から女性の心身のバランスを整えてくれるといわれています。こちらはサプリメントやハーブティーとしても手に入れることができるでしょう。

カラー トイレは清潔をキープ。パープルカラーで整えて

月経は体内の汚れを排出する行為ですが、そうした「汚れの捨て場」は、風水でいうと、やはりトイレにあたります。いつも清潔に整えておくことはもちろんですが、トイレタリーをパープル系にするとさらに良いでしょう。**パープルは高貴なカラーといわれますが、実は女性ホルモンを活性化させる色**でもあります。ただし、濃いパープルは黒の要素が強く、陰の気も引きよせるので、トイレの陰気を弱めるためにも暖色のピンクが混ざったマゼンダパープルや、淡いラベンダーカラーを選びましょう。

デザインはバラなどの花のモチーフや、リボン柄など女性らしいものがおすすめです。日頃はモノトーンのファッションがお好みでも、トイレだけは華やかさ、愛らしさをテーマに整える「子宮風水」の実践を。運気が向上し、女性としての魅力もアップします。

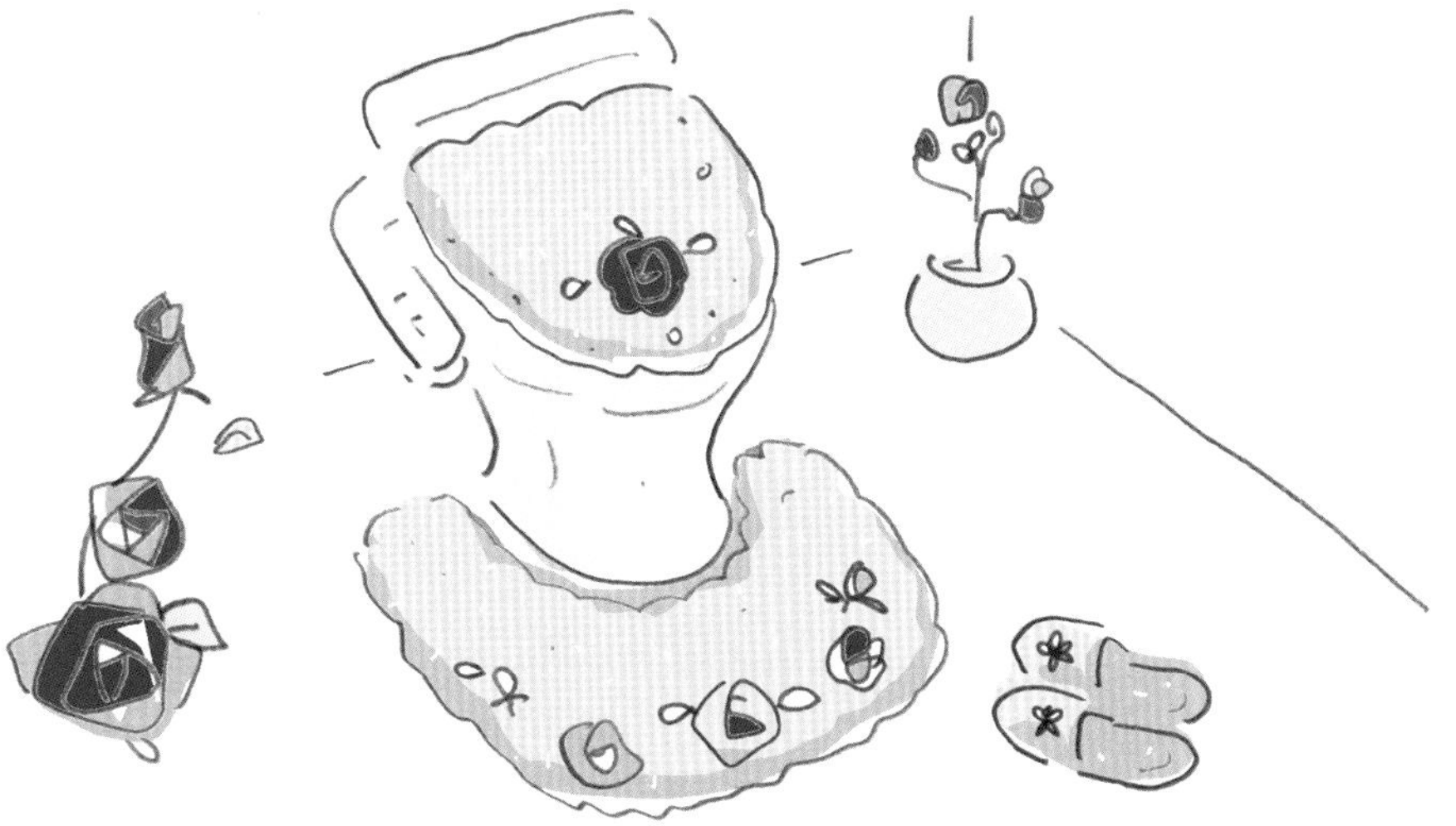

ゆうはん流メソッド 6

身近な素材でできる②「水・音・香」のお浄め風水

お浄め風水第2弾では水、音、香りを使った方法をご紹介します。効果を知っておけば、ケースバイケースで活用できるでしょう。

水は

私たちの起源であり、生きていくうえで不可欠なもの。上質な水分を取り込んで

私たちの命の起源は海であり、だからこそ体内に流れる血液や体液は、海水と同じ濃度の塩分を含んでいる、という説があるそうです。塩にはまた、強力な浄化パワーがあるので、最近ツイていないと感じるなら、最も効果的な浄化法は「海で泳ぐこと」だといえるでしょう。ただしこれは季節も場所も選ぶメソッドですね。いつでも実行できる方法としては、塩風呂をおすすめします。バスソルトを湯船に入れると保温効果もあり、

音には

癒しや活性化など、様々なパワーが宿っている！ 目的に合わせて使い分けを

私たちの日常に溢れている音楽は、聴く人によって効果が変わるものです。一般的にはクラシックには癒され、ロックやポップスで

香りは

お好みで選んでOK。フレグランスは天然由来のアロマ配合のものがおすすめ

部屋でお香を焚くと、煙と自然物由来の香りが部屋全体に行きわたるので、部屋の浄化、場の浄化に適しています。最近はアロマランプや、アロマも楽しめる空気清浄機なども人気で、手軽に香りを楽しむ人も増えているようです。香りはお好きなものでいいのですが、迷ったらおすすめなのは「白檀《びゃくだん》」です。サンダルウッドとも呼ばれ、手に入れやすく親しみやすい香りです。浄化のパワーが強く、場だけでなくそこにいる人の心にも作

身体の芯からポカポカしてくるでしょう。

そして、一日に約2リットルの水を摂る必要があるといわれている私たちですので、取り込む水も、質の良いものを選びましょう。日本の水道水はそのまま飲めて味も悪くありませんが、エネルギーがより充実しているのはやはりミネラルウォーターといえます。特に富士山など高い**山の麓で採れた水は、山の霊験あらたかなパワーを秘めていますし、海洋深層水からは生命力に溢れた海のエネルギー**を受け取ることができるでしょう。

はやる気や元気が出るとされていますが、まず大前提として、その人が好きな音楽は、良い影響を与えてくれます。

そして、誰にでもおすすめできるのは、雨の音です。**雨はすべてを浄化し、恵みを与えてくれる**のです。しとしとと降る音は穏やかに心に染みわたり、ヒーリング効果が期待できます。激しい雨音は気持ちをかきたて、前向きに進みたい時に適しています。逆に、「火」を表す焚き火の音も、人に安心感を与えるでしょう。

また、**鈴の音も、古代から邪気を祓い、場を浄化する**ものとして用いられてきました。神社では正式参拝の時に鈴を鳴らしますが、これは参拝者の悪い気を遠ざけながら、神を招きよせるものとして使われています。神社に足を運ぶ時間がないなら、好きな音色の鈴をバッグや財布につけるのも良いでしょう。

用して、心身のバランスを整える手助けをしてくれるでしょう。

外出時はフレグランスのパワーを借りましょう。なるべく自然に近い香りを選ぶと、周囲の好感度も上がるのでおすすめです。特に柑橘系は誰もが受け入れやすく人気のアロマです。フレッシュなイメージがあると同時に心を落ち着かせる効果もあり、恋愛体質になりたい時にもぴったりです。手首の裏と頭頂部、お腹のあたりに軽くつけると、浄化パワーを高める効果があるといわれています。

ゆうはん流メソッド7

幸運を呼び込む！

開運メイク＆ファッション

外見を少し変えるだけでも運気は上向くもの。ここでは最初に変えてほしいポイントをお教えします。ぜひ習慣にしてください。

光と艶《つや》を意識してハイライトを入れて。鼻筋と目頭にはマストです

メイクでの開運法はいろいろありますが、最も手軽で効果的なのは、顔に「光」と「艶」をプラスすることでしょう。ハイライトを入れる要領で鼻筋や眉山の骨に沿ってカラーを入れると、メリハリが出て表情が生き生きとします。アジア人のお肌におすすめの色は、パールベージュやゴールドなどのイエロー系。**落ち着きと大人の女性らしい色気が出て、恋でも仕事でもご縁が増えること**でしょう。

やる気をアピールしたいなら、**若々しいパワーを表す白やピンク系のハイライトを、目頭に入れてみましょう。目に力が宿り、アピール運がアップ**します。

ただしハイライトは、入れすぎると顔全体が浮き上がり、かえって敬遠されて運を逃してしまうことも。あくまで「控えめに」と心がけましょう。

足元は邪気が溜まりやすい部位。だからこそ、清潔で風通し良くありたいもの

ファッションで最初に整えてほしいのが足元です。風水では**邪気は下に溜まるとされ、身体でいうと足先が一番気が滞る場所**ということに。そこで、靴下は通気性の良い天然素材をおすすめします。デザインにも意味があり、**金運を上げたい人は水玉、仕事運アップにはストライプ、恋愛運なら花柄**をおすすめしています。

また、意外と見られているのが靴です。汚れていたり、かかとがすり減っていたりすると、周りからの評価を下げ、運気も悪くなってしまいます。特に仕事や恋愛で「ここぞ」という勝負時には必ず靴をチェックして、磨くなどのお手入れもしっかりとしましょう。その際、新しい靴をおろすより、履き慣れた靴がベターです。日頃の思いや努力など、あなたの心が靴にこもっているので、勇気を後押ししてくれるはずです。

第四章

出会いも縁も逃さない

恋も結婚も
うまくいく風水

恋愛　結婚　子育て

恋愛風水

知っておきたい4つの鍵

key1 絆

恋のご縁は心の糧《かて》に。前向きに結びつきを求めていって

私たちは周囲の人と、様々な絆《きずな》でつながっています。両親の結びつきの賜物《たまもの》として生を受け、多くの人に見守られて成長し今の自分がありますが、その「今」を支えてくれる人々もたくさんいるはずです。そうした人々との出会いが「ご縁」です。友人や恩師など「この人のおかげで成長できた」という、**ご縁を感じる存在が、誰にでもいるはずです。恋愛のお相手も、そうした存在感ある一人**だということは、疑う余地もありません。恋は、すべてがうまくいくわけではなく、失恋に泣くこともあるでしょう。けれど失恋は心の栄養に変えていけるもの。次の恋の絆を結べるよう、前向きな努力を続けてほしいと思います。

key2 嫉妬

適度なジェラシーは情熱に変わる。上手にコントロールを

誰かを意識し始めた時、いつも見ていたい、ひと言でいいから言葉を交わしたいと思うのは自然なことです。その気持ちがやがてはっきり「好き」に変わると、振り向いてほしい、ずっとそばにいたいという執着心が生まれます。それと同時に生じる感情が「嫉妬《しっと》」でしょう。自分以外の人と話す姿を見るだけでモヤモヤしたり、その相手に敵意すら感じてしまうことも…。この時、どう反応するかが運の分かれめとなります。**嫉妬に囚われ、ライバルを陥れようとすることは、マイナスの気を招きます。逆に心を自分に向けて、「誰にも負けない私になる」とシフトチェンジするなら、それは嫉妬の効用です。**

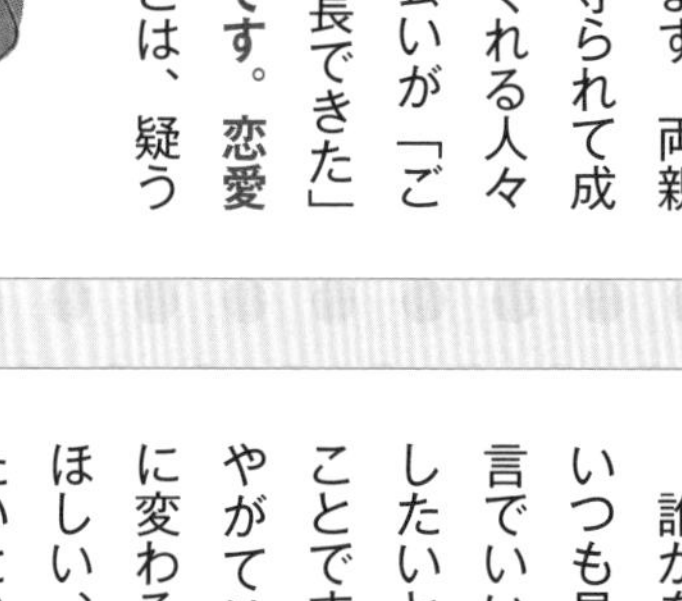

key3

欲望

欲のパワーはTPOを選んで、小出しにすると効果的

もっと一緒にいたい、手をつなぎたい、触れ合いたい、キスしたい、などの気持ちは「欲望」で、強力なパワーを秘めています。**素直な恋心から生まれる感情ですから、それ自体は悪くない気ですが、相手にシャットアウトされたりすると流れが滞り、濁りを帯びる**ことになります。このモヤモヤがケンカに発展し、さらに運気が乱れて…という悪循環にもなりかねません。かといって欲望を抑え続けていると、ストレスが溜まっていき、ある日爆発してしまう…などと、どちらも良いことはなさそうです。

私がおすすめするのは、TPOを選んで上手に欲望をアピールすることです。テーマパークの乗り物のように、短い時間でも人目を気にしなくていい場で腕を絡めるなどは、つき合い始めて間もないお相手には効果的でしょう。そうして少しずつ、身体と心の距離を縮めていくことが、スムーズに関係を深めるコツといえるでしょう。

key4

視野

カメラのように、絞りを変える柔軟性が恋を育てる

視野は広くもとうというアドバイスがよくありますが、私は視野が狭いことが悪くて、広いことが良いとは思っていません。カメラを思い浮かべてみてください。レンズのズームをゆるめて俯瞰《ふかん》して見ることで全体像を把握し、気になるところには焦点を当ててよく観察すれば、ミスや誤解を防げます。恋愛も同様で、**まずは視野を広くもって、周りを見わたしましょう。お相手がいない人は、今まで意識しなかった人の魅力に気づくかもしれません。**恋をしている人なら、相手の仕事ぶりや人間関係などが見えてくるでしょう。それからその人をズームアップして、センスや趣味などをよく観察すると、アプローチ法が見えてくるはずです。また**恋人と最近うまくいっていない、という人は、関係が近すぎて見えていないことがあるのかも。**一歩退いて第三者の目で見直すと、原因と対処法がひらめくかもしれません。

玄関と窓を整えて出会いを呼び込む

「運命の人」は一人じゃない！ 視野を広げてご縁を紡《つむ》ぐ

よく「運命の人はいますか？」と質問されますが、私は必ずいますとお答えします。ただ「一人だけではありません」とさらにお伝えしています。運命の人＝唯一の人、という通説は、実はまったくの間違いです。袖振《そでふ》り合うも多生《たしょう》の縁、という言葉があるように、出会えば「縁起《えんぎ》」であり、関わった人の数だけご縁はあります。ただ、すべてが続くものではなく、互いに紡いでいく努力が必要です。うまくいかなかった場合、運命の人じゃなかった、ではなくて、運命の人だったけれどご縁が続かなかった、ということになります。

Lucky

整った玄関は良縁の入り口に

出会いに恵まれている人は「玄関」がきれいです。出会い運の「出」という漢字は外と内とをつなぐ媒体を表し、家においては、最初の運気の入り口である玄関がそれにあたるでしょう。靴が散乱していたり車輪のついたものが置いてある、ダンボールが置きっぱなしなど、**玄関に障害物が多いと、悪縁を呼んでしまう**ので要注意です。

ご縁が続かない、不倫や二股など難しい恋を繰り返す人は、次の出入り口となる窓もチェックしましょう。**窓が曇っていたり、窓枠にほこりやゴミが溜まっていませんか？** またカーテンは、思っている以上にほこりや邪気を吸っています。季節ごとに、定期的に洗うことをおすすめします。

No Good

重い前髪は運を遮断。額の通気を良くして

前髪で額を隠していませんか？ **額はご縁を探るアンテナの役割**を担います。また眉間《みけん》には第三の眼があり、よくお手入れすると直感力が鋭くなるとされていますから、額を出すヘアスタイルをおすすめします。おでこ全体を出すのは抵抗があるなら、前髪を薄くしたり斜めに流すなどしてみましょう。

またおでこにニキビができやすい人は、頭でっかちに考えすぎてしまい、悩みが多い傾向にあります。**額の肌が荒れていると、判断力も鈍くなり、運命の相手に気づかないおそれも…**。通気を良くする意味でも、家ではカチューシャやヘアバンドでおでこを出して、スキンケアもしっかりしましょう。

恋愛

雑貨　ご縁を結ぶタッセルを入り口に飾って開運

玄関やお部屋のドアノブにタッセルを下げてみましょう。タッセルとは美しい糸を束ねて作られた装飾物で、中国では魔除けや縁結びのお守りとして用いられます。第二の運気の通り道である窓の、カーテンを留めるタッセルも最近は一般的になり、様々な色やデザインを選べます。**出会い運を高めるのは、シンプルなものよりもデザイン性に富んだもの。ピンクやラベンダーカラー**が良いでしょう。黒やネイビーなど、ダークカラーや濃い寒色は避けましょう。ブルーやグリーンがお好きなら、パステルトーンを選んで。

　バッグや財布など、日頃持ち運ぶ物にタッセルを付けるのも良いでしょう。この場合、バッグなら中身を入れっぱなしにせず、時々風に当てるなどして通気を良くすること。財布もレシートやショップカードなどでパンパンなのはNGです。小まめに整理して吉。

習慣　髪と頭皮、そして「百会《ひゃくえ》」のケアを忘れずに

髪には邪気も溜まりやすいのですが、実は**髪の毛＝神の気ともいわれ、ご神気をキャッチするもの**でもあります。特に東洋医学では頭頂部のツボを百会と呼び、「百が会う」という字の通り全身を巡る多くの経絡《けいらく》が交わる場所とされています。**頭頂部の頭髪は、幸運をつかむアンテナ**といっても過言ではありません。日頃からブラッシングや髪質に合ったシャンプーでお手入れして、健康な状態をキープしてください。

　百会には多くの気が集まるという意味もありますから、出会いを増やしたい、良縁を引きよせたい場合は、百会をマッサージするのも良いでしょう。百会以外にも、頭にはたくさんのツボがあります。ヘッドスパやマッサージなどで溜まった邪気をデトックスして頭部の気の流れを良くするのもおすすめです。もちろんヘアカットやトリートメントなど、髪そのものに刺激を与えることも運気をアップさせます。

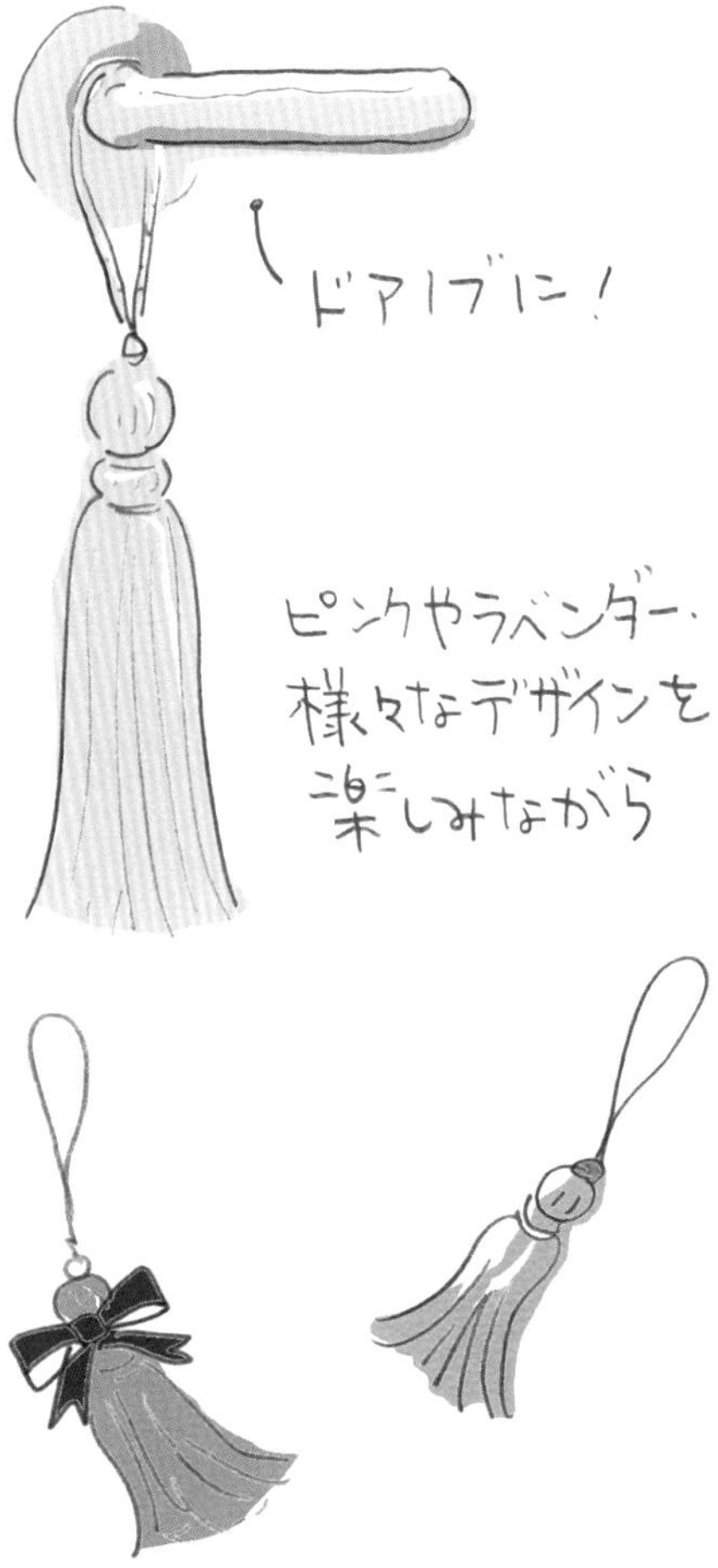
ドアノブに！
ピンクやラベンダー、
様々なデザインを
楽しみながら

恋が実る「食《しょく》風《ふう》水《すい》」を知る

相思相愛を叶える「4つのポイント」を押さえましょう

私は長年のカウンセリング業で、恋愛の成就には4つのポイントがあると考えるようになりました。その4つとは「インスピレーション」「タイミング」「フィーリング」「ハプニング」です。インスピレーションとは第一印象、タイミングとは、二人共が恋愛を楽しめる状況かということ。フィーリングは、一歩近づいた時、もっと一緒にいたいと思えるか、という気持ちを測るものさしになります。最後のハプニングが起こると、一気に関係が深まり、交際のきっかけになります。この4つがバランスよく連動したとき、人は恋に落ちるのです。

Lucky

整ったキッチンは良縁を呼び込む

キッチンは水＝女性性と、火＝男性性の両方がそろっている場であり、恋愛と密接な関係があります。シンクや食器の洗いカゴ、コンロ周りなどを掃除して、生ゴミなども小まめに片付けるよう心がけましょう。

またお箸も大切なアイテムです。傷がついていたり先が欠けているなど、**傷んだお箸はご縁を遠ざけます。**また、新しい恋を見つけたら、お箸を新調すると良いでしょう。扱いにもご注意を。お箸使いは意外と見られるポイントです。帝王学では「育ち」を表し、しつけがきちんとされていたかの判断基準とされます。真新しいお箸でマナー良く食事をして、良い気と高潔なお相手を引きよせてください。

No GOOd

食が乱れると恋の運気も下向きに

好き嫌いが多い偏食の人は、どこか偏った相手とご縁があり、食にこだわりがなく時間も不規則という場合、物事にルーズな人との恋に悩むかもしれません。また、食べ方も大切です。食べ方に品がなく、マナーを守れないことは、恋愛だけでなくすべての人間関係においてマイナス要因でしょう。

逆に、知り合って間もない相手のことは、その「食」で大体わかります。メニュー選びには好みが表れますし、食事シーンでの立ち居振る舞いを見れば人間性が推し量れるというものです。そうしたすべてを見たうえで一緒に食事を楽しめたなら、それは良縁。良い関係を長く続けていけそうです。

恋愛

習慣　運気を上げる歯見せスマイルで恋を引きよせて

中国では歯＝お金・財産を表します。同時に心の宝物＝恋人という意味もあり、**デンタルケアは金運はもちろん恋愛運も左右**しますので、怠らないようにしましょう。歯並びも良いに越したことはありませんが、それほど神経質にならなくても大丈夫です。ただ**笑う時、少し歯を見せると運気アップ**に効果的なので、前歯の歯列が気になる人は、歯医者さんに相談してみるといいでしょう。

ただし笑顔になった時、歯茎《はぐき》まで見えてしまうのは、「ガミースマイル」と呼ばれ、最近は矯正する人も増えています。人相学的にも残念ながら恋を遠ざける相と考えられているので、笑い方を研究する必要がありそうです。

歯茎そのものの色が悪いのも同様に、邪気を呼んでしまいます。喫煙習慣や歯周病が原因なら、丁寧な歯磨きや歯茎マッサージなどでしっかりケアしましょう。

方位　南側には光と気が流れ込む窓かガラスを

女性にとって最も良い方角は「南」です。部屋探しの時は、**一番長い時間を過ごすリビングなどの窓が、南側にある物件**がベストチョイスです。ガラスは光を通すので、南から来る良い気と明るい日差しが部屋に流れ込み、あなたの心身に満ちて、女性らしい魅力がアップするでしょう。

窓がなければ、部屋の南側にガラス扉のキャビネットや花瓶、置物といったガラス製品を置きましょう。ガラスには光を通す性質があり、これが強力な開運ポイントとなります。ただし多すぎるのはバランスを乱すのでタブー。ガラスキャビネットなら、それだけで十分な効果を発揮します。置物などは小さいものでも置きすぎず、多くても4，5点くらいにしておきましょう。また曇っていたり汚れていたりするのは禁物。ほこりを払い、きれいな状態をキープしましょう。

婚期の「波」を見定めて逃さない

結婚は選択肢のひとつ。大いなる流れに身を任せましょう

運命の出会いがあり、絆を紡いでやがて結婚…という流れは、実はかなり難しいこと。出会いと別れを繰り返し、結婚に至る人も至らない人もいるでしょう。籍を入れない事実婚や、独り身の自由を満喫するという選択肢もあり、今や結婚だけがベストチョイスとはいえませんが、ひとつ屋根の下、パートナーと苦楽を共にする生活が、人としてひと回り成長できる経験であることも事実です。ただし、焦りは禁物。結婚願望を手放した時に結婚のチャンスが来る人も多いので、流れにゆったりと身を委ねると、良い気の波に乗れるでしょう。

Lucky

「流れ」と「勢い」が背中を押す幸運力《ラッキーパワー》に

スムーズに結婚しているカップルは、大きくふたつのパターンに分かれます。ひとつめは「いつの間にか」で、自然体でおつき合いしているうちに大いなる運命の流れに乗っていた人たち。ふたつめは「勢いで」というケース。転勤など人生の節目を迎えた時、一緒に生きようと決めた人たちです。お互いを思う心と、それによって動いた運気の波の力…その波は時に、親の反対や予想外の妊娠などとして現れることもありますが、そうした**試練やハプニングこそ、日頃は気づかない本心を呼び覚ますもの。別れを考えた時に心震えるほどの寂しさを感じたなら、そのご縁は本物です。**つなぎ続ける勇気をもちましょう。

No Good

焦りと邪念が運を遮《さえぎ》る

結婚したい相手がその気になってくれない、別れてしまった、など結婚にまつわる悩みは尽きません。そういう方々に共通するのは、運の後押しを遮る何かがありそうだということです。

性格面でいえば焦りや不安が言動に出てしまい、相手がプレッシャーを感じて遠ざかってしまうことが考えられます。**不安定な心は気の巡りを悪くし、本来の流れを悪いほうに変えてしまう**ことも。また友人が結婚したから私もしたいなど、外的な出来事の影響を受けたり、彼は条件的に最高だから絶対モノにする、といった邪念が入ってくると、たとえゴールインしても良い結果を生まないことが多いようです。

恋愛

習慣

過去の「精算」という断捨離でご縁を招いて結ぶ！

元彼や男友達に買ってもらったりプレゼントされたものを、大事に取っていませんか？　過去の思い出を大切にするのは悪いことではありませんが、**「清算」は新しいご縁を呼び、結婚運を上げるきっかけに**なります。幸運を引きよせるためにも、思い切って断捨離しましょう。

2年以上使っていないものや着ていない洋服も一緒に整理すると、さらなる運気アップにつながります。ものにも命が宿っていますが、2年以上かかわっていないものには、気が通っていないと考えて大丈夫です。むしろもったいないなどと思って捨てられないでいると「腐《くさ》れ縁《えん》」ばかりが増え、未練に縛られ気の流れが滞ってよどんでしまいます。こうしたことが足を引っ張り、結婚の成就や決め時に影響が出てくるケースも多々あります。思い切りよく断ち切って吉です。

カラー

幸運色の青。中でもシンデレラブルーが◎

ウェディングドレスといえばやはり純白が主流です。白は汚れなき心を象徴すると同時に、相手の色に染まって共に生きていくという決意を表すといわれています。

では、そこに至るまでに身に着けたい色といえば青でしょう。幸せを呼ぶとされるカラーで、特に恋の場面でパワーを発揮します。中でも**シンデレラブルーは、結婚運を呼び込むラッキーカラー**。透明感あるペールブルーですが、少しグレーがかっていると合わせやすい色なので、ぜひコーディネートに取り入れましょう。ただし青は強いインパクトをもっている色でもあり、たとえ薄いトーンでも全身ブルー系でまとめると、かえって敬遠されてしまうことも。日頃はアクセントカラーとして控えめに使い、ここぞという勝負時にはワンピースなどでゴージャスにブルーを強調するのが効果的です。

身も心も浄化して復縁を成《じょう》就《じゅ》する

復縁を望む前に、別れの理由と相手への思いを再確認して

元彼が忘れられず、もう一度おつき合いしたい、と別れを後悔している人も数多くいます。男性よりも女性は、比較的サッパリと過去の恋愛を断ち切れるものですが、一方的に振られたり、突然連絡が取れなくなったなど、別れた理由が納得いかなければ、思いは残って当然といえるかもしれません。大切なのは、なぜ復縁したいのかを突き詰めて考えることです。お互い嫌いになったわけではなく、ご縁を引き裂くようなハプニングで別れてしまったなら、やり直せる可能性はかなり高いでしょう。

Lucky 別れを受け入れ、潔く切り替える

復活愛に成功した人の多くの共通点は、一度潔くあきらめ、気持ちを切り替えたこと。引っ越しや転職などで環境を変えると、日常がすっかり変わって気忙《きぜわ》しくなり、自然と別れの辛さが薄れるでしょう。**気分転換して心の風通しを良くした時、過去のお相手の魅力を再認識したり、別れた原因の解決法が見えてきたら、ご縁は続いているといっても良さそうです。**ただし、いきなり電話やSNSで直接連絡するより、第三者を入れたほうがスムーズかもしれません。共通の友人を交えて食事をするなど、距離を置いてお互いを見直せる場をつくりましょう。そこで二人が同じ気持ちだと確認できれば、復縁と同時に婚約、などという良い流れも。

No Good 「もったいない」は恋にはあてはまらず

「もったいない」は日本人の美徳の一つではありますが、特に恋愛に関しては気の流れを遮るものと思ったほうがいいようです。過度な執着心から腐れ縁に陥ったり、手ひどく振られて傷つくこともあり得ます。**崩れてしまった関係に長く固執してしまうと、次なる運命の人を遠ざけたり見落としたりして、出会いの気を逃すことも…。**

ご縁が切れることは、一見相手側が百パーセント悪く見える場合でも、必ず両方に何かしらの原因があるものです。そこを見極めず、ただ過ぎた恋にしがみつくことは、運気を下げ邪気を招くばかり。今が手離し時と考え、前を向いて進む勇気をもちましょう。

恋愛

習慣　心身の邪気を祓い、環境も浄化して機運を待つ

不要なものを処分する勇気と行動はもちろんのこと、**心身のデトックスも大切**です。スポーツクラブで汗を流したり、エステやスパで新陳代謝を高めたりすることは、身体と心の気の循環を促すのでおすすめです。食生活を見直すのも良いでしょう。マクロビオティックやデトックス効果のあるお茶を試すなどして、内側からの浄化を目指しましょう。水をたくさん摂ると、心身に溜まった毒素や邪気を洗い流してくれます。一日2リットルを目安に、小まめに水分補給をして、溜まった毒素と共にストレスや執着心も洗い流しましょう。

また、部屋を浄化するのも過度な執着心を祓う方法です。**空気を入れ替え、よどんだ気が降り積もる床の、特に四隅をしっかり拭き掃除**して。アロマを焚くなら、穢れを祓うホワイトセージが良いでしょう。

方位　東南を浄め、生花を飾ると打開策が見えてくる

復縁を考えるのに適した方角は「東南」です。南＝女性性、東＝男性性を表し、男女のことはこの中間で考えたり話し合うことで、良い方向への解決が見られるでしょう。

部屋の東南を、まずはしっかり片付けて念入りに掃除しましょう。その後、**浄化と復活を意味する白い生花**を飾ってください。花言葉を調べてしっくりくるものや、旬の花が良いでしょう。種類やボリュームは必要ありません。**思いを集中させるためにも1輪か2輪を、シンプルな白や半透明のガラスの花瓶に生け**、毎日水を替えます。枯れてきたら新しい花と入れ替えて、手入れを怠らないこと。復縁成就まで続けてみると良いでしょう。あなたの中に余計な執着心やネガティブな気が残っていたとしても、その気は生花が吸い取ってくれます。心の目の曇りが晴れて、今の状況やお相手の真価を見定められるようになるでしょう。

運を「奪い取る」不倫・略奪愛

恋愛

恋愛に定形なし。傷つけ、傷つく覚悟があるなら止められません

恋愛に決まった形はありません。とはいえ社会ではお相手に恋人がいれば略奪愛、さらに既婚者なら不倫とされ、モラルや法律に反していると後ろ指を指されてしまいます。そうした困難な恋愛を求める人は、意外とポジティブな性格であることが多いようです。好きな気持ちを抑えず、傷つくことを覚悟で自ら飛び込んでいくのですから、私は相談業では肯定も否定もしません。ただ、場を乱し、周囲を巻き込む関係は、花火のようなもの。一瞬のきらめきは美しいけれど、持続は難しく、代償を払う覚悟も必要です。

Lucky

信じるのは自分だけ。困難な恋を楽しむ

人にいえない秘密の恋には、向き不向きがあります。向いているのは好きになったらあの手この手でお相手を射止める激情派。日頃は慎重なのに、恋愛では一直線に追いかける人も、このタイプです。また、今が楽しければいいと考え、相手の状況に縛られずアプローチできる楽観主義者も、不倫や略奪愛の達人かもしれません。

どちらにも共通するのは**「自分を信じるパワー」があるということ**です。この人が好き、という気持ちを強く持ち、体当たりで近づけばイケると信じ、その結果がどうなろうと受け入れる覚悟を決める…こんな心をもてるなら、困難な恋愛でも今を楽しむことに専念できるかもしれません。

No Good

「北」の乱れが悪縁を呼び込む

好きになるお相手にはステディな人がいる、二股をかけられる恋を繰り返すなど、なぜか困難な恋に巻き込まれる人は、「北」の影響の強い部屋に住んでいたり、家の北側が整っていないケースが多いようです。北東・北西も「北」に含まれます。**北には「隠された何か」という意味があり、陰気が最も満ちています。北側が乱れていると、その邪気の影響で「人目を憚《はばか》る」ことに引きよせられ**、本人が辛く感じるような恋愛模様が多くなっていくのです。

望まないのに巻き込まれた悩ましい関係なら、勇気を出して自ら断ち切る努力をすること。よどんでいた気が流れ去り、次の良縁が訪れるでしょう。

カラー

黒は影＝陰の住処《すみか》。ボリュームダウンがおすすめ

部屋を見渡してみましょう。特にモノトーンが好きな人は、家具やインテリアに黒を多く使っていませんか？**黒は影＝陰の気に通じています。とりわけ「日陰の関係」といわれる不倫に悩んでいる人は、黒い物を極力減らしましょう。**ピアノやテレビなど、黒くてしかも大きなインテリアには、明るい色のカバーをかければ大丈夫です。全面覆《おお》えなくても、黒のボリュームを減らすように心がけるだけでもかなりの効果が期待できます。そして、身に着ける服やバッグなども見直してみましょう。黒は避け、明るいカラーを取り入れる意識をもつと、状況が変わってくるかもしれません。

また、陰の気は陰の気を引きよせてしまうもので、邪気はさらなる邪気を呼び込みます。邪気に居座られないように、部屋の床は小まめに掃除し、風を通して良い運が流れ込むようにしてください。

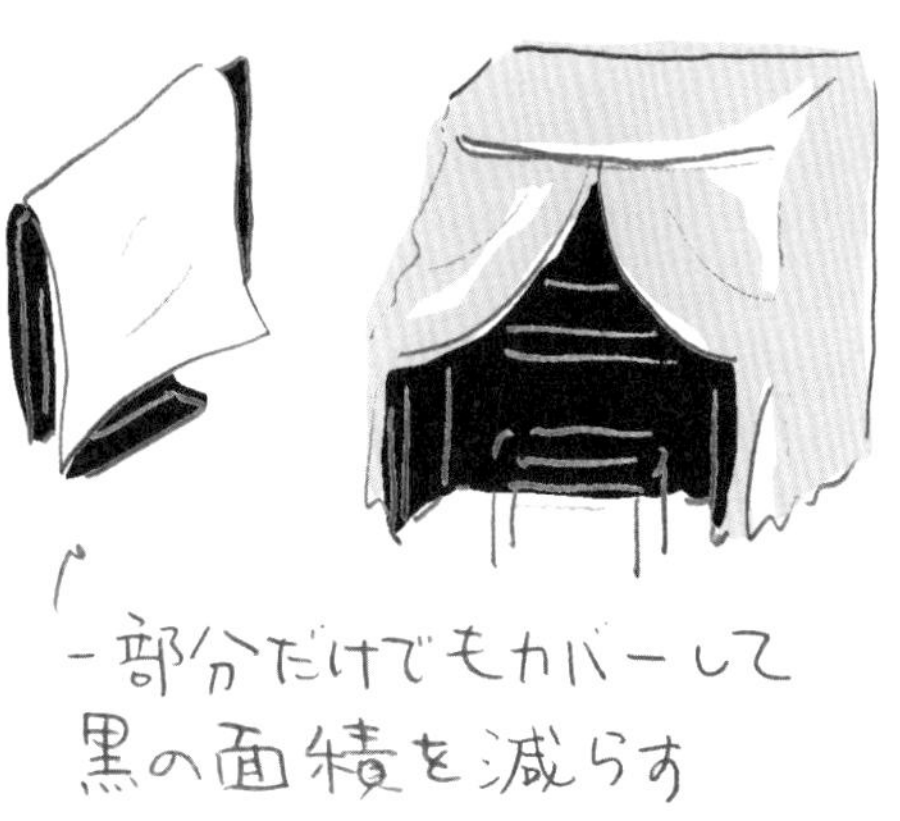
一部分だけでもカバーして
黒の面積を減らす

服や小物も
明るい色で

断捨離

念がこもりやすい人形やぬいぐるみ。浄化するか処分して

人形やぬいぐるみには心を癒す効果がありますが、「人の形」をしたものや、もこもこ、フワフワした「毛」などには、念がこもりやすいといわれています。特に困難な恋愛をしていると、時には恨み言をいいたくなることもあるでしょう。そうしたマイナス感情を吸い取った人形たちが、邪気を帯びた存在になってしまうことがあります。

そこで**一番の浄化法は、太陽の光に当てること。日光は陰の気を祓い、陽の気を満たすパワー**があります。思い切って処分するのも部屋の浄化につながりますが、とっておきたいならフタ付きの箱に入れてしまっておきましょう。

また反対に、ひとつだけお気に入りの人形を枕元に置き、願い事を託すという応用もできます。ただしこの場合、願いが叶った暁《あかつき》には、人形供養をしているお寺などにお願いしてきちんと供養してもらうことが必須です。

変化を楽しみながら マンネリ解消

恋愛

「飽き」が続くと赤信号！ 共有できる時間を増やして

おつき合いが長続きすると、安定と同時にマンネリの波もやって来るものです。一緒にいることに馴染んできて、心地良い状態ならいいのですが「飽きてきた」という感情は黄色信号。やがて相手に無関心となり、別の人に引かれていき…と、お互いが別の流れに乗って、離れていくことに。ご縁をつなぎ続けたいなら、それなりの努力が必要です。恋の始まりのようなドキドキはさすがに再現できないにせよ、二人で歩んできた思い出は貴重です。さらに新しいことを同時に始めて「その場の気運を共有すること」を意識してみてください。

Lucky

距離を保って良い気を流す

シンプルな生活を好む人は、マンネリ＝「飽き」とは縁遠いようです。住環境は人の心の在り様を表しますが、無駄を省いた快適な空間をつくれる人は、整理整頓上手で、物事の精査や判断にも長けています。それは人間関係でも同様で、**良い関係を保つために伝えるべきこと、あえていわないことなどの取捨選択が的確にできる**でしょう。

「距離感」も大切なキーワード。恋人同士ならいつでも一緒、という関係は、初めは良くてもやがて重荷になり、諍《いさか》いや別れの運気を呼び込んでしまうことに…。別々の時を過ごした後に、思いを持ちよって話すことで、お互いの経験値は二倍になり、また二人の間に良い気の流れができるでしょう。

No Good

住まいがよどむと関係もよどみがちに

長年連れ添った老夫婦のように、一緒にいても干渉しないし話もしない…空気のような存在というより、お互いが無関心の放置関係に陥ってしまいそうなら、住まいの見直しをしてみましょう。**インテリアをまったく変えずにずっと同じ状態で住み続けると、部屋の気は活性が悪くなり、よどみがちに**なってしまいます。

思い切って引っ越ししたり、部屋の模様替えをしてみませんか。パートナーを巻き込んで、家具の移動やインテリアの買い物に行ってみましょう。今まで知らなかった趣味や願望、また意外なＤＩＹのスキルが見えたりしてお相手を見直すきっかけになることも。

環境 気軽に、大胆に！ くつろぎのリビングを模様替え

最初に取りかかりたいのは、くつろぎの場であるリビングの模様替えです。**テーブルやソファなど、大きいものを替えるタイミングを計っていたなら、今こそ**その機運に乗るべきでしょう。**クッションやテーブルクロスのように、気軽に取り入れられるアイテムでも**もちろん効果はあります。その場合、ちょっと大胆すぎるかな、と感じるほどインパクトのある色やデザインの物をチョイスしましょう。

ただし原色やネオンカラーばかり集めてみたり、テイストがばらばらなデザインのものを並べたりすると、異質な気がぶつかり合って落ち着かないスペースになってしまいます。あくまでアクセントとして、お気に入りの色やデザイングッズを配しましょう。そして模様替え後、二人の写真や思い出の品を飾ると、「二人の場所」という気が高まり、関係も穏やかに深まります。

習慣 ヘアやネイルなど目立つところのイメチェンが吉

朝、髪型が決まるとその日一日気分が上がり、そのためか物事もうまくいくことが多いようです。それほど気分に影響力のあるヘアスタイルをすっきり変えると、マンネリ解消に効果があります。**頭部を刺激するのであなた自身の意識も切り替わり、倦怠感が邪気と一緒に溶け出ていく**でしょう。ヘアカラーをしたり分けめを変えたりするだけでもイメージチェンジとなり、気の流れも活性化されます。

髪同様、お手入れしたいのはネイル。特にハンドネイルは人目を引きます。新しい色にもトライしやすく、意外に似合う色を見つけられたりすると、良い気分転換にもなるのでおすすめです。素足になる季節なら、インパクトある色やデザインのフットネイルをしてみましょう。パートナーの目にも新鮮で、あなたを見る目も少し変わるかもしれません。

嫉《しっ》妬《と》心《しん》は自ら認めてコントロール

嫉妬は自然な感情。でも恋の要素が加わると暴走する恐れが…

私たちは子どもの頃から常に誰かと比べられ、また自分でも誰かと比べながら成長してきました。その時、背が高いとか勉強ができるなど、自分よりどこか秀《ひい》でている人を羨《うらや》むことは、誰もが幼い時から馴れ親しんでいる感情でしょう。この憧れや羨望《せんぼう》が嫉妬の始まりで、それ自体は自然な気の流れに乗っている無害なものです。けれど恋愛となると、嫉妬は苦しい感情となるのはなぜでしょう。それは嫉妬=負の感情だと感じる自分がいるからです。嫉妬する自分を認め、それも含めて恋愛だと受け入れられれば、気持ちもぐんと楽になります。

Lucky

「嫉妬心」を負から正へ転換する

嫉妬は誰もが抱く感情のひとつで、どちらかというと負の要素をもっています。それだけに「嫉妬している私」をカッコ悪いと思い、隠そうとする人は多いでしょう。その結果一人で思い悩み、さらに負のループに巻き込まれてしまうことも…。

この悪循環を断ち切れるのは、「バランス感覚」です。**すべての物事にはプラスとマイナスの両面があり、どちらも必要不可欠なもの**です。負の心をもっていると自覚したら、正の感情を見つけましょう。ライバルがいるなら、一歩退いてその人の魅力を分析してみて。その答えが、自分に足りない魅力ということ。そこで一念発起して努力すれば、嫉妬もプラスに転化します。

No Good

プライドの高さが運を下げることも…

プライドが高く、負けず嫌いな人は、嫉妬に絡めとられてしまいがちです。負の感情=自分の弱さと思い込み、弱みを見せることを良しとしないので一人思い悩んでマイナスの気を招きよせ、その影響である日嫉妬が爆発して、誰かを傷つけてしまう…そんな邪気の罠に、自らはまってしまうことがあるかもしれません。

自尊心も競争心も、うまく捉えれば運気を上向かせる強力な味方になります。要は見方を変えること。**人を羨む気持ちを、自分磨きの原動力にシフトチェンジ**しましょう。目標が高いほどやる気に燃えて頑張るパワーが湧き上がり、上昇気流にも乗れるはずです。

恋愛

五行

嫉妬は「火」が司《つかさど》る。南の方角が心を鎮《しず》める鍵

嫉妬は陰陽五行では「火」が司ります。**「火」の方角は「南」なので、南側の部屋を整えることが**まずは大切です。きれいに掃除したら、深みのあるパープルや、ピンクベージュなど落ち着いた明るさを備えた色でインテリアを統一してみましょう。「手ざわりの良さ」にも燃え上がった心を鎮める効果があります。フェイクファーのラグやビーズクッションなど、お好みの感触の心地良いグッズを南側に置きましょう。

またキッチンの**コンロや電子レンジ、炊飯器など加熱するものや、アイロンや暖房器具など「火」そのものの生活用品をチェック**します。汚れやほこりが溜まったままなのはＮＧです。しっかり拭い取ってきれいに磨きましょう。その際、壊れているものはもちろんのこと、調子が悪いものも思い切って新調することをおすすめします。

習慣

水回りは常に清潔にして心身の「火」を鎮める

「火」が整ったら、次はさらに火を鎮める「水」を整えましょう。**トイレやバスルーム、キッチンなど水回りの掃除を徹底的にしてみる**ことです。水場で最も汚れやすいのは排水溝です。髪の毛や汚れが溜まっていると、排水も流れにくく詰まりやすくなり、ぬめりも気になります。そうなると気も滞るので「火」を抑えられなくなってしまうでしょう。

また**換気も大切なポイント**です。湿気を帯びたシンクやバスルームの壁は、カビなど雑菌の温床となり、陰気を集めてしまいます。換気扇がある場所は、使ったら必ずスイッチを入れて換気しておき、シンクやバスタブは水気を小まめに拭き取りましょう。

そして「水」は「北」に通じます。部屋の北側を浄めたら、水の気をもつガラスや透明感ある素材の置物などを飾り、パワーを強めましょう。

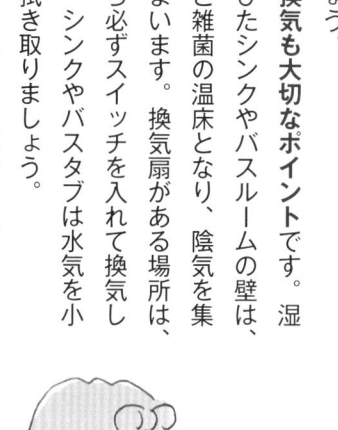

「攻め」の姿勢が恋愛体質への改善策

恋愛

チャンスは自らつかみ取る！　失敗も重ねて良縁を見分ける目を養って

「恋愛上手になりたい」というご相談をよく受けます。こういう人はどちらかというとシャイで、一歩退いて出会いを待っていることが多いようです。まずお伝えしたいのは、恋も仕事も「待ち」の姿勢ではなかなか経験値が上がらないということ。ご縁は確かに巡ってくるものではありますが「つかみ時」を逃すと通り過ぎてしまいます。ここぞという時、瞬発力と行動力で自ら勝負に出る勇気が必要でしょう。その一瞬を見定めるのはやはり経験です。そして経験とは、数々の失敗の上に成り立つもの。トライし続けて恋愛を「読む」目を養って。

Lucky

ストレートな姿勢が幸運の呼び水に

気に入ったものを「好き」といえる、自分の価値観をしっかりもっている人は、強いオーラを放っています。流行や人の意見に左右されず、個性的なファッションを身に着けているなど、目立つ存在といえるでしょう。

意見をはっきりと口にするので、時に敬遠されることもありますが、こと**恋愛では裏表がなく素直な面が功を奏します。**経験が浅いうちはストレートすぎて相手に引かれてしまうこともありますが、めげずに次の恋に飛び込むアクティブさでめきめきスキルアップし、恋のキャリアを積むでしょう。**常に前向きに行動するおかげで運気も活性化され、**やがて理想の恋人と実りある関係を築くことができます。

No GOOd

中間色には迷いや無難さが潜む

恋愛下手な人の多くに足りないのは自己アピール力。ファッションもグレーやベージュなど中間色を選びがちかもしれませんが、**これらのカラーは**「無難」「迷い」を表します。少し派手かな、と思うくらいの色使いのニットやスカートをコーディネートに取り入れてみて。華やかな光が心身に満ちて、もう一歩お相手に踏み込む勇気が生まれます。

赤のフットネイルもおすすめです。**大地＝女性のエネルギーを赤色が吸い上げ、全身を艶めかせてくれます。**その際、シークレットカラーとして使うとより強力なので、ソックスやミュールなどでつま先は隠しましょう。

石 「本物」を身に着け、心身のステップアップを！

ワンランク上のジュエリーは女性に気品を添え、内側からの輝きを引き出す魔法のアイテムです。**自己価値を上げて自信をつけたいと思っているなら、この際、予算が許す限り高価な逸品を、思い切って自分のために選んで**みてください。金属なら純度の高い金やプラチナ、宝石ではダイヤモンドやルビー、エメラルドなどがいいでしょう。特に貴石は長い歴史を経てその姿を形づくってきた、まさに奇跡の結晶です。その美しさとパワーは、最強といえるでしょう。

日常使いのアイテムなら、本革の小物を取り入れるのがおすすめです。革は天然素材であり、呼吸をしているので気の風通しを良くする効果があります。まずはキーケースや財布、次はバッグなど、小さな物から少しずつ本物をそろえていくと、自分自身もハイグレードにステップアップするイメージをもてるはずです。

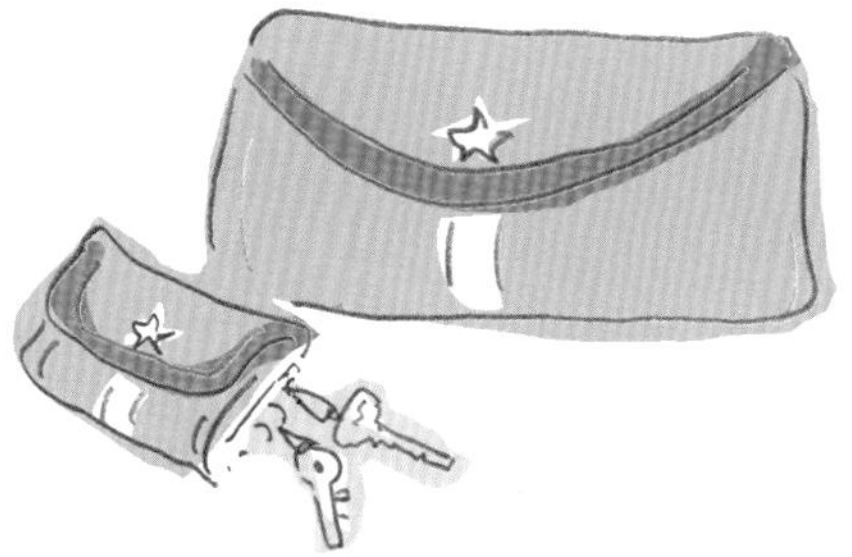

方位 上に伸びる観葉植物。願いを込めて東側で育てる

成長を表す方角は「東」であり、五行では「木」となります。まずは東側の部屋を掃除して、きれいに整えましょう。そして部屋の東に観葉植物を置いてください。おすすめなのは**パキラやミリオンバンブーなど、室内でも育てやすく、そして上へ向かって伸びていく植物です。**天を目指して伸びゆく木は、成長や発展を表します。その木と一緒に自分も頑張って成長したいという願いを込めて、大事にお世話しましょう。

水やりを忘れたわけではないのに枯れたり、葉が変色したり落ちたりという変化を植物が見せることがあります。その場合は邪気を吸い取ってくれた結果だと考え、そのままにせずお礼をいってきちんと処理しましょう。

観葉植物の中でも、サボテンなど棘《とげ》がついたものは東に置くには向きませんので、その点だけは注意してください。

ダメ彼・ヒモ彼は真の「自信」で撃退

面倒な恋＝父親《ファザー》コンプレックスの影響が。生い立ちを思い返して

なぜかいつもダメな男に振り回されたり、二股をかけるような相手を好きになってしまう…こんなご相談をよく受けます。もちろんそれでも幸せ、という人もいらっしゃいますが、大抵はもっといい恋をしたいとおっしゃいます。長年の相談業でヒアリングしてきて、女性は父親に、男性なら母親に似た存在に引かれることが多いと実感していますが、特に女性にとっては、父親が「夫の形」の最初の見本。似たタイプばかりに引かれるというお悩みをもつ人は、一度、お父様との関係性について冷静に分析してみることをおすすめします。

Lucky

ポジティブな気がダメ彼をも変える!?

一途に仕事や趣味に打ち込むなど、**一本筋の通った人は常に前向きな運気の波に乗っているので、出会う相手も良い気の流れにいるでしょう。**また仕事はテキパキこなすけれどプライベートではおっとりとした甘え上手とか、日頃は頼りないのにトラブルが起きたら一番に反応して対処できるなど、何か強みをもっている人もポジティブな気を放っていて、同様に良運に恵まれた相手とのご縁があります。

またこうした**気の巡りの良い人は、周りの運気を引き上げるパワーもあります。**ダメ男といわれる人の、心を入れ替えるきっかけになることすらあり、そうなると、結果的に「気」が良い相手に縁があるということに。

No GOOd

「心の寂しさ」がヒモ男を引きよせる

一見スキがなく、ファッションも生活もきちんとした人、その逆で、自分に自信がなく、いつも目立たないよう気をつけている人…このふたつのタイプの女性は、実は心に寂しさを抱えていることが多いもの。ヒモ男はこうした表に出さない「人恋しい」オーラを素早く察知し近付いてきます。優しさだけは人一倍ある彼のアプローチ、情にほだされるのは時間の問題でしょう。

そんな人に必要なのは、真の自信です。**心から望むことは何だろうと自問自答し、その答えを実現するべく努力しましょう。**情で曇っていた目が晴れて、恋人の真価を冷静に見つめ直せる心持ちになれるでしょう。

恋愛

雑貨
ブラシを買い替えて運気も自分も磨き直しましょう

　歯ブラシやヘアブラシ、メイクブラシなど、ブラシ類をチェックしてみてください。傷んだり汚れたりしてはいませんか？　**ブラシには「磨く」「除去する」という意味**があります。忙しいから、人に見せるものではないし、などと言い訳しながら、**古びたブラシを使い続けていると恋愛運を下げ、良くないご縁を引きよせてしまう**ことに。

　思い切って買い替えるのがベストです。処分することは悪運の流れを断つことにつながります。ただ汚れているだけなら、しっかり洗ってから太陽の光で十分乾かし、プラスのエネルギーをもらいましょう。

　きれいにした後は、ヘアブラシなら絡まった抜け毛は使うたびにきれいに取るなど、小まめにお手入れしましょう。また、予備のブラシを複数買っておくのは、出会いの運気が分散してしまうのでおすすめしません。

石
良縁を招くアクアマリン。赤風水は浮気封じに

　アクアマリンは最愛の人を引きよせる石として有名です。魔除けと修復の意味もあり、**不幸を呼ぶ出会いを遠ざけ、過去の恋の傷を癒す効果も**あります。毎日身に着けたいパワーストーンなので、普段使いのネックレスやリングなどもおすすめですし、巾着に入れた小ぶりな石をバッグや財布に入れてもち歩くのも良いでしょう。特に、合コンやお見合いなど、出会いの場に行く時は積極的に身に着けましょう。

　また、浮気な恋人と別れるのではなく、彼の心を変えたい時は、赤のパワーを借りましょう。赤は中国で「生命力」を表し、行動や決断を促します。

あずきを3粒と水晶のさざれ（細かい粒）、粗塩をひとつまみ用意し、赤い小皿か二つ折りにした赤い折り紙に載せます。これを4セット作り、キッチンの四隅に置きましょう。キッチンには恋人と諍《いさか》いが起こりやすい気があり、その場を浄めて鎮める風水術です。

腐《くさ》れ縁《えん》を断つ 風と水のテクニック

腐れ縁を断ち切ってこそ、次の出会いが舞い込む！

嫌いになったわけじゃない、情が移って離れられない、今さら次の人を探すのが面倒など、様々な理由で「今彼」を手放さない人は意外と多いようです。結婚や出産といったイベントが生じ、それが刺激となって関係が活性化すればいいのですが、だらだらと時間だけが過ぎていくようなおつき合いでは運気は停滞し、二人のためにもならないでしょう。こうした場合は、上手な縁切りも開運の一手。何も生まないご縁は早めに断ち切って、次の出会いを待つ姿勢のほうが、恋愛運だけでなくすべての運を上げる原動力になるからです。

Lucky

「光」をまとって悪縁を遠ざける

ファッションやメイクにパールやスパンコールなど、光るものをよく取り入れている人は、**出会いやご縁に恵まれる気をもっています**。光をまとうと本人の心身に影響して、肌が磨かれ髪も艶が出るなど良いことずくめです。オーラの輝きも増し、その煌《きら》めきに引かれてご縁が次々舞い込むでしょう。

ご縁は別のご縁も呼び、人の輪が広がっていくので、このタイプの人は恋愛に限らず「今」の人間関係を、無理や我慢をしてまで続けなくてもいい環境にあるといえます。また**光はプラスのエネルギーであり、滞った気を洗い流す役割**を担っています。その勢いに押されて、腐れ縁のほうから自然に遠のいていくでしょう。

No Good

ものの「停止」は運をも遮《さえぎ》る

身の回りに「停止」しているものがないかチェックしましょう。電池切れや壊れた時計、切れた電球など、本来の**働きをしないものを放置していると、運気も低迷して巡ってくるべきご縁も**なかなかやって来ません。

また食品や調味料などの賞味期限切れにも、意外と気づかないもの。特に冷蔵庫の中のものは見過ごしがちなので、この機会に整理し、期限切れは処分して庫内の風通しを良くしましょう。すると縁の見極めもうまくなります。

ものの処分を進めていくと、大きな環境の変化が訪れることも。転居を伴う転勤などを打診されたら、受け入れると状況が好転する可能性大です。

恋愛

神様　縁結びの神社は「結ぶ」前の「清算」にもご利益が

断ちがたいご縁に悩む人は、縁結びのご利益のある神社に足を運んでください。「切りたいのに結ぶの？」と思われるかもしれませんが、縁結びの神社は実は「縁切り」の神社でもあり、**今あるご縁があなたにふさわしければさらに強固なものとすべく後押しをしますが、そうでなければ断ち切って、新たなご縁を結び直す**ために力を貸してくださるのです。

　また方角でいうと「北西」にも同様に、不要なものを排除し必要なものを呼び込む作用があります。別れを決めたら恋人との思い出の品などをひと袋にまとめ、邪気祓いの赤唐辛子を1本入れて口を閉じます。それを部屋の北西に置き、次の収集日に潔くゴミとして出してしまいましょう。唐辛子には浄化作用もあり、モラルや良心に反していた恋の罪があったとしても、それも一緒に祓い浄められるでしょう。

雑貨　揺れるアイテムで「風」と「水」を味方につける

チェーンのピアスやフレアスカートなど、ゆらゆらと「揺れる」ものを身に着けましょう。風水という言葉にも「風」の字が使われているように、**風が通ると腐れ縁は吹き飛び、良き運に恵まれる**流れとなります。部屋のインテリアやオブジェにも、揺れることで風を感じられるアイテムを取り入れてみてください。太陽光で揺れる雑貨や、振り子時計、モビール、夏なら風鈴もおすすめです。

　ちょっと足を延ばして清流や滝など、水の流れるスポットに出かけてみるのも良いでしょう。風水の**「水」もまた、常に形を変え揺らぎ続け、風同様に気の流れを良くする**ものです。腐れ縁を断ち切る、きれいさっぱり縁切りをする、という決断をしたい時には、迷いや悩みを白い紙に書き、願いを込めて水に流すと煩悩が消え、進むべき道が見えてくるでしょう。

ゆうはん流メソッド 8

疲れたり悩んだらぜひ活用して 良い気をもたらす 頼れる味方

疲れや迷いを感じた時、助けてくれる身近な存在を知っておきましょう。ふと立ち止まって頼ることで、きっと心が救われます。

ペットは癒しの即効薬。陰気を祓って自然と周囲の笑顔を引き出してくれます

中国には「身代わり」をたてる風習が古くからあります。古代中国では皇帝の影武者を何人もそろえて暗殺に備えたり、病気の時にはその災厄を動物や人形などに封じる魔術もあったようです。

現代では、動物をペットとして家族同様に大切に育てるようになりました。ペットとはいえ野生の記憶が私たち人間よりは鮮明なのは確か。それだけに気を読む能力に長け、あなたが風邪を引いたりストレスフルな「陰」の状態にあ

ジュエリーを身に着けて、勇気と古来からの霊力を味方につける！

アジアで代表的なジュエリーといえば「翡翠《ひすい》」です。東洋のエメラルドと呼ばれ、美しいグリーンが印象的なこの石には古代から高

唐辛子は邪気《じゃき》祓《ばら》いの象徴。リセットしたい時には生姜もぜひ活用しましょう

中国では唐辛子の赤い色は邪気を焼き祓い、その辛みは悪霊を遠ざけるといわれています。中華街やアジア雑貨のお店などには唐辛子モチーフの壁掛けや装飾品があるので、インテリアに取り入れてみるのはいかがでしょう。玄関や窓のそばのできるだけ高い位置に吊るすと、外から入ってくる悪運祓いとして効力を発揮します。恋人の浮気封じには、相手のクローゼットに「お守りだよ」と吊るしておくと、悪い虫がつきません。

ると、彼らは敏感に察知してそっと寄り添ってくれます。その**ヒーリング効果は抜群で、触れ合っていると心身が「陽」の気に包まれ、活力が生まれる**でしょう。お返しに、というわけではありませんが、一度迎え入れたら最後まで大切にお世話をしましょう。

　ペットを飼えない環境の人は、動物園や水族館に足を運ぶのも良いでしょう。**生き物に直接タッチして、エネルギーをもらうのが一番効果的**なので、ペットショップや、人気の犬カフェ、猫カフェなどもおすすめです。

い霊力が秘められているとされ、持ち主はそのパワーにあやかることができるといわれています。古代中国では、翡翠は五徳＝仁・義・礼・智・信を高めるとされ、お守りとして珍重されてきました。

　翡翠に限らず宝石やパワーストーンには、古代より様々ないわれや意味が込められています。その色や形が完成するまでにかかる時間は数百年、ダイヤモンドでは数億年といわれています。それだけ長い歴史を積み重ねてきたという奇跡でもあるのです。気に入ったものがあれば、ぜひお守りとして勝負の時に身に着けましょう。勇気が湧いて、何事も悔いなくやり遂げることができるでしょう。

　風水でよく使われる**水晶＝クリスタルは万能で、様々な願いの後押し**をしてくれます。手に入りやすく、値段も手頃なさざれ石を、部屋の四隅に盛り塩のように置いておくと、魔除けの効果が。

　身体を内側から温めてくれる生姜も、唐辛子と同じ作用があります。**腐れ縁に悩んでいるなら、生姜をたっぷり入れたお鍋を恋人と一緒に食べてみて**ください。心身の熱が上がって気持ちの曖昧さが消え、続けるべきか切るべきかがはっきり見えてくるでしょう。

　生姜は精油で取り入れることもできます。ボディオイルにほんの少し加えてマッサージすると心身の気の巡りが良くなり、正しい判断が下せるでしょう。ハンカチに1滴つけてもち歩くと、悪縁を断ち切り、追い払う強い味方になります。

夫婦円満の鍵を握るのは「空間の陰陽」

「結婚」というご縁を、さらに深める家庭を築いて

運気の流れに乗ってゴールイン！　ここから次のステージが始まります。別々の環境で育ってきた二人が共同生活を始めるのですから、違和感やすれ違いが重なり、どちらかが「実家に帰る！」とキレてしまうこともあり得ます。けれど結婚は深い縁で結ばれ、さらにお互いの思いが重なった結果、叶《かな》う奇跡。二人そろって初めて動き出す運命の歯車に乗り、生を終えるその時まで共に歩んでいくと決めたのですから、広い心で相手を見つめ、軌道修正しながら、自分たちに合ったスタイルで良い関係を続けていってほしいと思います。

Lucky

植木や木製の家具で温かい気の演出を

夫婦仲が安定するのは観葉植物や生花が飾られ、インテリアも白木や木目調のダイニングセットなど天然素材を取り入れた部屋です。**自然物には「育《はぐく》み」という大きなテーマが宿っているため、二人の関係の成熟を促してくれるでしょう。**

　植物をつい枯らしてしまうという人は、エアプランツなどお世話が比較的簡単なものから始めてみてはいかがでしょうか。生花もプリザーブドフラワーなどで代用してもOKです。ただし加工した花は風水ではタブーとされているので、ガラスで浄化しましょう。ガラス製のポットやビンに入れてフタをするなどして、汚れやほこりを防ぐ工夫をして。

No GOOd

冷たい気が夫婦仲を冷やす!?

ガラスや金属は触れるとヒヤッとし、物事をクールダウンさせる気をもっています。こうした素材の家具を多用すると、冷静な判断をしたい時は有効ですが、夫婦の部屋としては干渉を嫌ったり冷たい雰囲気になりがちで、誤解やすれ違いを招くことも。**植物や生花を飾ったり、天然素材のラグを敷くなどして、温かい気を増やしましょう。**

　また枯れた花や賞味期限切れの食品、壊れた時計など、本来あるべき姿を失ったものは即処分するか、使いたいなら修理などの処置をしましょう。これはすべてにいえることですが、**部屋に「死んでいる」ものを放置することは**凶相となるので要注意です。

結婚

雑貨

日常使いに ペアグッズを。共感の気が高まります

色違いのマグカップや夫婦茶碗など、**「食」を共にする時に、ペアのものを取り入れ**ましょう。食事はエネルギーを取り込む行為であり、同じ食べ物を分かち合うことは、同時にパワーをいただくという共感につながります。ペアの気で、その感覚をさらに高めましょう。

パジャマをおそろいにするのも良いでしょう。生活の3分の1は睡眠空間にいますから、寝室は一緒にいる時間が長い場所でもあります。そこで使う衣類をペアにすることで、仲が深まり、絆が強まりやすくなるでしょう。こうしたペアグッズやファッションは、色違いや柄違いでもOKです。

一対の動物の置物を飾るのも、とても効果的。陶器やガラス、木製のものがおすすめです。パートナーかあなたどちらかの好きな動物や、お好みがなければ鳥、特にペンギンやおしどり、鶴のモチーフを二羽で一対、チョイスしましょう。

環境

「帰りたい家」は 温かく華やかな 玄関から始まる

帰ってきたいと思える家づくりには、まず第一に入り口である玄関を整えることが大切です。たたきは常にきれいに掃除して、迎え入れる空間を浄化しましょう。次に、「陽の気」を帯びたグッズで歓迎のムードを演出しましょう。シンプルよりは、華やかさを心がけてください。

玄関マットはフラワーモチーフやビビットカラーのものにすると◎。また玄関のつくりにもよりますが、できれば**廊下までかかるような、縦長の大判サイズ**がさらに良いでしょう。縦に長いことはお互いの成長を促し、また大判であればあるほど陽の気が増して、エントランスに温かな雰囲気が溢れます。

光も重要なポイントです。窓があるならその前に物を置くのはタブー。自然光をたっぷり採り入れましょう。窓がなかったり夜の帰宅時には、明るい暖色の照明を灯してお迎えして。

結婚

「快適な居場所」をつくって 浮気を封じる

パートナーの心に寄り添い「出来心」を撃退！

男性の浮気は大きく3タイプに分かれるようです。まず生来《せいらい》ほれっぽく流されやすい人は、その場で気の合った相手に引かれてしまいます。次は優しいと評判の男性にありがちですが、一途に思い詰められてイヤといえず…とか、強い相手に押し切られて…などとドロ沼にハマることも。３つ目は夫婦の価値観が食い違い、そのストレスや相手への当てつけから目移りをするパターンです。どれも実は、男性のメンタルの弱さに起因しています。日頃から「どんな時も味方だよ」とアピールし、運気の波を共に乗り越える覚悟をもって。

Lucky

個人スペースは「広すぎず」が正解

風水では**夫の部屋やクローゼットなど個人的なスペースが、妻や子どもに比べて広いと邪気の入り込む余地がある**とされ、浮気の虫が騒ぎ出すといわれています。

特にクローゼットが広く、仕事用のスーツ以外のおしゃれ着や趣味のものがそろえられる環境にあると、心が外に向かって開かれて、隣の芝生が青く見え、つい出来心が…となりがち。あえて家族の衣替えのコンテナやレジャー用品をしまうなどして、夫のものの占める割合を減らしましょう。

また、妻の猜疑心は夫の浮気心を煽《あお》るもの。怪しいと思っても、気づかぬふりでおっとり構えていると結果的に元のさやに収まることが多いようです。

No Good

帰りたくなくなる居場所がない家

「帰りたくない」と思う家には誰もよりつかないものです。玄関に段ボールが積み上げてある、リビングが散らかっていてくつろげないなど、住みにくい環境では運気も行き場をなくし、よどんだ空間となります。**生活動線にものを置かない、換気を良くし、水回りは清潔に保つ**など、毎日最低限の掃除は怠らないようにしましょう。

また個人的なスペースが広すぎるのはタブーだとお話ししましたが、狭すぎたりまったくないのも居場所を奪うことになり、閉塞感から浮気に走る原因にもなります。小さな机ひとつでもいいので、**夫が趣味などを楽しめる、ホッとできる空間をつくりましょう。**

方位　夫&家庭運を左右する「北西」を居心地良く整えて

夫や家庭を表す「北西」を、まずは整えましょう。そのうえで、アイボリーやイエロー、ホワイト、ゴールドといった北西の象徴カラーでインテリアを統一すると良いでしょう。夫婦の寝室や夫の個人的なスペースを北西に配することも、目移り防止に効果がありそう。二人の思い出の写真を飾ることもおすすめします。その際、フォトフレームは白木などの木製や陶器などの天然素材を選ぶと、温かい気が部屋に満ちて、交際を始めた頃の初々しい情熱を思い出せるでしょう。

また**クローゼットには愛人という意味が込められて**います。夫のクローゼットがきれいに整理され、見慣れないバッグや洋服があったら、心を引かれている相手がいるかもしれません。そんな時は**クローゼットの内側に鏡を貼って邪気を祓い、空間を浄化して、浮気を未然に防ぎ**ましょう。

石　贈ったり身に着けたり。パワーストーンが悪縁を遠ざける

パワーストーンは値段が手頃で、お守りとしてもち歩いたり、プレゼントするのもおすすめです。**ほれっぽい夫にはブラックオニキスを**贈りましょう。男性が身に着けても違和感のない色で、魔除けとして用いられる石ですが実は「縁切り」も得意分野。略奪愛を狙う相手などを退け、またよせ付けません。**万能のクリスタルも、**強力な浄化作用**で邪《よこしま》な恋愛からパートナーを守ってく**れます。ブレスレットなど身に着けやすいものや、タンブルを小さな巾着に入れて、お守りとして渡すのも良いでしょう。

実際に浮気が発覚し、心傷ついた時には、**ピンクオパールかインカローズをあなた自身の身近に**置きましょう。心が癒され、また夫婦の関係を修復に導くといわれています。貴石では、古くから悪運を遠ざける邪気祓いの効果があるとして大切にされてきたエメラルドやルビーが良いでしょう。

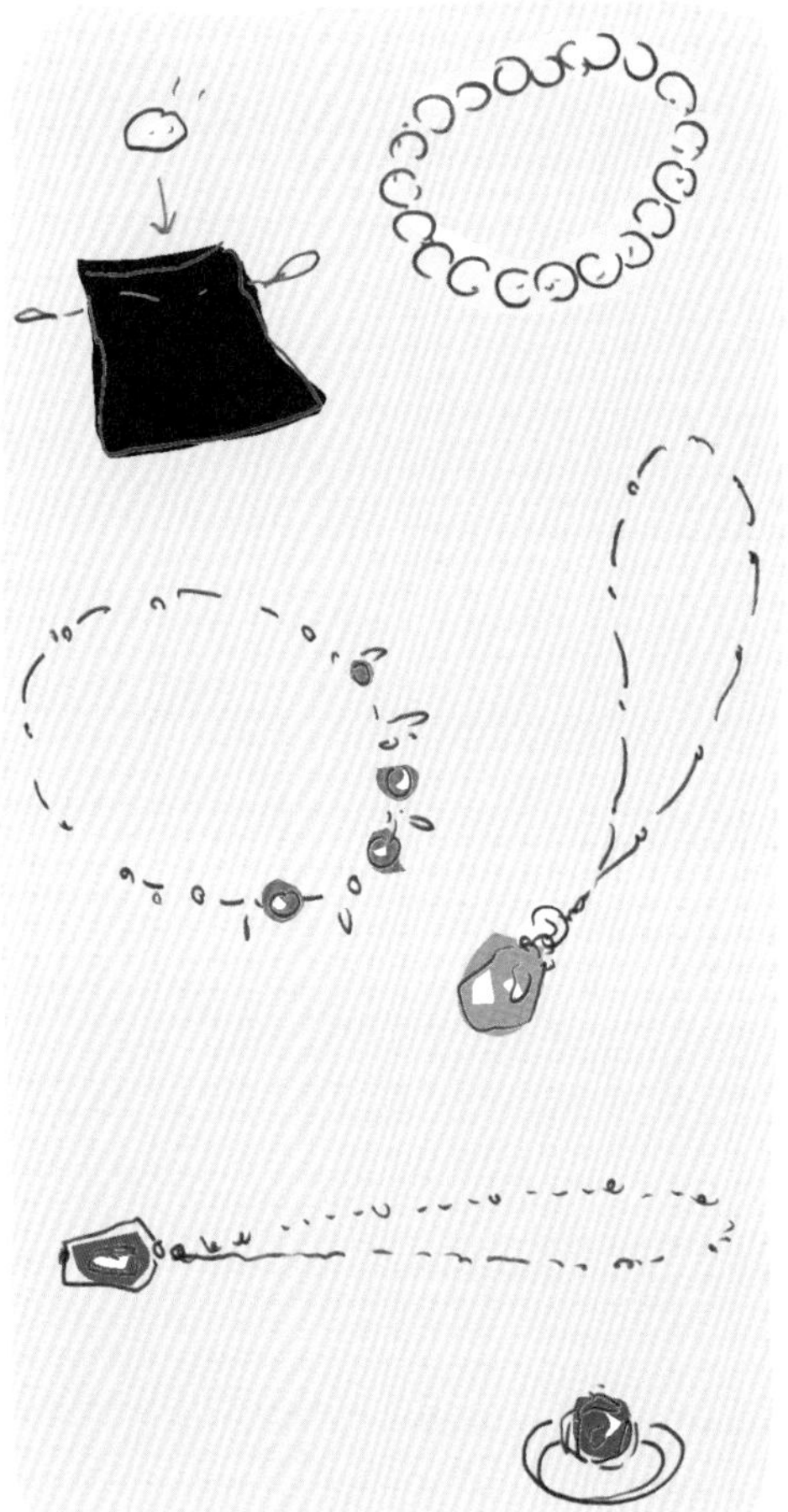

第四章

「気」と「色」を味方にセックスレス解消

結婚

「身体の絆」には運気を一新する強力なパワーが！

出産後のお悩みで一番多いのが、セックスレスではないでしょうか。子どもができると夫婦ともに一気に家庭内での仕事が増え、いつしか肉体的に疎遠になり、気づいたら近づき方を忘れてしまった…というパターンが多いようです。夫婦の絆は身体だけではなく、長く連れ添えばそれだけ大切な絆が増えていきます。とはいえこのために不倫や離縁というおそれが出てくるのなら改善を。セックスは肉体を通して確かめ合う「愛の交歓《こうかん》」であり、そのパワーは二人の心身の陰気を一気に追い出し、陽気で満たすほど強力なものなのです。

Lucky

北西と南西をバランス良く整える

北西は夫、南西は妻を表し、夫婦の関係を見る時に重視する方角です。北西と南西が正方形またはきれいな長方形の部屋に住む夫婦は、心身のバランスが良く穏やかに生活されています。逆にどちらかの方角が「欠け」といってへこんだり、三角形のような形だと落ち着きを失ってしまいます。まずは、その方位をきれいに掃除をしましょう。その後、鏡や盛り塩などで浄化し、風通しを良くすると気の流れが活性化します。

　さらに、活力が増す「赤」の力を借りるのも有効です。スリッパや下着など、下半身に着けるものに赤を取り入れると生命力が体内に取り込まれ、性エネルギーが増幅されます。

No Good

陰の感情はもち帰らず。上手に切り替えて

私たちは常に周囲の影響を受けています。特にカップルは共に過ごす時間が多いぶん、互いに作用し合っているでしょう。どちらかが怒りっぽい、または情緒不安定な時は、そのパートナーもイライラしがちになることが多いようです。すると二人にとって家庭はくつろげる場ではなくなり、心も身体も離れていくことに…。

　一緒に暮らすとは、良くも悪くも運を共有して助け合い、支え合って生きること。まずは帰宅前に自分自身の心を落ち着かせることが大切です。「疲れたから今夜はちょっとリッチにステーキを焼こう」など、夫も巻き込んで楽しみながらリセットしましょう。

習慣　首の後ろに触れてみて。自然なスキンシップに身も心もほぐれそう

人体にはいくつかスピリチュアルな「気」の出入り口があります。その中でも**肩と首がちょうど交わる首の後ろは運気の第一の出入り口**であり、機能としても重い頭を支える大切な柱なので、疲れも溜まりやすい部分です。「マッサージしてあげるね」など、日常的に声をかけてほぐしてあげるとパートナーの心身が癒され、また夫婦間の運気の循環も良くなります。さらに「お返しもほしいな」など、マッサージをおねだりするのも良いでしょう。お互いの身体に触れることで、自然と性欲が高まります。

　また周囲の気を敏感に察知するアンテナの役割も担う部位なので、夫の支度中に襟足を整えながらとか、お出かけ前のハグの時などに、さりげなくうなじにタッチしましょう。浮気の虫や横恋慕の邪気を遠ざけ、気持ちをこちらに向け直す効果があります。

環境　心地良い入浴には若返り効果も期待大！風を通して運気上昇

私たちが家でリラックスできるのは、食事中や食後リビングでくつろぐ時、ベッドタイム、そしてバスタイムでしょう。そのために使う部屋はすべて、夫婦関係の居心地の良さにも連動してくるので、常に整えておくことが大切です。中でも**バスルームは一日の汚れを落とす禊《みそぎ》の場であり、じめじめしていたり汚れているとコミュニケーションに障害が出やすくなって、それが浮気に結びつく**恐れも…。風を通し、常に快適な空間としましょう。

　毎日掃除をする時間がないという人は、水気だけは残さないことを心がけて。使用後は換気扇を回し、水を抜いたらバスタブを軽く拭っておくだけでもOKです。ボディタオルなども使った後はしっかり乾かし、また定期的に取り換えましょう。気持ちの良い入浴は身体を温め、若返り効果も期待できます。

懐妊と安産 は幸運の賜物と心得て

環境の「三位一体」を整え、穏やかに受胎（じゅたい）を待つ

出会って結婚し、やがて子どもを授かり出産する…これは自然な流れのようで、実は深いご縁に恵まれ、努力を重ねた結果、得られる幸運です。特に妊娠・出産は生命の神秘にかかわり、科学的に百パーセントの説明ができるものではありません。祖父が産婦人科医ということもあり、これまで受けたご相談を通じて、私なりに子どもが宿る子宮を家に見立て、環境学である風水を応用した「子宮風水」を提唱してきました。ご懐妊を望むなら身体と心、そして家という、環境の三位一体を整えるよう心がけてください。

健やかな身体と穏やかな心で待つ

三位一体のうち、ここでは「身体」と「心」のお話をします。身体はそのまま健やかな肉体を表します。ただ丈夫というだけでなく、規則正しい生活やバランスの良い食習慣など、ご自身でも健康を維持するべく日々努力しましょう。

心のキーワードは「適度」です。ほどほどに期待しながら気長に待つ、いざ妊娠したら必要以上にナーバスにならないなどですが、これは意外と難しい心持ちでしょう。有効なのは事前の知識とイメージトレーニング。本やネット情報より身近な経験者の話を聞いて、夫ともよく話し合っておくと、不安が軽くなり快適な妊婦ライフを過ごせるでしょう。

整わない「北」は子宝運を左右する

子どもをなかなか授からない、という人は「北」の方角をないがしろにしている可能性があります。北は全方位の中で最も日照時間が短く、寒い空間でもありますので、納戸にするなど日頃使わないことが多いようです。けれど「北」は子宝運を左右する方角なので、特に妊活期は北部屋を整えることが大切になってきます。さらに妻を表す「南西」も重要で、この方角で過ごす時間を増やしたり、寝室を南西に移すなどはおすすめです。

また子どもは温かい家＝子宮のほうがよく育ちます。夏でも火を使ったお料理で身体を内から温め、また常に下半身は冷やさないようにしましょう。

環境

桃は魔を退け、幸せを招く。ザクロも取り入れて吉

中国には「桃花風水」と呼ばれる、恋愛や結婚、妊娠などにかかわる女性のための風水があります。その名の由来である桃は、桃源郷という天女や仙人が住む幻の楽園に実る果実とされ、とりわけ女の子の魔除けのお守りとして古来より大切に用いられてきました。**桃の色＝ピンクは幸運を引きよせるので、インテリアに取り入れる**とご夫婦が幸せなオーラに包まれ、心身の相性も良くなるでしょう。

また、中国だけでなくヨーロッパでも豊穣《ほうじょう》や女性の象徴とされてきたザクロも、妊活中には積極的に取り入れたいモチーフです。**ザクロが描かれた絵や写真は、夫婦の寝室や、妊娠と縁が深い「北」の部屋に飾り**ましょう。女性ホルモンを含み、女性に良いとされている果物なので、実際に食べるのもおすすめ。ビタミンCも豊富なので、ストレスを和らげ、貧血を予防する効果もあるとされています。

カラー

赤風水が強力な味方に。浄化しつつ子宮を温め、新しい命を育んで

赤は生命力に満ち溢れ、浄化しつつエネルギーを与えてくれる万能な色です。私はこの力を応用した「赤風水」を提唱していますが、子どもを授かりたい時にも赤は効力を発揮します。

まず整えたいのは水回りです。特に不要なものを排出し身体を浄化する場である**トイレは、邪気を洗い流して新しい気＝子どもの誕生を後押ししてくれます**。常に清潔な状態をキープし、カバーやマットを、どこかに赤が入ったもので統一してみてください。

次に一日にひとつ、赤い食品を摂りましょう。トマトやリンゴ、唐辛子などを、できれば加熱してから食べるとより強い効果を期待できます。

また腹巻もおすすめしています。やはり赤やピンク系のモチーフが入っているものをチョイスして。腹巻は子宮を温め、命を迎えて無事この世に送り出す準備を整えます。

義理の家族と上手にご縁を深める

結婚とは互いの家族の一員として、馴染んでいくこと

昨今はカップルの在り方も様々ですが、やはり男女のペアが恋人から夫婦になるという流れが一般的でしょう。そのために「結婚」という儀式があり、これは古来より家と家とを結びつけてきました。現代では多世帯同居は減ったとはいえ、実家を行き来し、冠婚葬祭には両家がそろうこともあるでしょう。それぞれの家には家風があり、最初はその違いに戸惑うことも。けれど違いを知ることは学びであり、心身の気を活性化させる良い刺激となります。違いを楽しみながら、お互いの生家の家族に馴染んでいくのが最良の道です。

Lucky まずは「素直さ」が義父母受けにも◎

義理の家族とうまくやっていけるのは、良い意味で心配性な人でしょう。物事を先回りして考え行動するので、ハプニングが起きても想定内でうまく対応できます。さらに人当たりも良ければ第一印象もポイントが高く、義父母にもすぐに受け入れられるでしょう。

要領の良い人は片付け上手なので、パートナーの家族を新居に迎える時、整えるべきところはきれいに整え、気持ち良く滞在してもらえるでしょう。手際良くつくった手料理でのおもてなしなども、難なくできそうです。褒められると喜んで、ますます頑張る素直さもあれば、かわいがられる存在として、家族の一員に加わることができるでしょう。

No GOOd 美点の「大らかさ」も義父母には裏目に

細かいことを気にしない性格の人は、日頃の人間関係では人づき合いの達人でしょう。けれど結婚相手の家族にとっては、大ざっぱでだらしなく見えてしまうことも。宅配便の段ボールが玄関やリビングに積み上げてあったり、取り込んだ洗濯物が山積みになっていても構わず義父母を迎えて、呆れられてしまうかもしれません。お招きするなら、**自分が客だったら…と視点を変えて新居を見直すなどして**、部屋をきちんと整えましょう。

自己アピールが下手だと、最初は評価は低めかも。とはいえ不器用さは真面目さの裏返しです。時間はかかってもやがて受け入れられるので焦らずに。

結婚

カラー

ラベンダーの力を借りて関係改善。愛用グッズを贈っても

ラベンダー色には人間関係を良くする効力があります。タオルやスリッパなど、日常生活でよく使うものに取り入れましょう。また**目上の方を表す「北」の部屋は、常にきれいに整えるよう心がけて。ここのインテリアをラベンダーで統一する**と、義父母との仲を取り持つ気が生き生きと巡るようになり、コミュニケーションがうまくいくでしょう。

あと一押しで家族の仲間入り、となったら新居であなたが使っているのと同じものを、夫の両親にプレゼントしてみましょう。普段使いのもので、デザインも機能的にも優れているキッチンツールなどは好評価につながり、会話も弾みそうです。また互いの家庭に同じものがあることで気の流れがスムーズに往来するので、交流も増えて親しみが増す効果も期待できます。

方位

旅行が家族の絆を深める。ご縁を紡ぐ東南の方角を選んで

二人の結婚記念日や義父母の記念日など、人生の節目には思い切って旅行に誘ってみるのも、義理の家族との仲を深めるのに有効な方法です。その際は、**人間関係を司り、成長を促す「東南」の方角**を目指しましょう。観光ツアーというよりお花見や新緑の景色を見たり、ゆったり温泉に浸かるようなゆとりあるプランがおすすめです。

野山の木々はそのまま五行の「木」につながり、人と人とを結びつける役割があります。**温泉は「水で洗い流す」という意味があり、**わだかまりや誤解があっても入浴後はすっきりほぐれているでしょう。

泊まりは気が重いという人は、日帰りでもOKです。その場合もお墓参りや法事のような用事にかこつけてではなく、「一日のんびりしませんか」と郊外へドライブに誘ってみるなど、日常を離れて森林浴できるようなコースを選ぶとうちとけます。

老いと介護を穏やかに迎える

避けられない課題だからこそ、共に明るく受け入れて

結婚とは、生を終えるその日まで共に過ごすという約束です。そこに老後、そして介護の課題はつきもので、順番的には互いの両親、そして自分たちもいずれは老いて心身の自由が効かなくなるのは自然の理でしょう。老いというテーマが身近になった時こそ、実は夫婦愛が試される時です。親身に義父母に尽くしたり、物忘れを明るく笑い飛ばすパートナーの優しさを、改めて愛しく感じるというのも実際に聞く話。そうして愛を深め合い、労り合いながら老後に向かっていけるのが、夫婦の理想の終着点といえそうです。

Lucky

長寿と健康を司る北側の寝室

風水では、北部屋には長寿と健康の気が満ちているとされています。北の守護神は「玄武《げんぶ》」と呼ばれる亀と蛇が合体した神獣であり、亀は長寿、蛇は再生復活の象徴として、古代から崇められてきました。寝室を北部屋に配したり、部屋の北側をきれいに整えるよう心がけましょう。また家族が体調を崩した時は、北に寝かせると回復が早まるといわれています。北部屋は日照時間が短く、体感温度も低いので、熱冷ましの効果も期待できるでしょう。

また、北側は年長者の部屋にあてると吉相とされ、二世帯同居なら**両親の部屋を北側にすると、家の運そのものを上げる**ことにつながります。仏壇なども北側に設けるのがおすすめです。

No GOOd

北に「欠け」がある家は浄化対策を

北に欠けやへこみがある家は、老後を含め健康面で不安定になりやすいとされています。**家の北側は常に清潔にし、鏡や盛り塩などで浄化**しましょう。

またキッチンやトイレ、バスルームなど水回りが北に配されている家は、風水ではあまり良くない家相と見るので、部屋探しの際には要チェックのポイントです。さらに水の通り道も調べましょう。家の血管ともいえる上下水道管のどこかに汚れが溜まっていたり詰まりがあると、その住人の体内の気の巡りにも影響するおそれがあります。**日頃から排水溝のお手入れは小まめに**し、古い家屋なら水道管を点検するなどの対策を取りましょう。

結婚

方位
霊性の高い北東が長寿の鍵に。介護の守護神なら大黒様

「北東」は日本では鬼門とされ避けられる方角ですが、古代中国の風水思想では魂や先祖からの霊的な遺産など、スピリチュアルな世界と連動している方角とされ、神聖視されています。この北東と最も相性が良いのは、長寿の代表格である亀。オブジェや絵などを飾ることをおすすめします。また「鶴は千年、亀は万年」といわれるように、鶴も亀と並ぶ健康長寿の守り神なので、相性が良い「南」に飾りましょう。**鶴と亀の両方をそろえるなら、鶴は南、亀は北に配して、対角線の結界ラインを引く**と、邪気を祓い健やかな気を招くでしょう。

すでに介護が始まっているなら、大黒様を相性の良い「北東」に祀《まつ》りましょう。絵や写真でもOKですし、大黒様を祀っている神社でお札を授かって神棚に祀ったり、お守りをいただいてもち歩くのも良いでしょう。

環境
ネガティブ思考に陥りがちな介護。北を整理し心を鎮めて

築年数が40年以上経っている家は、水回りに支障がある可能性が高いようです。また**不必要なものがしまい込んである、壊れたものを捨てずに放置しているなどの状態も、健やかな気の流れを遮る障害物に**なってしまいます。どちらかの実家に思い当たるところがあれば、やんわりと説得して家の点検や片付けをすることをおすすめします。

身近な人が要介護となったら、長期戦に備える覚悟が必要でしょう。北は邪気の出口といわれ、悩みや問題を解決に導くとされています。北部屋や部屋の北側を整えてから、強力な浄化作用をもつ唐辛子を置きましょう。生やドライのものなら箱に入れて、オブジェやお守り風の飾りならそのままでOKです。北を守り、悪い気を祓ってくれるので、ネガティブな思考が遠ざけられて、穏やかに見守る心が生まれるでしょう。

捨てるか拾うかが運の分かれめ 断《だん》捨《しゃ》離《り》と収納の境を見分ける

ものが多くても気が通う、幸運の部屋はあります！ 取捨選択《しゅしゃせんたく》に迷った時の風水アドバイスを参考に、片付け上手を目指して。

片付け＝シンプルライフ、は間違い。「在るべき場に在る」状態がベストです

片付いている状態とは、物が少なくスッキリ整った空間だと思っていませんか。確かにそれも「片付いている」の範疇《はんちゅう》ではありますが、**本来の意味は「在るべき場所に在る」ということです。**

寝室を例に取ってみましょう。睡眠に必要なのは寝具とカバーリング類、パジャマと、人によっては目覚まし時計や安眠のアロマなどでしょう。テレビやステレオ、冷蔵庫などの電化製品は、快眠の妨げになる可能性もあるので、で

収納は普段使いをすぐに出せる場所に。使わない「新品」や思い出の品は処分が◎

「収納」はどちらも「おさめる」と訓読みでき、その名の通りものを入れ物に整理して収めることをいいます。キッチンなら普段使い

断捨離は余っているから捨てるのでなく、「使わないから処分する」がルールと心得て

ものを多くもつことは罪ではなく、それを生かしているかどうかが問題となります。例えばトイレットペーパーのように、かさばるけれどなくては困るものは買いだめしても良いでしょう。目安として、新品のまま2年以上放置しているものは、処分しましょう。**断捨離とは「不要なものを手放す」という意味であり、それにより運気の風通しが良くなるのです。**

そもそも必要でないものを衝動的に買ってしまったり、捨てるこ

きればもち込まないほうが良いものということになります。

　ほかにも玄関にゴルフバッグやスーツケースが置いてある、階段やリビングに新聞・雑誌が積まれているなども、気の道を乱し、滞らせる要因になります。気は玄関から入ると生活動線に沿って家全体を巡り、邪気を祓ってくれるもの。その動線上に邪魔なものがないか、まずはチェックしましょう。**その後各部屋に「在るべきでないもの」を、在るべき場所に移動するか、不要なら処分してください。**それが本当の「片付け」になります。

の器はこの棚、お客様用のティーセットはあのキャビネットなどと置き場所を分けておく、洋服も季節ごとに衣替えし、クローゼットをTPOに合ったコーディネートができる状態に整えておくことが正しい収納でしょう。

　とはいえ収まりきらないものが増えていく、というお話をよく聞きます。思い出の品や冠婚葬祭の引き出物、子どもが生まれれば玩具など、家族の歴史が長くなればそれだけ捨てがたいものも増えて、やがては溢れてしまうことに。

　ただし風水的には**ものが溢れた状態は空間が減るため気の流れが悪くなり、また使われないものに邪気が宿る**など、良いことはありません。コンテナなどの収納グッズを買い足すのも、結局は使わないものを溜め込むことにつながるならタブーです。寄付したり定期的に処分するなどして、今ある収納に収めるよう心がけましょう。

とに罪悪感を覚えて溜め込むような人が断捨離できず悩むわけなので、まずは意識を変えましょう。手にする前に「本当に必要か」「2年後も好んで使い続けているか」を考えると、無駄を省けます。

　その結果残るのは、ご自身に必要か、趣味に合うものなので、積極的に使うことをおすすめします。**生かされたものには命が宿り、大切に扱うことで幸運を引きよせて**くれます。また好きなものに囲まれた生活は住む人の心身に良い影響を与えるので、家庭も仕事もうまく回っていくことでしょう。

子育ては親を育て、家庭運も上げる！

初「親」体験に失敗はつきもの。ミスを受け入れ親子共に成長して

私たちは、子が生まれた瞬間「親」という役割を与えられ、「子育て」というテーマに初めて挑むことになります。初体験ですからわからないことだらけで失敗もするでしょう。けれど「親は子のお手本だからミスするわけにはいかない」と思い込み、そのために自分自身も子どもも追い込んでしまいがちに。この世の大抵のミスは、修正可能です。ことに人間関係のわだかまりや誤解は心を尽くせば必ず解け、これは親子でも同様でしょう。むしろぶつかり合ったのち許し合うことで家族の絆が深まり、親も子も人として成長できるのです。

Lucky

子どもと向き合い個性を見抜く

バランス感覚の良い人は、子育てもうまくいくようです。新しい環境に入った時にまず様子を見て人間関係を築けるとか、問題が起きた時、落ち着いて対処できるという適応力が、子どもに対しても発揮できるのでしょう。自身のお子さんときちんと向き合い個性を見つけ、それを伸ばす方向に自然に導いていると感じます。

風水的には**子どもの成長を促す「東」の方角を整えましょう**。一般的な間取りでは東に位置することが多いリビングを、常に家族が集まりやすい、ほっとできる空間に保つと、お子さんにとって良い環境となります。**東は五行では「木」の気を帯びるので、観葉植物を置くとさらに気が整います。**

No Good

都合の良い子を「良い子」としないで

「良い子に育ってほしい」とはすべての親御さんの願いでしょう。けれどその「良い子」が「都合の良い子」にすり替わってしまうことも、ままあります。幼児の頃は「よく食べ寝る子」、学校では「成績優秀で優しい子」などが良い子と呼ばれがち。一方子どもは成長につれ、意志と考えをもった一人の人として自立していきます。やがて**お互いの意見がぶつかった時、価値観を押しつけてしまうと親子共に先へ進めず、運気も行き止まってしまいます。**衝突した時こそ運の分かれめであり、子離れ時と心得ましょう。

環境的にはなるべく早い時期に子ども部屋を用意し、成長の気を促して。

子育て

習慣　自分の部屋で一人で眠る習慣が成長と気の循環を促す

子ども部屋は物心つく頃、遅くとも小学校に上がるまでには用意し、そこで一人で眠れるようになっているのが理想です。睡眠が成長には不可欠なことは自明の理ですし、眠っている間にも気は循環し、日中疲れた心身を癒しています。親子が川の字で寝ているというお話をよく聞きますが、**身体の大きい大人のほうが多くの気を取り込むので、子の取り分は必然的に少なくなり、気の巡りが不十分になってしまう**こともあります。最初はなかなか一人では寝つけないでしょうが、絵本を読むなどの入眠ルーティンを親子で相談して決めてみましょう。お気に入りのぬいぐるみなどをそばに置くのも安眠のお守りになります。

床は邪気が溜まりやすく、また温度も低いので、直敷き布団では寝つきが悪くなりがちに。ベッドは身体の下側にも気が通うので、深く眠れて心身共に休まるでしょう。

方位　男の子は東、女の子なら南に子ども部屋を配して

「東」は男性性の気が充満する方角で、成長や出世を促します。男の子の部屋は東か東南に配しましょう。女の子なら南が良いでしょう。**「南」は女性にとって最大吉方であり、女の子の成長の後押しをする方角**とされています。

東も南も良い方角なので、リビングがその位置を占めている間取りも多いようです。その場合はリビングに勉強や趣味などができるスペースを設け、お子さんがそこで過ごす時間を増やす工夫をしましょう。会話も増え、家族運も上がります。

注意したいのはリビングの一角に子ども部屋を作るケース。ロールスクリーンで仕切っただけの空間は、音や光を通してしまうので落ち着かないものです。子どもは居場所を失い、自立心も育たず、心身のバランスを崩してしまうことも。間仕切り棚などで「壁」をつくり、部屋の体裁を整えましょう。

第四章

万物のお力添えで学《がく》業《ぎょう》成《じょう》就《じゅ》

「勉強向き」かを見極め、納得する道を共に探して

「学歴社会はもう古い」という人も増えてきましたが、やはり子どもの成績は気になるものです。学年順位を気にしたり、模擬試験の判定で志望校合格率に一喜一憂《いっきいちゆう》するのは親御さんなら当たり前といえるでしょう。けれど受験には向き不向きがあり、日頃の成績が良くても本番に弱いお子さんもいます。また勉強が嫌いでもスポーツや音楽、アートなど、得意分野に秀でていることもあるでしょう。勉強に向くかどうかも個性のひとつと捉え、どの方向がベストかをお子さんとよく話し合って決めることが、お互いの開運につながります。

Lucky

勉強机はやる気を高める北向きに

勉強は「やる気スイッチ」が入れば誰でも「できる子」になれるものです。そのためには、環境が大切になってきます。まず、**勉強机は集中力を高める北に向けて置きましょう。**北向きの机は、こと勉強にはおすすめです。頭が冷えるので眠気が飛び、すっきりと冴えて思考も深まり、記憶力もアップするでしょう。

またいざスイッチが入っても、宿題のプリントがどこにあるかわからず、探すだけで疲れてしまった…では困ります。整理が苦手なお子さんは多いようです。科目別に色分けをしたファイルを用意するなどしてサポートすると、応援されているという意識も手伝って頑張れるでしょう。

No Good

学びの環境にお金と労力を惜しんでは×

子どもは「受け継ぐ」という宿命をもって生まれてきています。最も向上させたいのが「勉強」なら、**そのためのお金や労力は惜しまないでください。**特に学習机と椅子は専用の、質のいいものを選びましょう。ノートやペンなどの学用品もケチらないこと。壊れた**ものを使い続けることもNGです。**ランドセルのファスナーなどが壊れてしまったら、最近は6年間保証がありますからきちんと修理に出しましょう。

習い事や塾も、お子さん自身が希望するなら家計の許す限り通わせてください。可能性を広げることは人としての幅を広げることにつながり、より多くの運を集めることができます。

環境 「伸びる」写真や絵を飾ると成績アップ。「木」の気も味方につけて

「上に向かう」ことを連想させる絵や写真を子ども部屋に飾ると、勉強運が上がり成績アップも期待できます。山や雲、さらに「昇り龍」なども良いでしょう。右利きなら左側というように、**利き手とは逆の壁に飾るか、机に向かった時、背中側になる壁に飾る**のがおすすめです。

五行で勉強と成長を司る「木」の気も、強い味方になってくれます。**インテリアを木製の家具で統一したり、観葉植物を置く**のも良いでしょう。お子さんに植物のお世話が難しければ、親御さんが水やりなどのケアをきちんとしてあげてください。

また勉強中は、教科書やノート以外にお子さんが好きな分野の図鑑を置いておくことをおすすめします。表紙を眺めるだけでも息抜きになり、また広い視野で物事を見る目を育てることにもつながるでしょう。

カラー 勝負運の最強色「赤」。心身を染め尽くして受験に打ち勝つ！

勝負の時、最もパワーを与えてくれる色は何といっても赤です。生命力に満ち溢れたこの色は、勇気や行動力、闘争心を高めるので、ここぞという時は、心身を文字通り赤ずくしにして臨んでください。

食べ物は、脳に糖分を補給してくれる赤いフルーツをおすすめします。**リンゴやイチゴを、できれば生ではなく加熱してあるジャムやパイなどで摂る**のが良いでしょう。当日使うシャープペンや消しゴムも、赤い色の入ったデザインのものにしましょう。

意外に**人気が高く、効力があるのはパンツです**。入試の時期などは縁起物として扱うお店が増えてきているので、手に入るならぜひ試してみてほしいものです。神社やお寺で**合格祈願のお守りを授かる時も、赤を選んで**。受験当日身に着けておくと、緊張が鎮まり実力を発揮できるでしょう。

愛《あい》新《しん》覚《かく》羅《ら》ゆうはん

占い師、風水師、開運ライフスタイルアドバイザー
中国黒龍江省ハルビン市生まれ。映画「ラスト・エンペラー」で知られる清朝の皇帝・愛新覚羅一族の流れをくむ。5歳のときに来日し、幼少期から備わっていた透視能力に加え、タロットカードや占星術なども活かし「ジョカ」の別名で占い師デビュー。当初鑑定していた医療・教育関係者の間で話題となり、15年で延べ20,000人以上を鑑定。「人体と運」の関係性を独自に研究する開運アドバイザーとしても人気を誇り、セミナーやイベントは全国で満員が相次ぐ。著書に「龍神風水」(日本文芸社刊)「腸開運」(飛鳥新社刊)他多数。

愛新覚羅ゆうはん公式サイト　https://aishinkakura-yuhan.com/

本書に関するお問い合わせは、書名・発行日・該当ページを明記の上、下記のいずれかの方法にてお送りください。電話でのお問い合わせはお受けしておりません。
・ナツメ社 web サイトの問い合わせフォーム
https://www.natsume.co.jp/contact
・FAX（03-3291-1305）
・郵送（下記、ナツメ出版企画株式会社宛て）
なお、回答までに日にちをいただく場合があります。正誤のお問い合わせ以外の書籍内容に関する解説・個別の相談は行っておりません。あらかじめご了承ください。

本文イラスト／宮澤ナツ
本文デザイン／ラッシュ
執筆協力／福島千恵子　小川香（2nd Birthday）
編集協力／金子さくたろう　横山浩子（株式会社説話社）
編集担当／山路和彦（ナツメ出版企画株式会社）

いちばんやさしい風《ふう》水《すい》入《にゅう》門《もん》

2020年 1 月 1 日　初版発行
2022年 9 月10日　第6刷発行

著者　愛新覚羅《あいしんかくら》ゆうはん

発行者　田村正隆

発行所　株式会社ナツメ社
東京都千代田区神田神保町1-52　ナツメ社ビル1F（〒101-0051）
電話　03-3291-1257（代表）　FAX　03-3291-5761
振替　00130-1-58661
制作　ナツメ出版企画株式会社
東京都千代田区神田神保町1-52　ナツメ社ビル3F（〒101-0051）
電話　03-3295-3921（代表）
印刷所　図書印刷株式会社

ISBN978-4-8163-6760-1　Printed in Japan
〈定価はカバーに表示してあります〉
〈乱丁・落丁本はお取り替えします〉

【愛新覚羅ゆうはんオリジナル風水八方位盤】

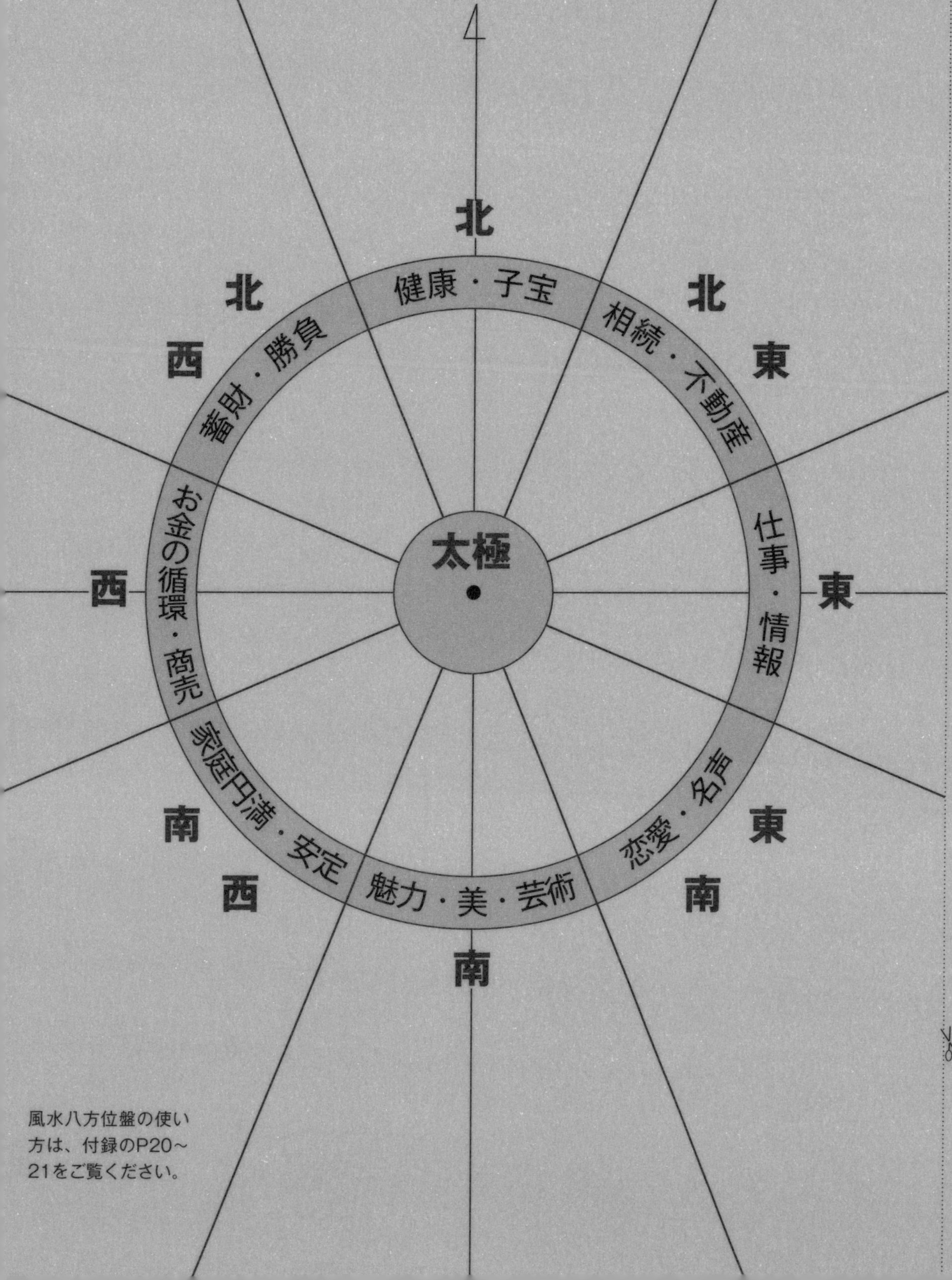

風水八方位盤の使い方は、付録のP20〜21をご覧ください。

【愛新覚羅ゆうはんオリジナル風水八方位盤】

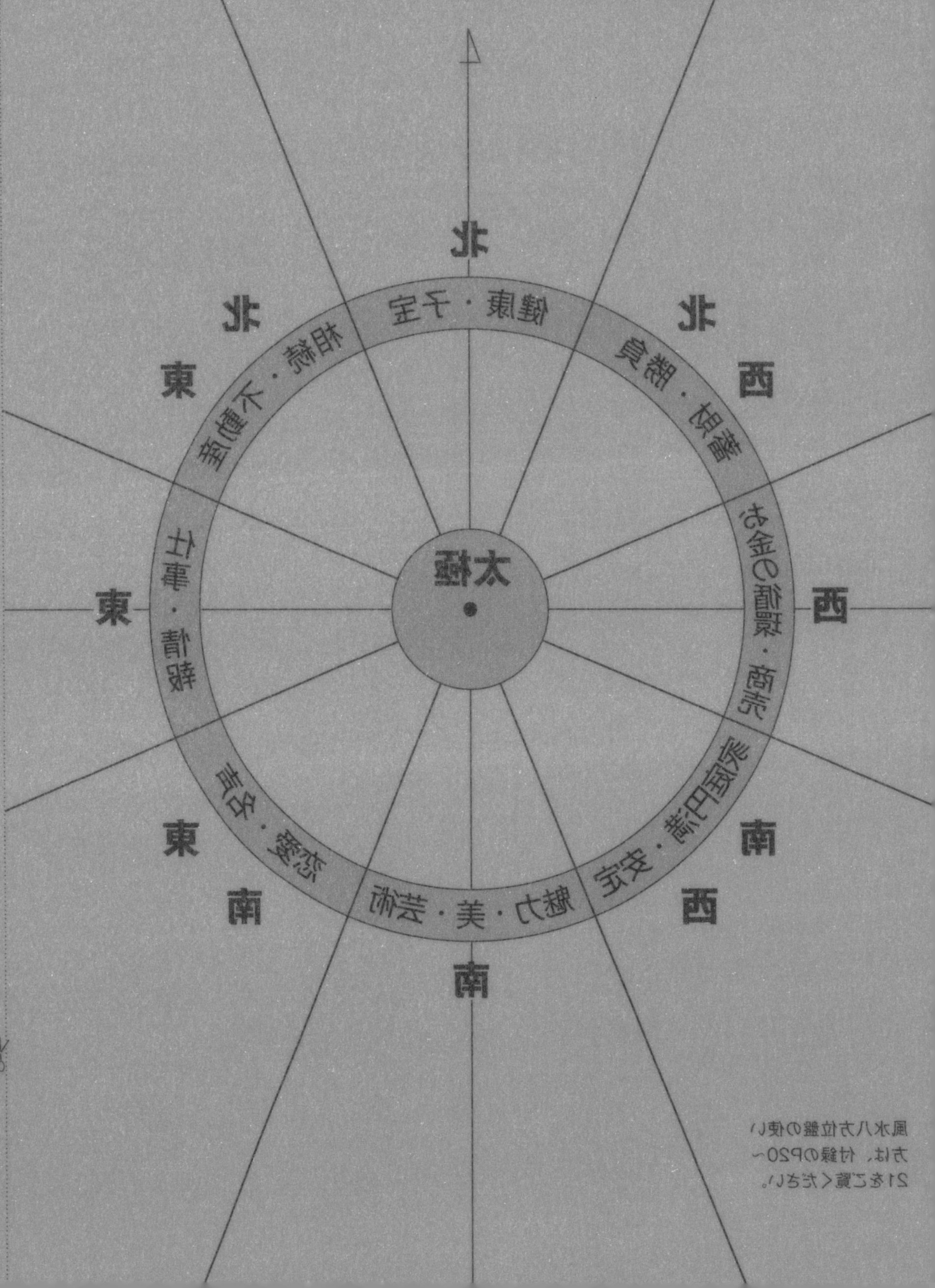

風水八方位盤の使い方は、付録のP20～21をご覧ください。

別冊付録

風水
基本マスターBOOK

by
愛新覚羅ゆうはん

目次

古代の源流が今に至る

風水思想を知る

暮らしに簡単に取り入れられる風水術は数多くご紹介しましたが、やはり知っておきたいのはその神髄。源流を知れば風水の思想がわかり、向き合い方も変わります。

お墓をつくる陰宅風水と、地勢を読む地理風水が源流に

古代中国で生まれた風水には、大きく分けて二つの思想が根付いていました。最も古い思想は、本書の第一章でもお話しした、お墓のつくり方から始まった「陰宅《いんたく》風水」です。

その後、巒頭《らんとう》派が提唱した「地理風水」が繁栄します。地層や地形、山の形、川の流れ、草木など「地勢」をメインとした風水です。中華が統一される前は戦乱も多く、国境などの境界線が注視され、緊張感も高まりました。高い山に囲まれれば敵が攻め入るのは困難となりますし、水の流れがあれば、それが堀の役割となることもあります。現代のような「運気」に特化した風水ではなく、当時の国家情勢や戦乱の影響で生まれた、「国を守る」ための風水が主流であったように思えます。

さらに、その後は理気《りき》派が唱えた「陽宅《ようたく》風水」で、方角の分析や町づくり、家づくりに加え間取りの研究もされてきました。

「龍」を読み取り「気」を感じて見つける理想の土地

「龍脈《りゅうみゃく》」「龍穴《りゅうけつ》」「活龍《かつりゅう》」「死龍《しりゅう》」など、風水には「龍」がつく言葉がたくさんありますが、そもそも古代の人々にとって、龍とはどういう存在だったのかが、実は大変重要です。

龍の発祥は、風水の基盤が出来上がる以前であり、自然神として長く人々から崇められてきました。**日本では空を翔ぶなど「飛来」や「渡来」のイメージで描かれる龍ですが、発祥の地、古代中国では「地勢の起伏」を表します。**山の尾根の形状を見ていただくとわかりやすいでしょう。まるで龍がうねうねと山に沿っているように見えませんか？ 万里の長城の燕山《えんざん》山脈あたりが最もわかりやすいでしょうか。山に積もった雪が春になると解けて、地脈や川などの水脈に沿って流れ出ます。このように、古代から龍は山と深い関係があったのです。

龍は、「天」ではなく「地」から生まれている――これを知ることが、風水の入り口ではまず大切なことです。実際、風水師はこの「龍」を読み取る訓練を重ね、良い地勢を見つけてくることが本来の仕事だったのです。

龍がその身を休め、南に下りて水を飲める地勢を求めて

また、最も良いとされる地勢は「女性器」の形をしていると

もいわれています。北に山があること、山＝龍なので、龍が身体を伸ばしてゆっくりと休める尾根であることが大切です。険しすぎず、なだらかすぎず、波を打つように山々が美しく連なる地形が理想的です。そして南には、海や湖などの水が集まる場があることも大切です。龍は、陽が満ちると水を飲みに行くといわれています。北の山を下りて、南の水を飲み、陽が落ちたらまた山に戻る、ということを繰り返します。その龍穴である「明堂」は、東や西も守られていなければなりません。「明堂」をまるで抱くかのように、東や西に木々や丘、沢や川がほどよくあることが大切です。敵は北から攻め入れなくても、東や西に隙があれば入れてしまうからです。大切な胎児を羊水で守り、その周りを何層もの膜で大切に守り、子宮という城壁で生命が満つるまでを守り切るイメージです。

　周囲が山々で囲われて敵が入りにくく、明堂が守られていること。そしてその先の南側には湖や海など気の出口があることが、さらに重要です。

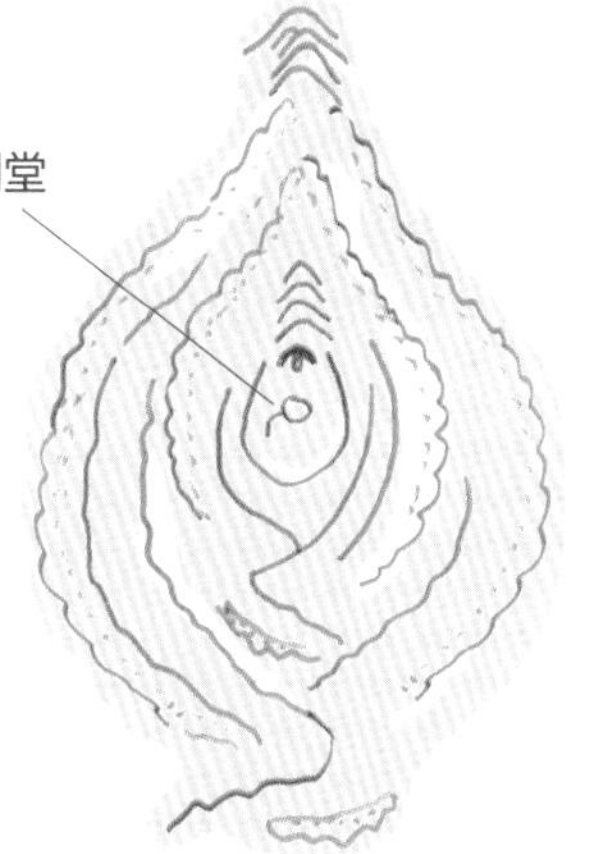

　このような地勢を見つけるのが風水師の仕事であり、こういった地勢に皇帝が住む宮殿やお城、そして城下町、つまりは首都をつくれば、最も繁栄する地となるといわれてきました。

風水師とは、山や川などの地勢を読み取るための学びと、そして土地に宿った「気」を感じ取る研ぎ澄まされた感覚が必要とされる仕事だったわけです。

影響を受けたくない邪気は「化殺《かさつ》風水《ふうすい》」で和らげる

　理気《りき》の観点では、道路や歩道の形状、私たちに身近な家のつくりや間取りなどには「悪い気があたる」場所があります。風水では「良い気」を最も重要視しますが、良い気があれば当然その逆の「悪い気」もあります。これを専門用語で「殺」といい、旧字を現代の漢字に置き換えてありますが、この字の威力はダイレクトですね。

　このマスターブックでは、古代の地理風水や陽宅風水に則った「化殺風水」もご紹介しようと思います。**化殺とは、五行それぞれの性質を、組み合わせで弱めたり強めたりして凶意を減らす方法**ですが、化殺で風水対策を立てられる土地と、立てられない土地（＝極力住まないほうがいい土地）があるのも事実です。すでに住んでいる場合はとれる限りの対策をとることをおすすめしますが、残念ながら悪い気が勝ってしまうことが多いので、もしも該当していて自覚症状があるなら、できれば引っ越すことをおすすめしています。

　新たに居を定めるとき、引っ越しをするときにはそういう場所を選ばないという意味でも、この「悪い気があたる」場所を知っておくことは大切です。

万物は循環し合う五種類の元素

陰《いん》陽《よう》五《ご》行《ぎょう》

風水思想の根底にあるのが陰陽五行説です。このベースを理解すれば、自分なりに風水的対処を考えることもできます。難しくはありませんので、ぜひ参考にしてください。

「陰陽」も「五行」も バランスが大切

風水のベースでもある陰陽論。万物は「陰と陽」の相反するものに分けられますが、互いにバランスよくあることが大切で、「中庸《ちゅうよう》」が良いとされています。これは宇宙、地球、私たち人間にも大いに関係することで、良いと思っていたことが悪く転換したり、悪いと思っていたことが実は良いことだったとあとからわかったり…陰陽のバランスは、常に互いに離れることのないバランスなのです。

そして、五行思想もまた風水のベースで、「木火土金水」の五元素が地球の自然や生き物などの生命体を循環させているという思想です。5つの要素には相性があり、**相性が良く生み出す関係の「相生《そうじょう》」、バランスを崩し合う関係の「相克《そうこく》」、さらに度が過ぎると互いの役割を弱めてしまう「相洩《そうえい》」という関係が**あります。いわゆる「相性が良い、悪い」というわかりやすいものではなく、三つの関係がバランス良くあることが大切なのです。相性が良いからと、過剰になってはバランスが崩れてしまいます。

相生／木を燃料として火が燃える、火は燃え尽きると土に還る、土の中に金は生じる、金の表面に水は生じる、水を養分にして木は育つ　**相克**／木は土から養分を奪う、土は水をせき止める、水は火を消す、火は金を溶かす、金は木を切る

陰陽五行別 おすすめパワーストーン

風水対策の代表的なアイテムといえば、パワーストーン。家を建てる際にも、四隅と中心の太極に水晶を埋めたりしますが、それは結界を張り、邪気を寄せ付けない魔法陣をつくるようなもの。他にもそれぞれの方位を司る五行の性質ごとに、おすすめのパワーストーンがあります。**方角に合ったパワーストーンを、直射日光の当たらない場所に置きましょう。最もおすすめなのは、角がない丸玉。**白いお皿に水晶のさざれを少し敷いて、その上に丸玉を載せて部屋の角に置きましょう。大きいものでなくてもOKです。

五行	方角	パワーストーン	効果
木	東	ペリドット、アマゾナイト	希望・成長・可能性を広げる・幸運を招く
火	南	アメシスト、インカローズ	愛に恵まれる・異性運アップ・強運体質へ
土	中心	タイガーアイ、スモーキークォーツ	成功へ導く・現実化するパワー・邪気祓い
金	西	シトリン、クリスタル、ルチルクォーツ	対人関係の緩和・ストレス解消・金運＆仕事運アップ
水	北	アンバー、メノウ、ガーデンクォーツ	浄化・癒やし・健康運＆家族運アップ

神獣がそれぞれの方位を守る

四《し》神《じん》相《そう》応《おう》

地理風水のベースとなるのは、四神獣が守る理想の土地。平安京、平城京、鎌倉市、皇居周辺など、地勢を生かして開発され今も繁栄するパワースポットは各地にあります。

理想の場所は「四神」に守られた土地

北＝玄武《げんぶ》、南＝朱雀《すざく》、東＝青龍《せいりゅう》、西＝白虎《びゃっこ》とそれぞれの方位を守ってくれる「神獣」がいて、四神獣それぞれに相応の地勢があるという地理風水のベースとなる考え方です。**玄武は山（丘陵）、朱雀は窪地（池や湖、海）、青龍は流水（川）、白虎は大きな道を好む**ため、相応に配された図のような地勢が理想とされます。

この「最も繁栄する地勢」を風水師たちは探すわけですが、方位磁石が示す「北」は、実は4度から9度ほど時間や場所によってずれるといわれています。磁北を正確に測れる方位磁石やスマートフォンアプリもありますので、正確を期する方は利用してください。もちろん磁石の真北でも大丈夫、神経質になりすぎると風水は楽しみにくくなります。

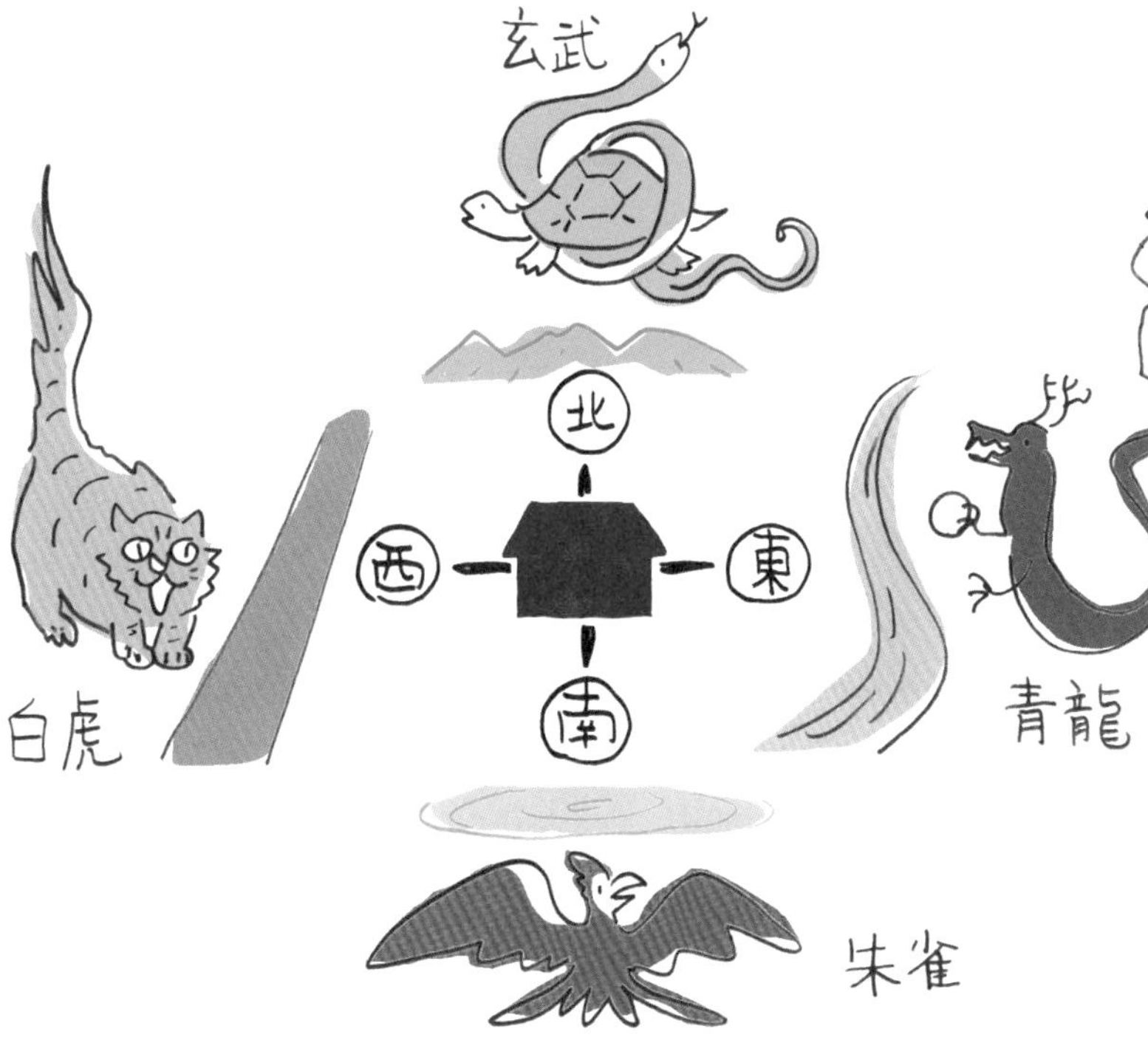

宅地探し、家づくりにどう生かす？

四神相応の考え方を現代の家づくりに置き換えてみましょう。**北の小高い丘や山々を背に、東に川や沢などの水路、西には長く続く道、そして南に海や湖など大きな水場があるのが理想的。**このような条件に比較的近い立地で、マンションや家を探すというのも良いでしょう。南に海や湖という条件については、台風や豪雨、津波などの災害を考慮して、あまり近くに住むのは避け、水路＝道路と置き換えて、大きな水場ではなく大きな道路にたとえることも現代では多くなっています。

実際にそのような地に住めない場合は、月に一度でも、風水の気に富んだ地勢に建つ神社仏閣や都市開発区域、ショッピングモールなどに遊びに出かけるのも良いでしょう。

できれば避けたい 形《けい》殺《さつ》を知る

「形殺」とは、形状がもつ殺気のこと。私たちの暮らしのあちこちにありますが、ここではおもに、土地や周囲の道路、建物などから受ける殺気について説明します。

路《ろ》殺《さつ》 T字路やY字路の突き当り

T字路Y字路に加え、L字路の突き当りの土地を「路殺」といいます。道路を水路に見立ててみましょう。L字やY字であればもう直通で、水はすべてその家を覆いつくすでしょう。T字であれば左右の水路に水が逃げるとしても、やはり水の量によってはこの家が最も早く水にのまれる位置となります。話を道路に戻せば、車なら正面衝突の可能性があり、邪気が流れてくれば真正面から受けてしまうポジションのため、避けて吉です。

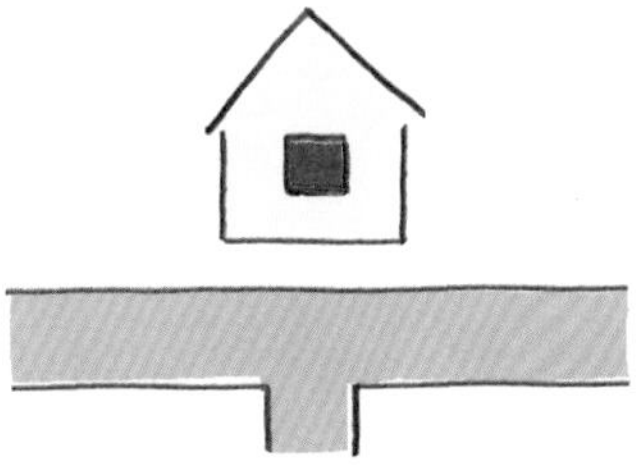

対策 路殺には家を建てないのが一番ですが、建てる場合はど真ん中を避けてずらして建てる、家を守る塀を高く強固なものにする、何段か階段をつくった上に家を建てる…などの方法でケアしましょう。

路《ろ》弓《きゅう》殺《さつ》 弓のようにカーブした道

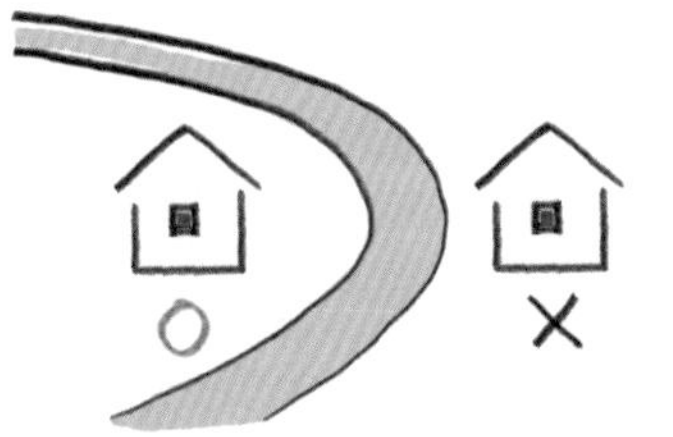

カーブした道路の外側は「路弓殺」といわれ、鋭利な「鎌」のようなラインは普通道、高速道路、鉄道にかかわらずNGです。実際の鎌は内側が刃ですが、この場合は鎌の外側が常に「刃」を向けられているような凶相となり、良い気も刈り取られてしまいます。逆に、内側の家は、外側の家に邪気をもっていってもらえるので吉相です。とはいえ、気はよどみやすいので、それほどの吉相ともいえません。カーブはきつければきついほど、凶相が高まります。

対策 カーブからの影響を受けにくくするために、なるべく道路から離れたつくりにするか、道路側には庭やバルコニーを広く設けることです。特にこの道路側に窓がある場合は、カーテンやブラインドを閉めておくのがおすすめ。

三角土地 三角建物 住むには適さない三角形

意外と多いのが三角土地ですが、地理風水では最もNGといわれるくらい、本来なら避けたい土地です。三角は五行では「火」を表し、火は木を燃やすので、人が家を建てて住むには適していないという意になります。また、土地が三角でなくとも、建物や間取りが三角なのもよくありません。土地と建物ダブルタッグの場合は大凶といっても過言ではなく、三角形や鋭利に角の尖った家や間取り、カッターの刃のような形は避けて正解です。

対策 どうしても三角土地に家を建てるなら、三角形の三隅に丸い水晶の玉を埋め込んだうえで、できるだけ正方形に近い形の家を設計することをおすすめします。三角形の間取りに住んでいる人は、部屋の三隅に丸玉の水晶を置きましょう。

湿地 埋立地

過去に水場だった土地はNG。川のそばなら◯

海を埋め立てた土地、水田や沼だった土地やそこに隣接する土地など、過去に水場だった土地は、地盤沈下もしやすく、凶相です。内地の土砂で埋め立てられた土地はまだましですが、ゴミで埋立地が造成されることもよくあります。気を感じやすい敏感な人は、特に避けたほうが無難。また混同されやすいのですが、川の近くの家は吉相です。ただ川のすぐ横や、過去に氾濫があった地域などは、吉凶混合となります。

対策

埋立地に高層マンションが建てられることは多いのですが、高層の高い階に住むのは風水では凶相。また、埋立地や湿地は「死んでいる土地」と見なすので、生き物や植物を育てて「生気」を取り入れるのがおすすめです。

鉄塔

鉄塔だけでなく電線や電車の鉄線も

電磁波はもちろん電線などが家を横切ることもあり、鉄塔付近は凶相です。理由のつけられない様々な問題が起こるといわれています。天に向かって尖る鉄塔は、邪気を発し、付近の家にも影響を及ぼします。天に背く＝天罰が下るという意味合いもあるので、付近は避けて正解です。住む＝休まる場所という意識が大切で、仕事場や倉庫にするなら良いかもしれません。また、距離にかかわらず窓から鉄塔が見えるのも同様にNGです。

対策

窓から鉄塔が見える場合、窓の内側から凸面の八卦鏡をかけて鉄塔に向けましょう。邪気を跳ね返すことができます。設置が難しい場合は、古代には鏡として使われていた黒曜石を、代わりにその窓辺に置いてみましょう。

高速道路 鉄道

電車や自動車車輪のそばは…

高速道路横や、線路横、大きな道路沿いや鉄道の高架下なども住むには凶相です。車や電車など車輪のつくもののそばに住むと、良いことがあっても潰されたり、難が回避できなかったりする傾向に。特に、高速道路や鉄道横のマンションで、それらと高さが同じあたりの階層に住むのは、なおNG。騒音の問題はもちろん、朝から晩まで休まることのない家となります。オフィスや仕事場ならば、あまり問題はないでしょう。

対策

高速道路や鉄道と同じ高さを避け、同じマンションでも可能なら一番上で見下ろす位置に移動しましょう。すぐ横ではなく、数軒でも離れていれば問題なし。すぐ横、同じ高さの場合は、窓に凸面の八卦鏡をかけましょう。

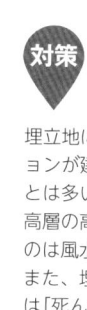

天《てん》斬《ざん》殺《さつ》

天から「斬られる」ほどの凶相!?

古くからの下町や一戸建て住宅地に、高層マンションや、自分の家の三倍以上の高さの建物を建てられてしまい、引っ越ししてしまうか、自分たちも立て直して賃貸マンションにするか悩む——近代化が進む開発地区で起こりがちな問題です。こうした両脇にある高い建物に挟まれた土地を「天斬殺」といい、そこに挟まれて住み続ける場合もやはり凶相となります。まずは日照時間に問題が出ますし、風通しも悪くなり、ビルとビルの隙間風をじかに受けることになり、不幸が重なったり、不運に巻き込まれることが増えるでしょう。

両脇だけでなく、四方に高い建物があり、囲まれているのは「四害《しがい》殺《さつ》」となり、こちらも同様に良い気が入りにくい住まいとなります。

対策

自分の家が周囲のマンションよりも低くて気になる方は、高い建物側に八卦鏡を向けて設置しましょう。屋根裏に八卦鏡を置くのもおすすめです。ただし四害殺となりますと、これは強い凶相なので、できるだけ早い引っ越しをおすすめしています。

露《ろ》足《そく》殺《さつ》

周囲から飛び抜けて高い建物

周囲が低い建物で、自分が住んでいるマンションだけが高く見晴らしが良ければ、それは良いことのように思いがちですが、実は「露足殺」という凶相にあたります。文字通り、足元がさらされて無防備な状況です。一棟だけが目立って、風や気にさらされやすくもなり、不安定な場所となるせいで、運気を上げるのにはなかなか時間がかかるでしょう。周囲から孤立しやすいともいわれています。

特にそのようなマンションの角部屋に住んでいると、その凶意をもろに受けやすくなります。どうしても角部屋に住みたいという場合は、なるべく同じような高さの建物が多い区域で、風通しが良い角部屋を、できれば低層階で選ぶことをおすすめします。

対策

一棟だけ高層なマンションの角部屋に住むという場合は、角に近い窓に音が鳴るゴールド系のチャイムなどを吊るし、カーテンもゴールドやゴールドベージュなどのカラーにしましょう。ベージュ系のカーテンに、ゴールドのカーテンタッセルをつけても良いでしょう。

隔《かく》角《かく》殺《さつ》

鋭利な刃が常に向けられた土地

家の入口や、特に寝室のある位置に向かって、相手の家やマンションの「角」が向けられて建っている「隔角殺」は、大凶相となります。風水の考えでは角＝刃＝邪気となりますので、常に刃を突きつけられている状態です。これを専門用語では「尖角衝射《せんかくしょうしゃ》」といいます。

落ち着きがなく、けんかが絶えず、凶事が度重なる家となるでしょう。できれば家の向きを変えた設計で建て替えることをおすすめするほど、重度な凶相となります。ただし、玄関と寝室に相手方の角が当たっていなければ、さほど気にする必要はありません。風水では玄関から最も気が入ってくるとされ、人間の口に当たる部分です。口に入れるものが悪ければ不健康になる、とたとえればわかりやすいでしょうか。

対策 寝室部分だけの問題であれば、寝室を別の部屋に移動すると良いでしょう。寝る場所はとても大切な場所なので、十分に意識する必要があります。どうしても移動できなければ、凸型の八卦鏡を窓から相手の角に向けて設置することをおすすめします。

山に住むなら

山を切り開いて家を建てる区域もよくあります。別荘の場合も、山中に建てることが多いでしょう。では、山に住むならどういう地が正解なのでしょうか。

①頂上

背後も左右も死角がなく、頂上は吉相に思いがちですが、風水では凶相です。さらに「てっぺん」はそれ以上がないという行き詰まりも表します。あとは転がるしかないのです。

②尾根

傾斜のある場所に家を建てるのは凶相です。ただし、地形を生かしてコンクリートや杭などでしっかりと平地をつくって、そのうえに建てるのなら凶相は軽減されます。

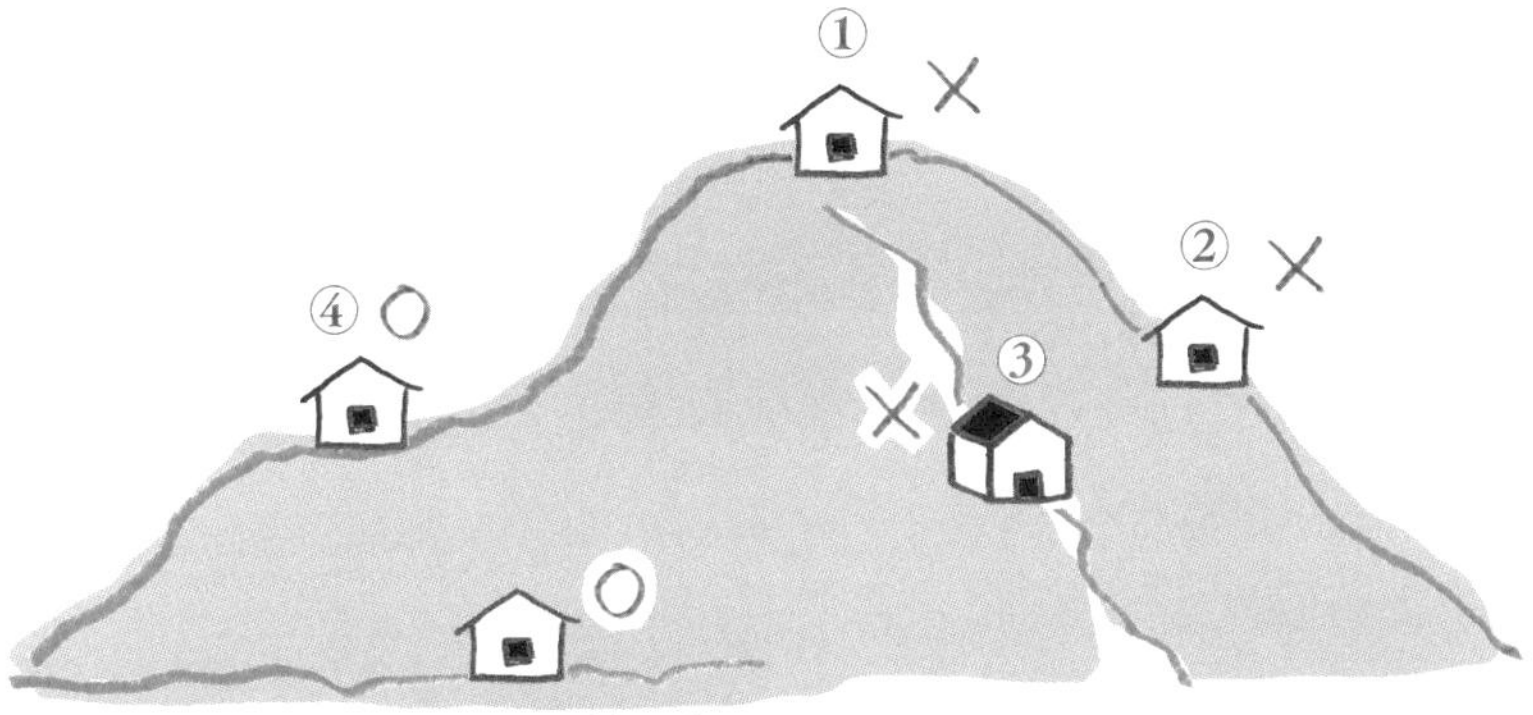

※平地は吉

③谷筋

背後に崖がある家、谷筋にある家などは大雨などで水が溜まると、家を支える土地が不安定になります。がけ崩れの心配もあり、守られているようで実はとても危険な凶相です。

④台地

自然にできた台地で、山の傾斜がゆるやかで崖などからある程度離れたところは吉です。山のうえに家を建てること自体は悪いことではないので、安定した土地を選ぶことが大切です。

やっぱり大切

家相を知る

家相の良し悪し、気をつけなければならないのはどのようなことなのかを知りましょう。特に気をつけたいポイントを個別に解説します。あなたの家はいかがですか？

漏《ろう》財《ざい》宅《たく》 玄関の一直線先に窓がある

玄関を開けて一直線先に窓がある家は「漏財宅」といって、お金が入ってきても出て行ってしまい、人が入ってきても出て行ってしまうという「長続きしない」「貯まらない」家相です。せっかく玄関から入ってきた良い気も、そのまま通り抜けて窓から出て行ってしまうというこの家相、できるだけ選ばないことが大事ですが、玄関と窓の間にドアがあったり、直線上ではなく、位置が少しでもずれていれば問題は軽減されます。

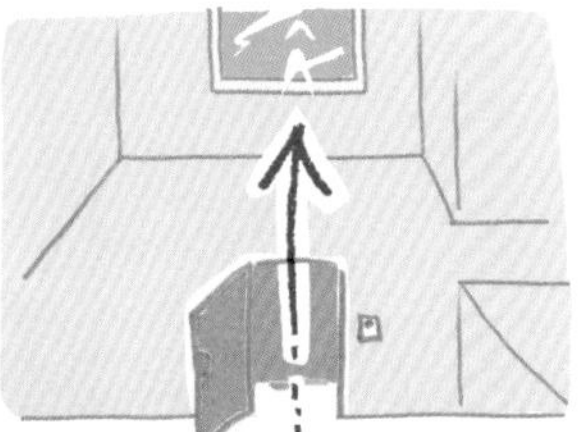

対策 レースカーテンやブラインドで窓をガードし、さらにカーテンは明るい色にしましょう。窓の上に八卦鏡を設置する、マリア様や天使など「守護」してくれる存在の絵画やポストカードを窓の上に貼るのもおすすめ。さらに、背の高い観葉植物を窓の横に置くと弊害は軽減されます。

ガレージ 家がえぐられるインナーガレージ

対策 ガレージから家に出入りする「勝手口」があれば、そこを家への出入り口として使わないように工夫しましょう。そしてガレージのシャッターの開けっ放しはNG。面倒がらずに車の出し入れのつどきちんと閉めることが大切です。

一戸建てによく見られるインナーガレージは、家相では大凶とされています。家の下、内部に車輪がついたものがあること自体良くないことで、家全体が落ち着かない空間となるでしょう。さらに家がえぐられている状態なので、家庭内が冷える、夫婦関係の悪化、子供が病気がちなど「冷え」に関係する凶事が起こりやすくなります。家の下方にガレージがあっても、家がしっかりと別に建っていて、家の中に車が入らなければ問題はありません。

細長い家 都会によくある狭小・細長設計

狭小住宅や極端に細長い間取りの家もまた、凶相とされています。開放感がなく、気も滞りやすくなるからです。通気性に富み、湿度や温度、採光が快適な住空間にするには、気や光、水の通り道がスムーズであり、開放感があることが大切です。この中のひとつでも滞りがないように工夫された設計なら良いでしょう。また細長い家は、長いほうの方位に気が集中するため、循環のバランスも崩れやすく、気がよどみやすくなります。

対策

小まめに換気を心がけたり、部屋の湿度や温度調節を工夫することで、難の回避はある程度可能です。家を運の器だと考えてみましょう。器が大きいことにこだわるよりも、過ごしやすい空間を整えて、快適に保つことが有効となります。

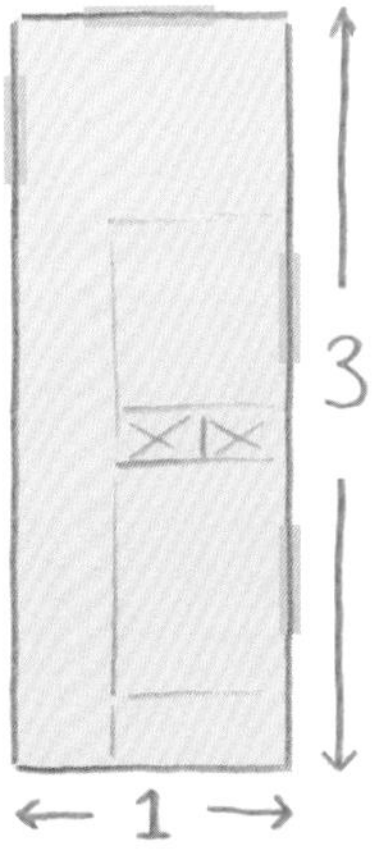

※細長さは「1対3」の比率で凶相に。厳密には「1対2」までは大丈夫。それを越えると凶相を帯びます。

地下室

半地下も同様。窓がないと最凶に

　一戸建てに限らず、マンションのメゾネットタイプなどでも地下や半地下のつくりが見られますが、基本的に地下室は、風水では「お墓」と同じ類で、人が住む場所ではないと見なします。特に、窓がない地下室は刑務所と同様で、倉庫や物置ならまだしも、住むには最凶ともいえるでしょう。ただし、仕事用スタジオなどとしてもつのは問題ありません。また、図のように斜面を少し掘って建てる場合、地下でなく一階という設定でも凶相です。

対策

スタジオなどとして地下室をもつ場合には、住まいは地上をメインとしましょう。そして、水晶のさざれと粗塩を混ぜたものを地下の部屋の四隅に置いて、月に一度交換することをおすすめします。

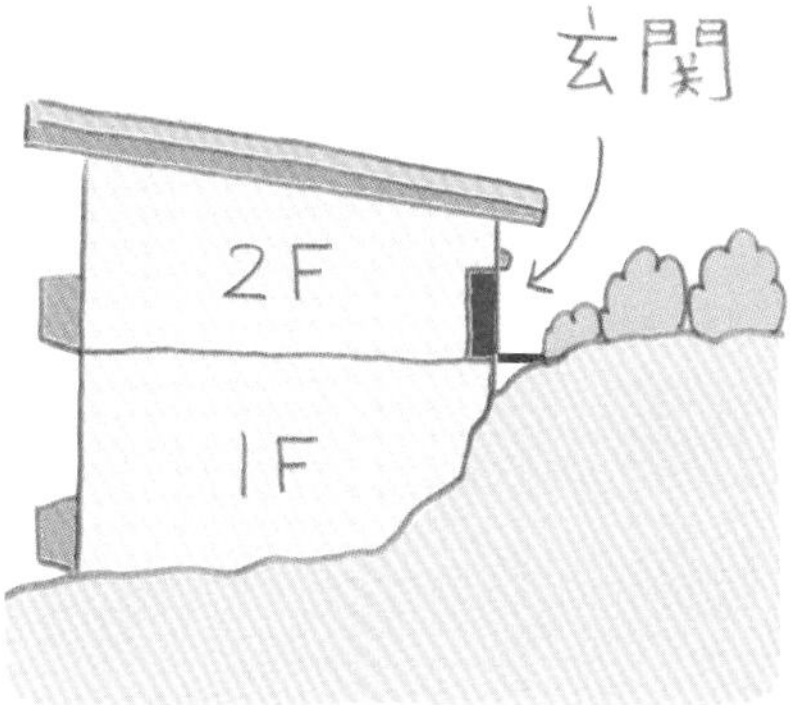

家の中心

最もパワーを溜めたい大事な「太極」

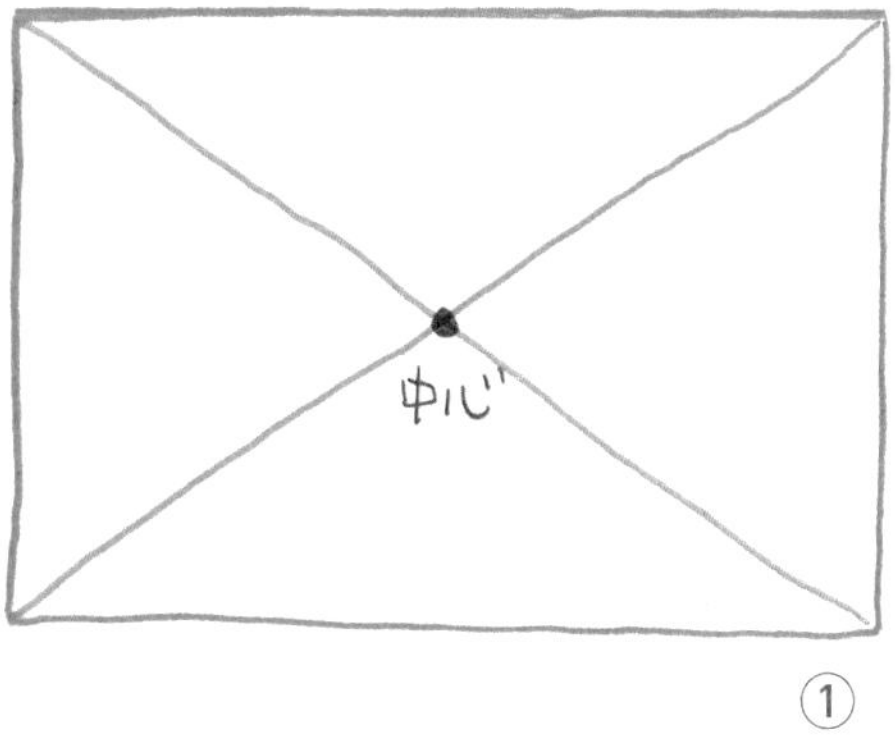

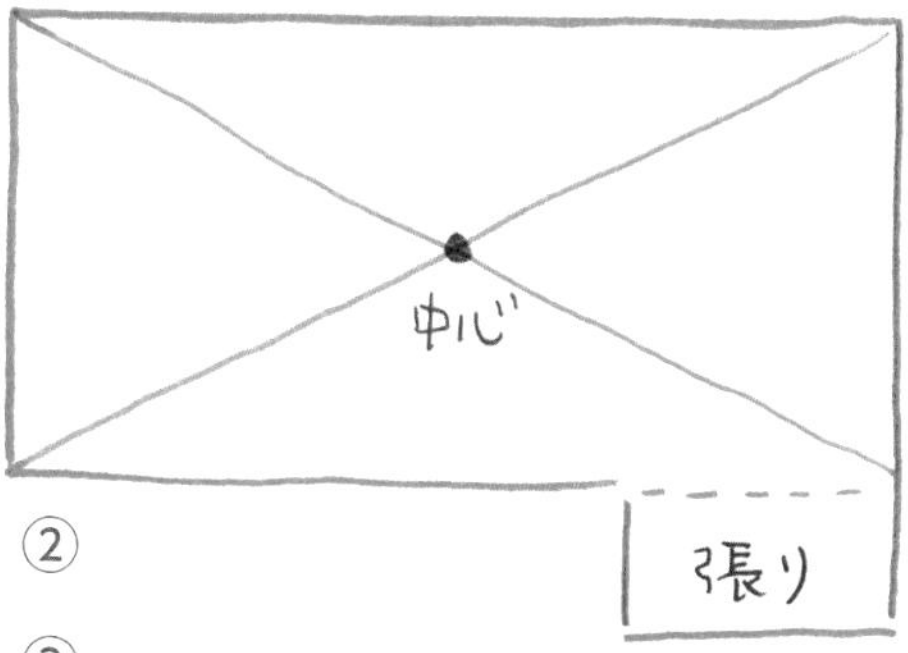

②

③

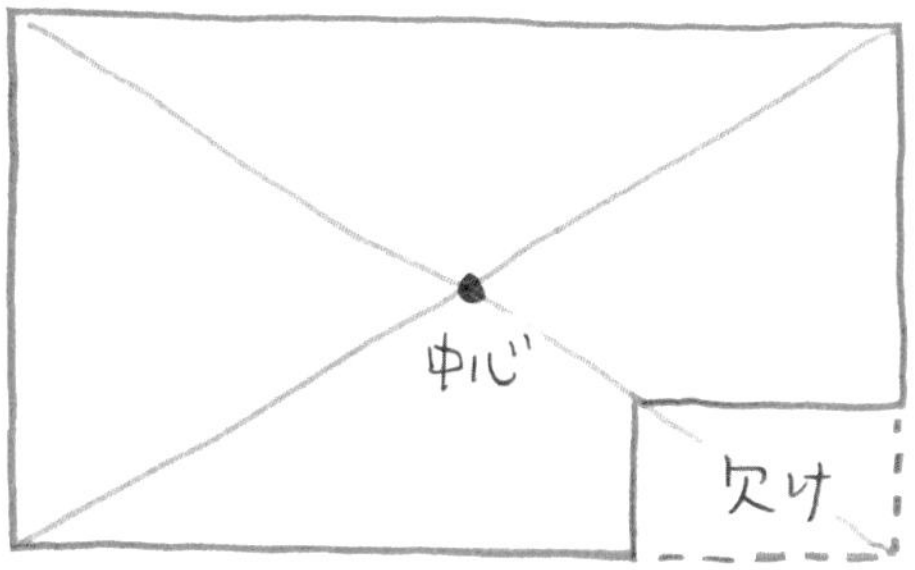

①正方形・長方形・台形等の場合
張りや欠けがない場合は普通に対角線を引きます。

②張りがある（1／3以内）場合
張りの部分はないものとして対角線を引きます。

③欠けがある（1／3以内）場合
欠けの部分をあるものとして対角線を引きます。

　家の中心は「太極《たいきょく》」といい、心臓部となる最も大切な場所です。間取り図を用いて上の図のように割り出してみましょう。

　対角線が交わる中心には何がありますか？　実は「何もない」のがベストです。廊下やドアなど人の通路でも問題ありませんが、次の場合は凶相となります。

・トイレ、浴室、キッチンシンクや冷蔵庫、コンロ
・階段やはしご、エレベーターなど上り下りするもの
・ベッドや枕の位置

　以上の3パターンは避けたいもの。何もないのがベストとはいえ、リビングのテーブルくらいは問題ありません。クローゼットや収納がある場合は、しっかり整理整頓ができていれば問題なし。太極は最もパワーが溜まるはずの場所。ここが汚い、常に何かある、水場があって流れてしまうような場合は、パワーが溜まりにくい家となります。

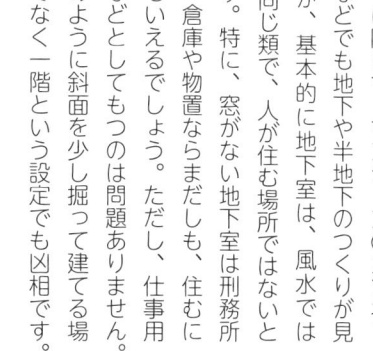

欠けと張り

どこかにへこみか出っ張りのある四角形ではない家

「気」が溜まらない正方形の家がベスト

家の形は、家相のなかでもかなり重要です。家のどこかがへこんでいることを「欠け」といい、家の尺の3分の1以上のへこみは「欠け」とみなします。陽宅風水でもっとも良いとされる家相は、「張り」や「欠け」のない正方形、もしくはあまり長すぎない長方形です。なぜ、張りや欠けがないほうが良いのでしょうか？　それは「気＝エネルギー」の当たりや循環に関係するからです。

角に気が集中してしまいます。

特に「欠け」てはいけない方角は？

方位別　ここが欠けるとこの支障あり！

欠けの方位／凶相注意！

方位	支障
北	病気がち、不妊、愛情運・セックス運下降
北東	不動産で失敗、心身の衰弱、努力や苦労が報われず
東	出世運に恵まれず、吉報なくアイデアが不発
東南	昇格や発展性が見えず、人づき合い下手
南	知力減退、美容運下降、芸術関係に恵まれず
南西	家庭運・健康運下降、努力が報われにくい
西	商売・経営繁盛せず、金運巡らず
北西	貯金・不動産に恵まれず、勝負運・出世運下降

では、最も欠けてはいけない方角とはどちらでしょう。それは北西と北東です。

北西は「男性」や「大黒柱」の方位になりますので、ここが欠けてしまうと、金銭面や仕事のうえで大きな困りごとが起きたり、うまくいかないことが多くなったりします。北西欠けの家は、夫が家に居着かない家ともい

最も吉方位の「張り」とは？

きれいな正方形、長方形の家が最も良い家相とご説明してきましたが、この限りではないのが、「張り」です。ある方位に「張り」があるということは、その方位のもつパワーを強める作用のある家ということになります。家の尺の3分の1以内の張りは、張っている方位のパワーを増すものとして、吉とされているのです。

そして、張りがあると最も良いとされる方角には、東南と北西があります。東南は良い情報、人脈、仕事、出世などの運がもたらされる方角なので、その方位の張りは「成功」をもたらす張りといわれています。そのエリアで夫や子どもが過ごす時間を増やすことで、家族運全般もアップするでしょう。

また、北西は最も欠けてはいけない方角とご説明しましたが、張っていると最も安定する方角でもあります。北西は、「男性」や「大黒柱」を象徴する方位。ここが張っていることで北西のパワーがよりいっそう強められることになり、一家の大黒柱がしっかりして生活もお金も安定し、幸せな家庭運に恵ま

へこみの部分に気が集中してしまい、逃げ場もありません。

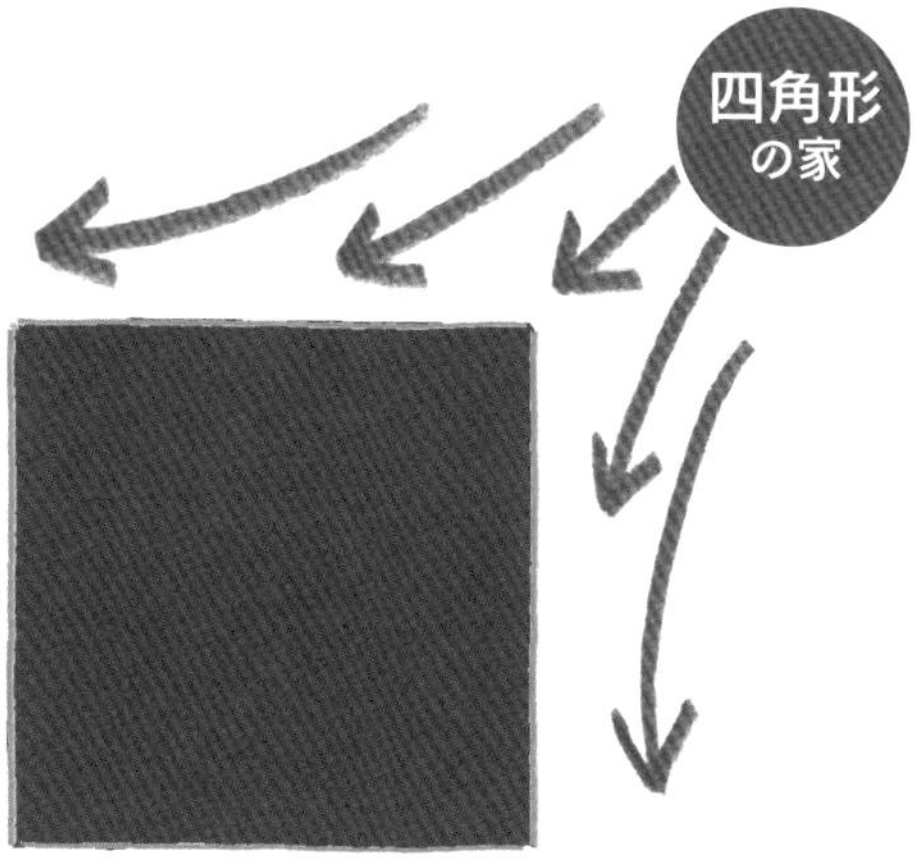

気が分散してよく回ります。

異形な間取りはなるべく選ばないに越したことはありません。特に鋭利な角が多い、階段のように段々になっている、湾曲している部分があるといった変則的な形や間取りは避けるほうが良いでしょう。

われ、「かかあ天下」になりやすく、夫はどんどん弱っていくでしょう。

北東の欠けもまた凶で、働いても働いても実入りが少ない、努力をしても実らない、あげくの果てには心身が衰弱してしまい、精神的な病に陥るなど、健康運とも深くかかわってくるでしょう。それくらい欠けてはいけない大事な場所です。

れる良い家相となります。この張りのスペースに、夫の書斎を設けるなどの間取りは、とても良いアイデアです。

張りに良い方位も、欠けると悪い方位も、最終的には個人の卦による運気に合わせて八方位でしっかりと見ることが大切になりますが、この二点だけは、最低限押さえておきましょう。

張り＝家のどこかが張っている

家の尺の１／３以内の張りは吉です。

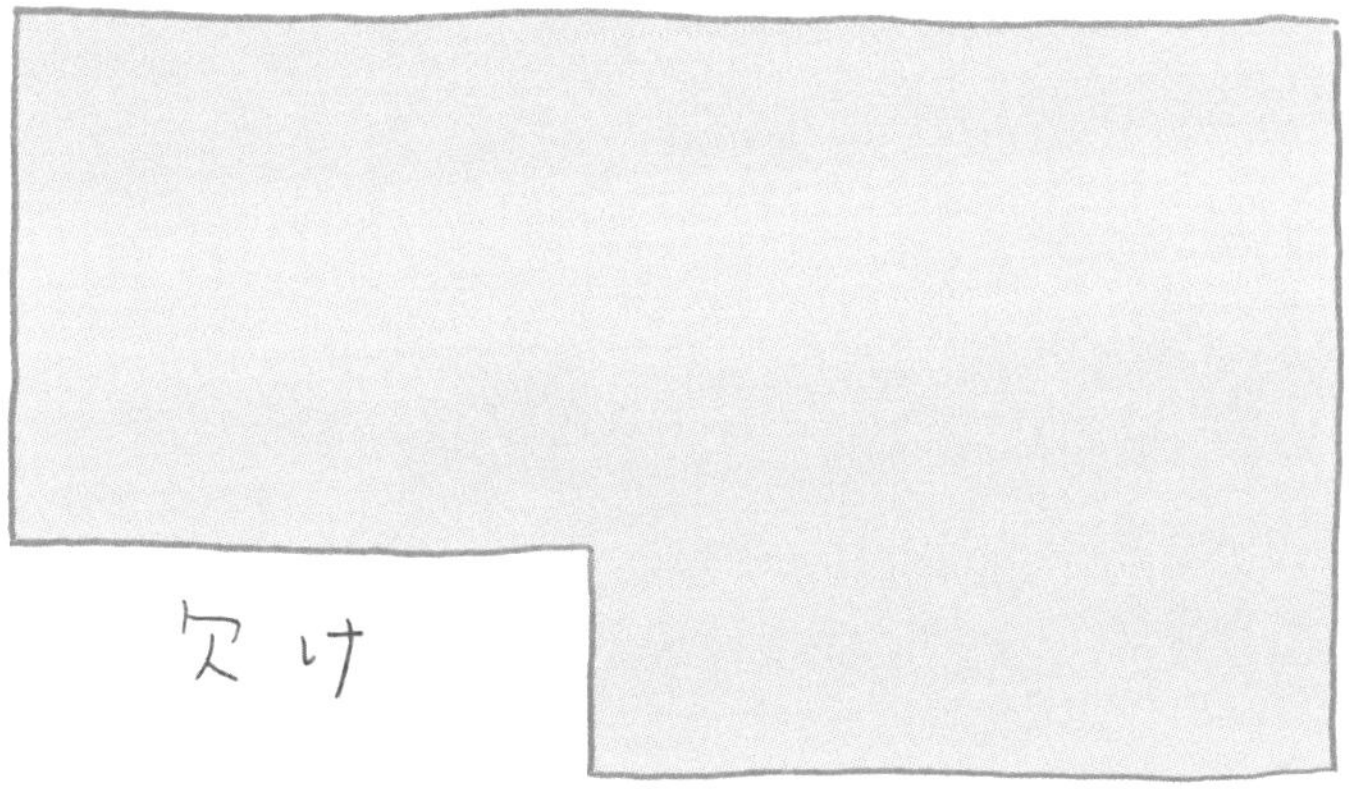

欠け＝家のどこかが欠けている

家の尺の１／３以上は欠けと見なします。

ドア

気の入り口にある玄関ドアは重要ポイントです

ドアtoドア

家やマンションの玄関ドアが、お向かいの家の玄関ドアと対面している設計はNGです。気の奪い合いとなり、良い気が巡らず逃げていってしまいますし、相手方の運気の影響も受けることになります。玄関は最も大切な場なので、ここは要注意。

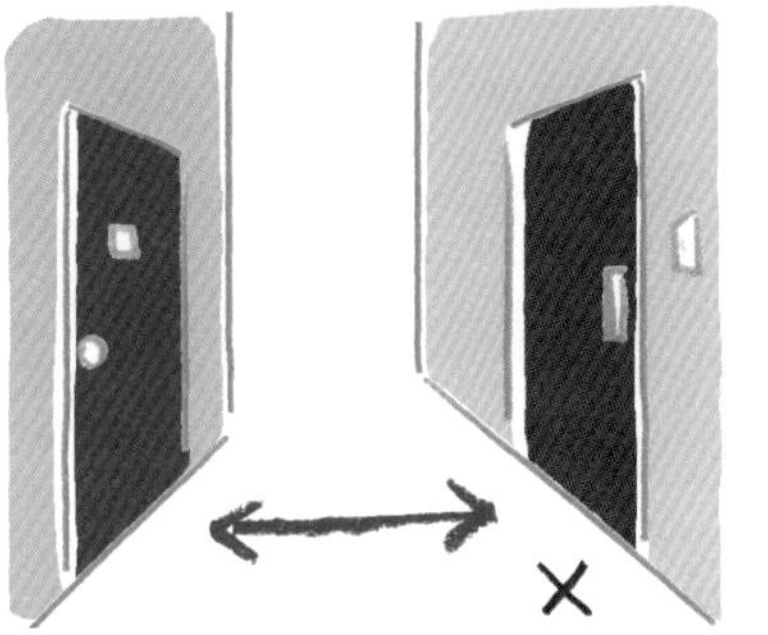

ドアtoエレベーター

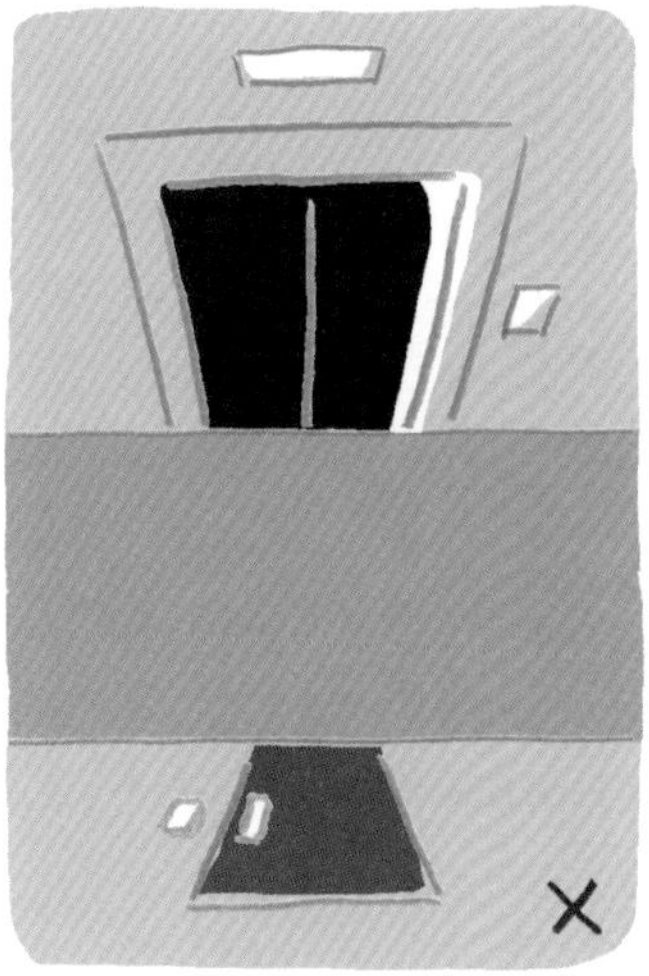

玄関ドアの目の前にエレベーターがあるという設計、マンションには多く見られます。エレベーターは人通りが多く、電気が通っているものなので影響は強く、凶相。真正面ではなく少しでもずれていて、ドアと重なっていなければ大丈夫です。

ドアto階段

玄関を開けたら、すぐに階段がある…これは上がりでも下りでもNG。運気の運搬をしてくれる役目をもつ階段ですが、「転げ落ちる」という転落の意味もあり、このような家には悪い気が溜まりがちに。特に仕事運への影響が大きいでしょう。

ドア＋障害物

出入り口に障害物はありませんか？　特に良くないのは「車輪」がついたもの。車輪は邪気や事故を意味しますので、玄関ドアのそばに置くのは絶対にNGです。宅配便のダンボールや、次の収集日に出そうとしているゴミやリサイクル品なども置かないで。

ドア to 鏡

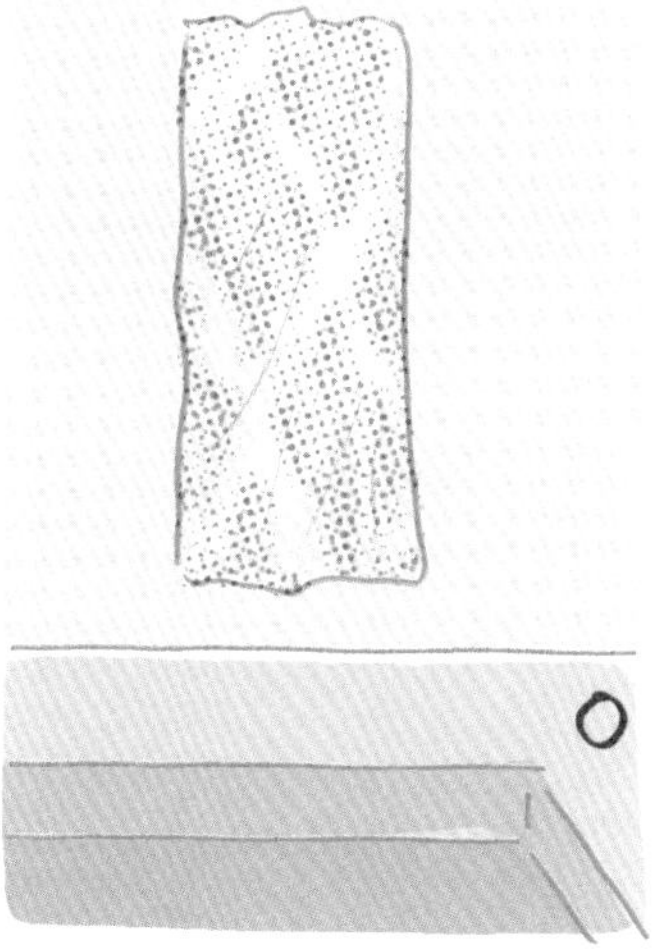

「玄関ドアを開けてすぐに姿見があるのはＮＧ」というのは、風水では有名な説です。入ってくる邪気だけでなく、良い気もすべてはねのけてしまいます。もともとつくり付けで動かせないという場合は、布をかぶせるなどして対策をしてください。

ドア to ベッド

寝室は最も休まる空間でなければなりません。寝室のドアと枕の位置が同一線上に重なっているのは、最も休まらない位置となりＮＧ。できるだけ、寝室のドアを開けたらそのまま頭が見えるという位置は避けましょう。

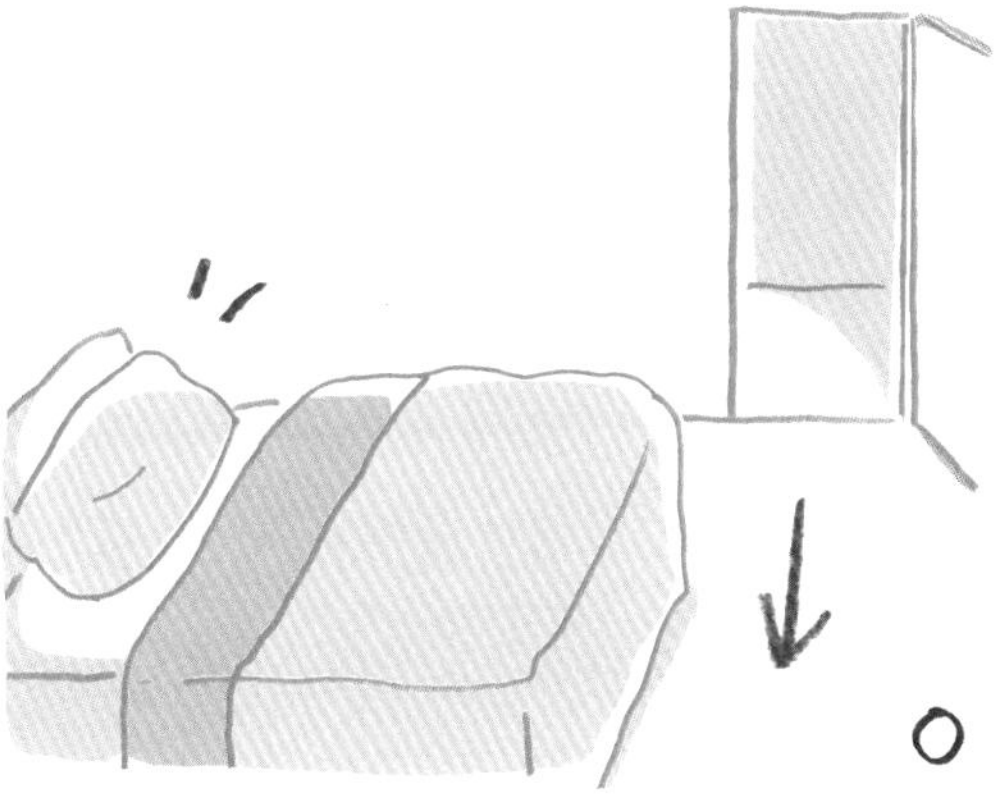

寝室のドア

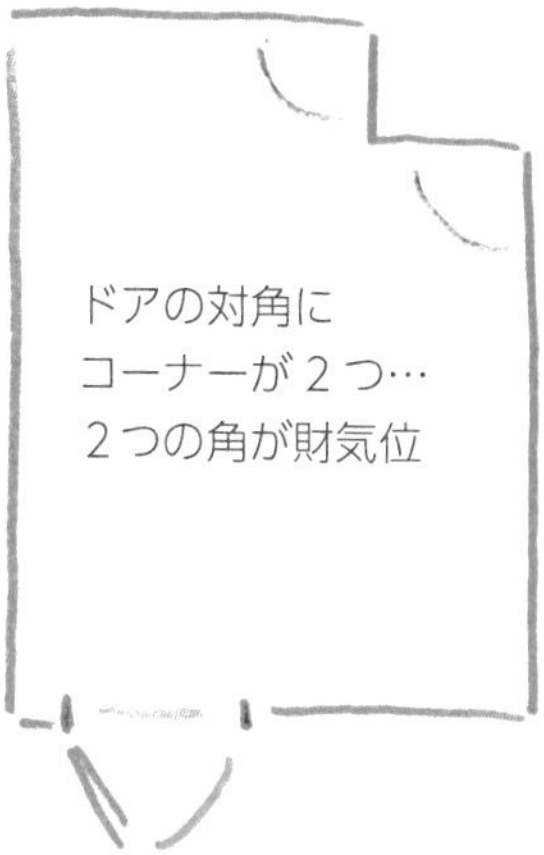

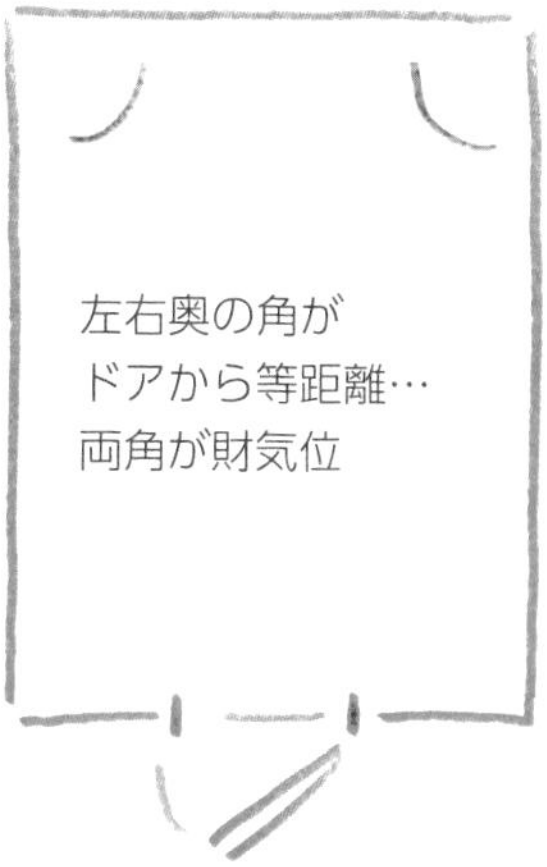

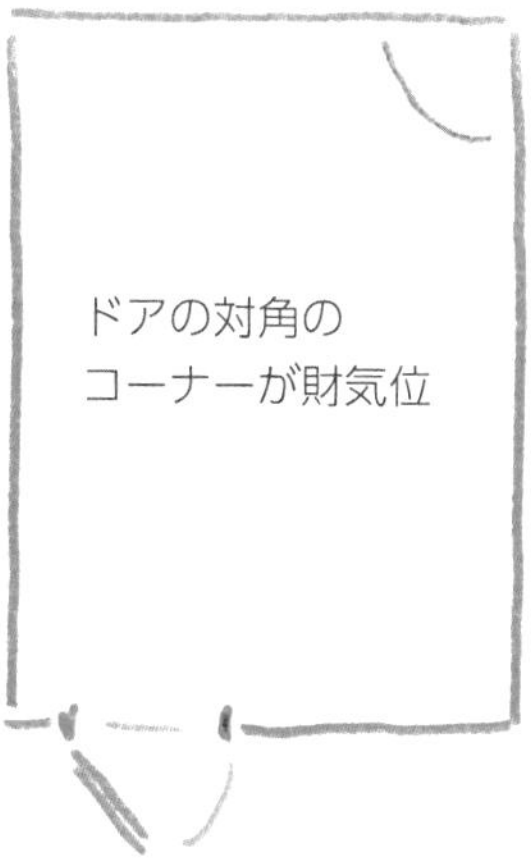

ドアの対角に
コーナーが２つ…
２つの角が財気位

左右奥の角が
ドアから等距離…
両角が財気位

ドアの対角の
コーナーが財気位

部屋のなかには良い気が集まる場所があり、そこは「財気位」と呼ばれます。その名の通り財が貯まる場所ですので、ここはしっかりと意識しましょう。

なかでも寝室の財気位はとても重要な役割を果たします。寝ている時間はパワーチャージの時というのが風水の定義なので、寝室を整えることはとても大事なことなのです。前項とも繋がりますが、まずは寝室の財気位をチェック。ドアから見て、室内の対角線の角となります。そこにベッドを設置してください。ただし、枕の位置が梁や窓、照明やエアコンの吹出口の真下にならないように注意しましょう。

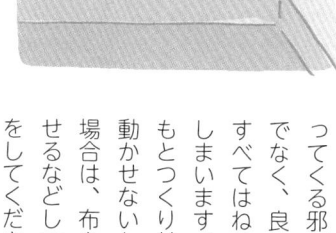

窓

光や気を取り込む大切な役目の窓

窓の数

通気にかかわる窓は、「気」を考える風水ではとても重要なパーツです。窓がない、窓が小さい、開けにくいなど、窓に不便がある家は選ばないほうが良いでしょう。

逆に、窓がありすぎる家もまた問題です。全面ガラス張りの家や、高層マンションで全面窓のリビングなど、壁の面積の半分以上が窓やドアでは、気が漏れてしまう家となり凶相です。ワンルームで1～2つ、ファミリータイプなら2～4つ程度が好ましいでしょう。

窓の形

変わった形をしていたり、意味のない位置にある小窓を、デザイナーズマンションなどで見かけることがあります。住まいは基本的に四角がベースですので、異形や変形の窓はあまり良しとされません。少しならまだ良いのですが、丸が多い、三角が多いといったデザインや、意味のない位置に役割のわからない何かがあるのもNGです。窓だけに限らず、変形デザインの家には人が居着きにくく、安定しない家となる可能性も。

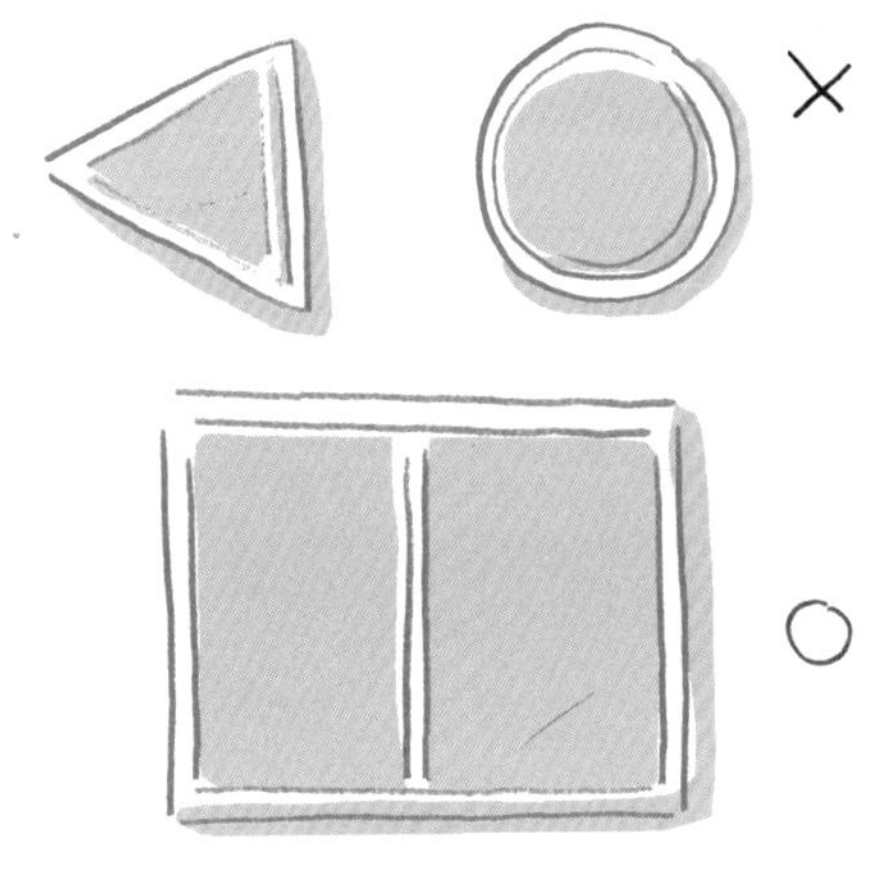

背後に窓

勉強机や仕事机の背後に窓があるのは、死角ともなり凶配置。人がスムーズに通れるほどの広いスペースが背後にあるのも無防備でNGです。窓は前にあると吉なので、デスクは窓に向けて置き、目の前が開けた配置としましょう。

デスクの背後に窓という配置にせざるをえない場合は、椅子のうしろに八卦鏡を飾り、窓の上にサンキャッチャーなど光を反射させるものを吊り下げることをおすすめします。

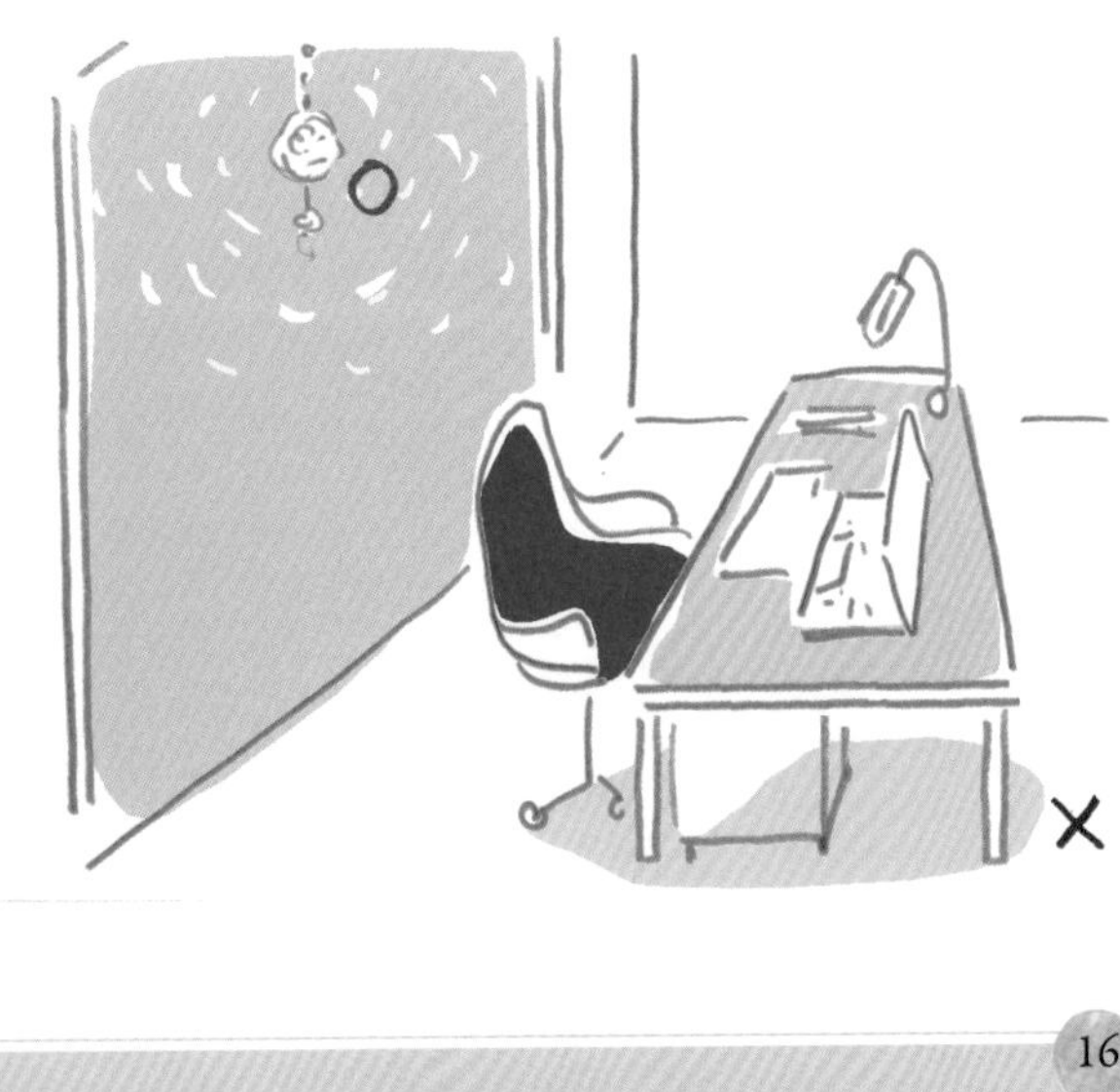

隣家の窓

マンション、一戸建てにかかわらず気をつけていただきたいのが、お隣と向かい合わせの窓がないかということです。ブラインドなどで目隠しをするにしても、それによって日照が減るとお部屋全体の運気も下がってしまうので、できるだけそういう家を選ばないことが大切です。もしお隣と向かい合わせの窓があるなら、その窓に風鈴やチャイム、サンキャッチャーなど反射して、さらに音がするものを吊るすと良いでしょう。

家の一番奥

最も財が貯まる場所。しっかり整えて

付録P15では寝室の財気位についてご説明しましたが、今度は一つひとつの部屋の財気位ではなく、家全体を見た際に、最も奥となるスペースに注目してみましょう。玄関の位置から最も離れている場所です。しっかりとした間取り図で調べましょう。そのスペースが汚れていたり、整理整頓されていない乱雑な状態にあったりすると、家全体の財運が低下します。最も奥＝最も蓄財する場所なので、そこだけは常に浄めておくという意識で、その場所・その方位に合った風水アイテムなどを置いておくと良いでしょう。

この一番奥が勝手口、ペットの居場所、トイレなどの水場、エアコンや扇風機、空気清浄機の置き場などとなっているのはNGです。改善を試みることをおすすめします。

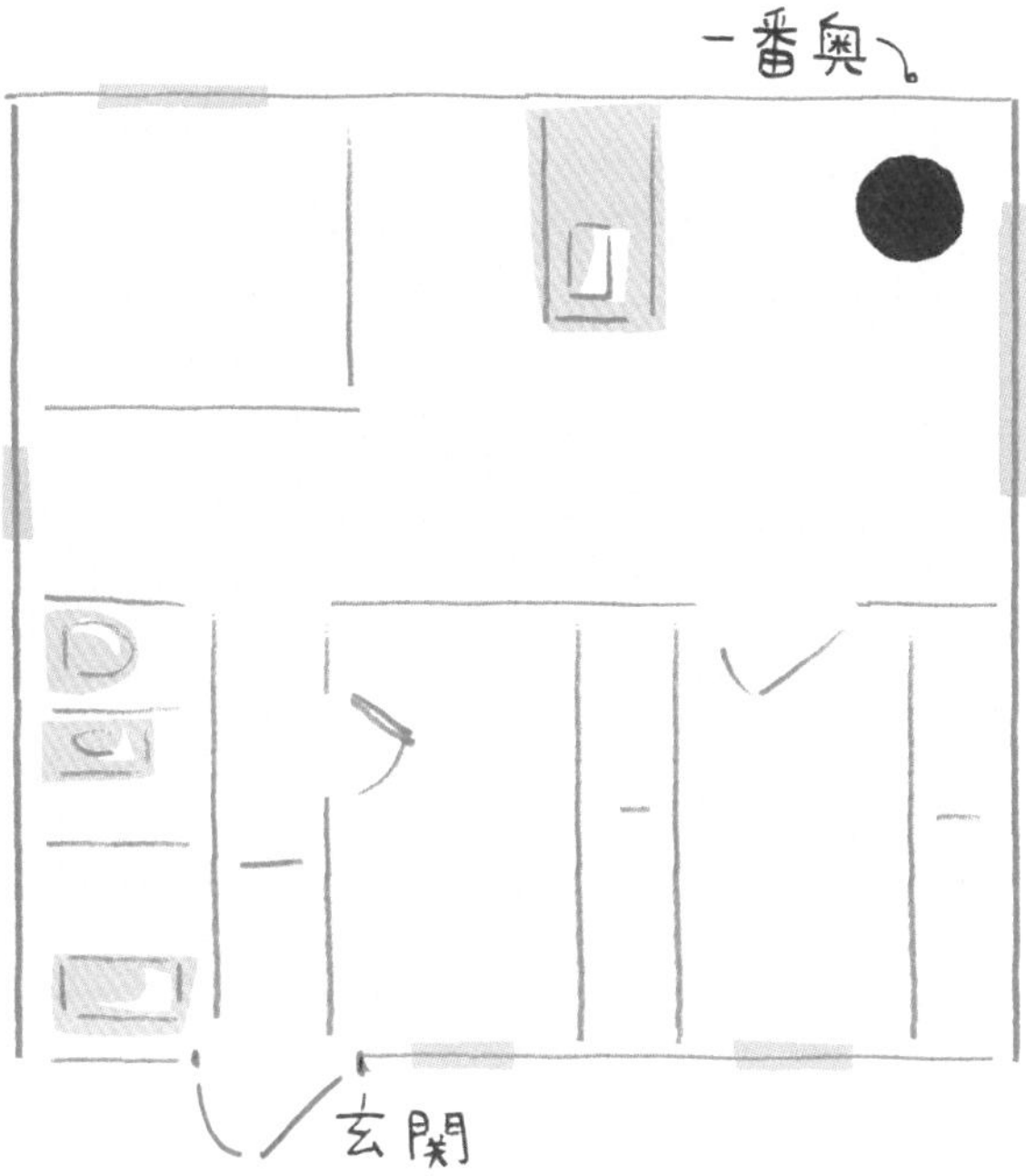

金運を上げる財気位対策

最も奥に置きたいもの

アメシスト、クリスタル、シトリンなどの水晶系のクラスタードームを設置する。お金が成る木やパキラなど、金運に関係する観葉植物を置く。

トイレ

住まいにおける最凶の陰の場。その対策は!?

「トイレに吉方はないのか」というご質問をよくいただきますが、残念ながらトイレには吉方位はなく、あくまでも陰であり凶の要素でしかないエリアとなります。だからこそ、トイレはきれいに掃除しましょう、磨きましょうと奨励《しょうれい》され、「トイレには神様がいるよ」というわれまで根強くあるのです。

トイレという陰の気は、陽の気で相殺することが望ましいのですが、そうなると東、東南、南側が好ましいトイレの設置場所となります。ただ、この方位は日本ではほとんどがリビングを設ける家づくりとなっているので、トイレを置くことは難しいでしょう。しっかりと掃除して浄め、便器のフタは閉めておくことを、最低限の心がけとして。

なかでも避けたいトイレとは？

- 鬼門「北東」と、裏鬼門「南西」のトイレ
- トイレのドアと他室のドアが対面している、ドア to ドアの設計
- 玄関近く、玄関真向かいのトイレ、一階の玄関の上に二階のトイレ

トイレとキッチン

トイレとキッチンが隣り合う間取りも凶相。人体に置き換えれば食べたら出すのは生理現象なので理にかなっていそうですが、食べるものは生かすもの、トイレは排毒するものなので、隣り合いはNGです。とはいえ日本の家では水場をまとめることが多く、このような間取りは生まれてしまいます。対策としては、やはり便器のフタを必ず閉める、トイレのドアもしっかりと閉めることです。また、トイレの四隅に小さくて良いので水晶玉を置いて、結界を作ってしまいましょう。白いお皿に水晶のさざれを下地にして、水晶を置きます。さらに、キッチンのトイレと隣り合っている部分に、水晶ポイントといって、尖っているタイプの水晶を同じように白いお皿、水晶のさざれの上に置くと良いでしょう。

トイレの方位別開運カラー

どうしても陰の気がこもりやすいトイレなので、方位別に特別なケアも考えましょう。色のパワーを借りるのがおすすめです。

北のトイレは、陰×陰なので、少しでも陽の気をプラスするための色、南は陽の気をさらに生かす色、東は発展を促す色、西は金運アップとの連動をねらう色を選びます。それぞれの開運カラーでマットやカバー、スリッパ、そしてトイレットペーパーや芳香剤もセレクトしましょう。

北	ピンク、ゴールド、ホワイト
南	オレンジ、グリーン、アイボリー
東	レッド、ブルー、シルバー
西	パープル、パステルイエロー、ペールベージュ

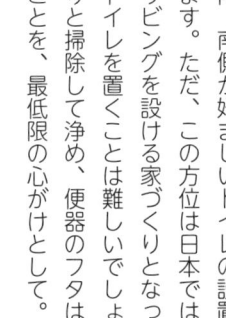

階段

運気の運搬をしてくれる

階段は上り下りする私たちの運気を運搬してくれる、電車の線路のような役割です。気は上り下りすることで「活気」づいて活発になります。ところが、おしゃれな住宅によく見られる「隙間階段」は、この隙間から気が落ちて流れていってしまいがちに。何をやってもうまくいかない、中途半端、熱しやすく冷めやすいなどの自覚があるなら、隙間を埋めるリフォームをおすすめします。リフォームまではできない、という人は、八卦鏡の凸タイプを三枚、バランス良い間隔で下から上までに配置して。

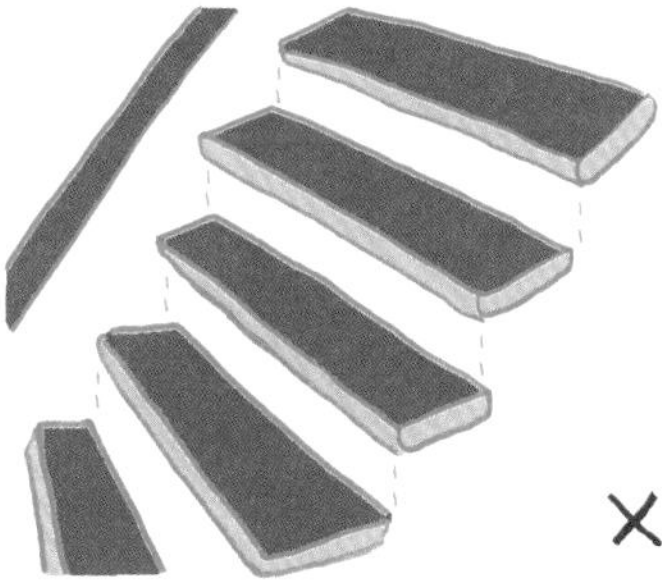

アーチ型

陰の気を高める形。一般家屋にはNG

扉、窓、門など、屋内屋外を問わず、風水ではアーチ型＝陰ととらえます。教会や外国の家のようで素敵なのですが、陰の気が高まるため一般家屋には使わないほうが良いでしょう。改装ができれば良いのですが、難しいなら、明るめの暖色系のインテリアを意識して選んだり、アーチ状のものの近くに、陰の気を弱めるための獅子の置物やタイガーアイなどのパワーストーンを置くのもおすすめです。シーサーなどは日本では馴染み深くて良いかもしれません。

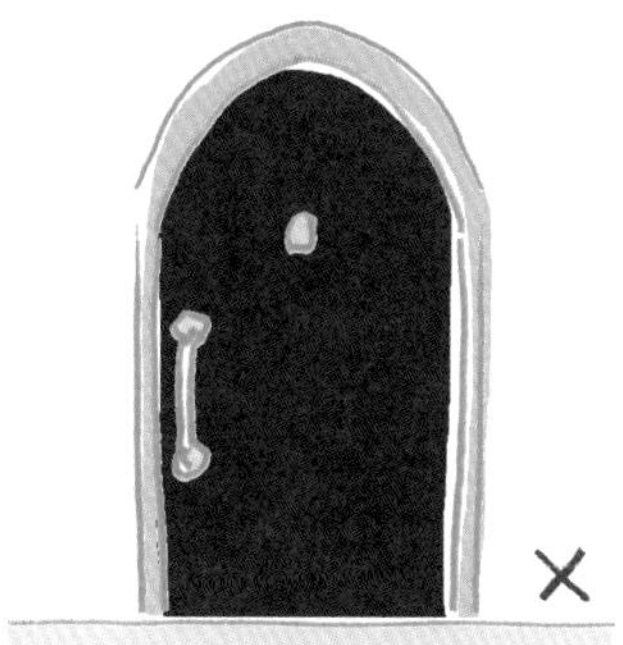

勉強机

どこに置いたら集中できる？

勉強机、仕事机の置き場に迷う人は多いようです。まず、机の上に梁があるのはNGです。その下では集中力がとぎれ、「圧殺」といって効率が低下します。そして、よくあるのが壁面に向けて設置することでしょう。壁にいろいろ貼れますし、一見便利そうですが、「遮る」「滞る」という意味が出てきてこれもNGです。また、トイレなどの水場に向けて置くのも壁で遮られているとはいえNG。最も良いのは前述しましたが、やはり窓に向かう配置です。

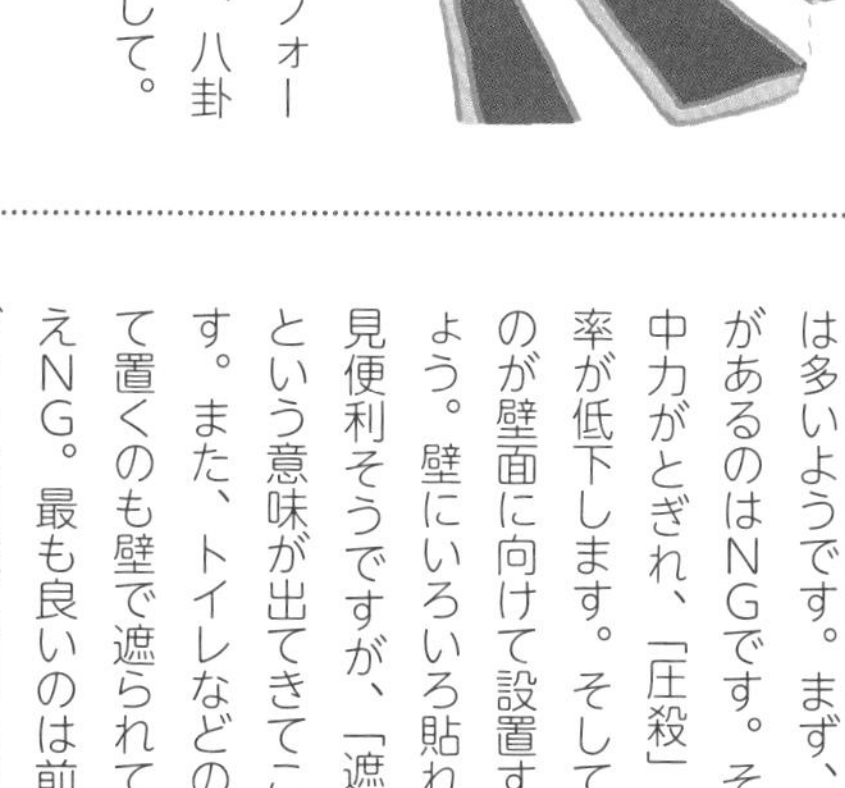

神棚と仏壇

神の世界と仏の世界は別々？

神棚と仏壇が同じ位置や同じ部屋にある、または対面しているというのは避けましょう。地域や宗派によって違いはありますが、できるだけ別々に設置したほうが良いでしょう。さらに、ドアを開けて真正面に仏壇や神棚があるのもNG。少しでもずらしましょう。神棚や仏壇は豪華なほうが良いかというご質問も多いのですが、大きい必要はありませんが、少しお金はかけたほうが良いものです。そして、いつもきれいに整えておくことが大切です。

基本から細密まで 方位を知る

基本中の基本である四方位から、詳細な二十四方位までを解説します。方位の分け方と、各方位のもつ意味を知って、あなたの風水生活をますます充実させましょう。

四方位

基本中の基本の方位。意識するだけでも違います

東西南北それぞれを90度ずつ4等分する基本の方位。八方位や二十四方位を日頃から意識して暮らすのは難しいという人は、この四方位とそれぞれの意味だけでも意識してみることをおすすめします。

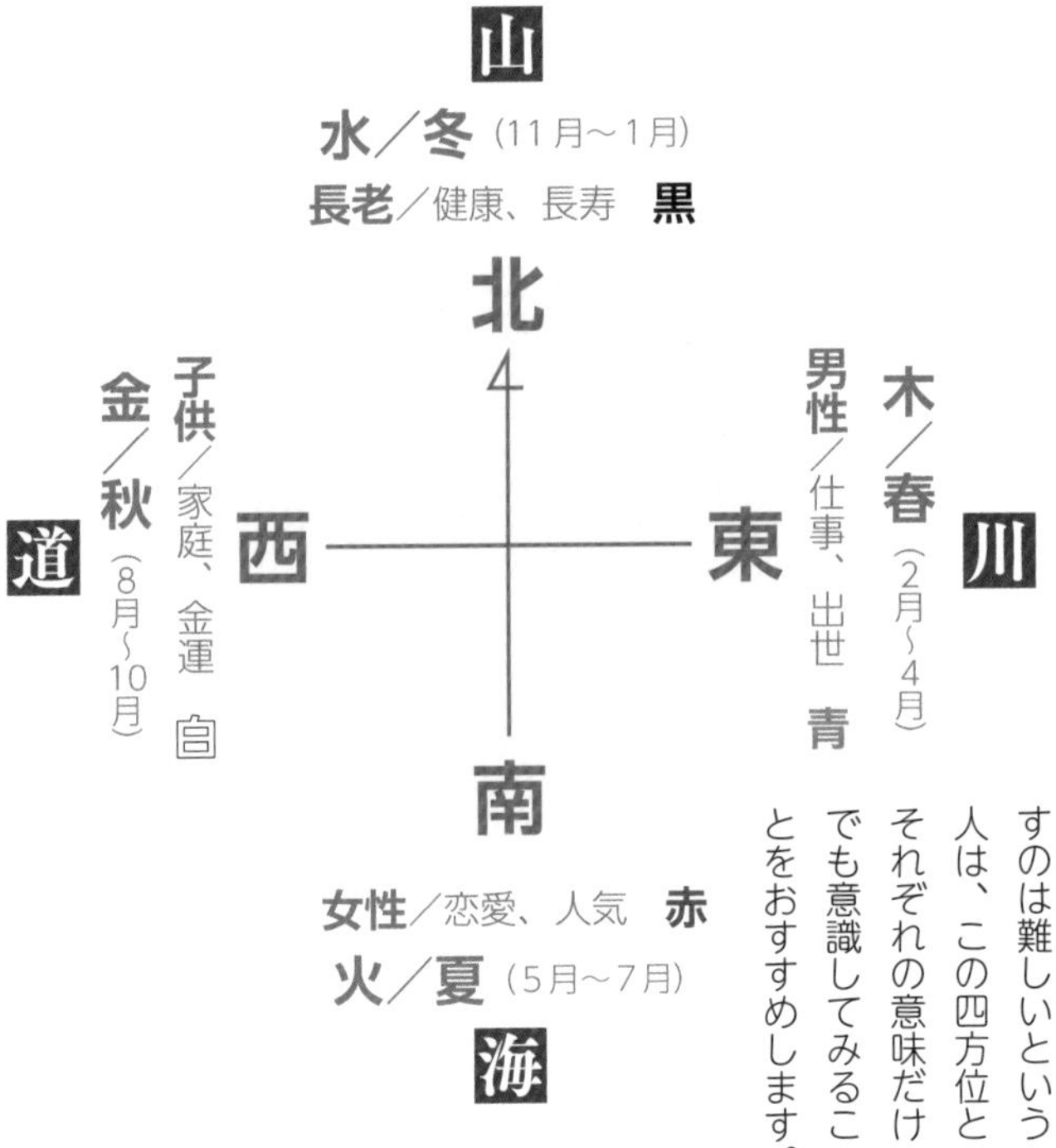

八方位

これがわかれば初心者には十分！
気とパワーを知って活用

八方位は、東西南北をさらに等分し「北東、北西、東南、南西」を加えて八分割した方位です。風水初心者には、まずはこの八方位を心得ていただければ十分で、付属のオリジナル方位盤も、この八方位が測定できる仕様です。

また、八方位における北東は表鬼門、南西は裏鬼門と呼ばれていて、「鬼門」には邪気や負のエネルギーが溜まりやすいとされています。鬼門、裏鬼門は日本独自の風習ですが、この方位は、清潔、整理整頓を第一に心がけて、邪気を溜めない家づくりをしましょう。

【愛新覚羅ゆうはんオリジナル風水八方位盤】の使い方

1．風水八方位盤は、家の間取り図に載せるだけで、簡単に方位とその意味がわかる測定盤です。付録P11を参照して、間取り図から家の中心を割り出しましょう。その中心に八方位盤中心の・（太極）を合わせて置きます。そのうえで、※間取り図の北に八方位盤の北を合わせましょう。家の中の八方位のエリアがひと目でわかります。

2．左ページ（付録P21）では、風水八方位盤をさらに詳しく解説しています。八方位それぞれのもつパワーの詳しくは、こちらをご覧ください。円の中心部が方位の九星で、内側から順にラッキーな形、素材、色、吉相、そして方位が司る運気となっています。

※「磁北」が測れる磁石やアプリで測り直すのがベストです。「磁北」については付録P5を参照してください。

風水八方位 詳細

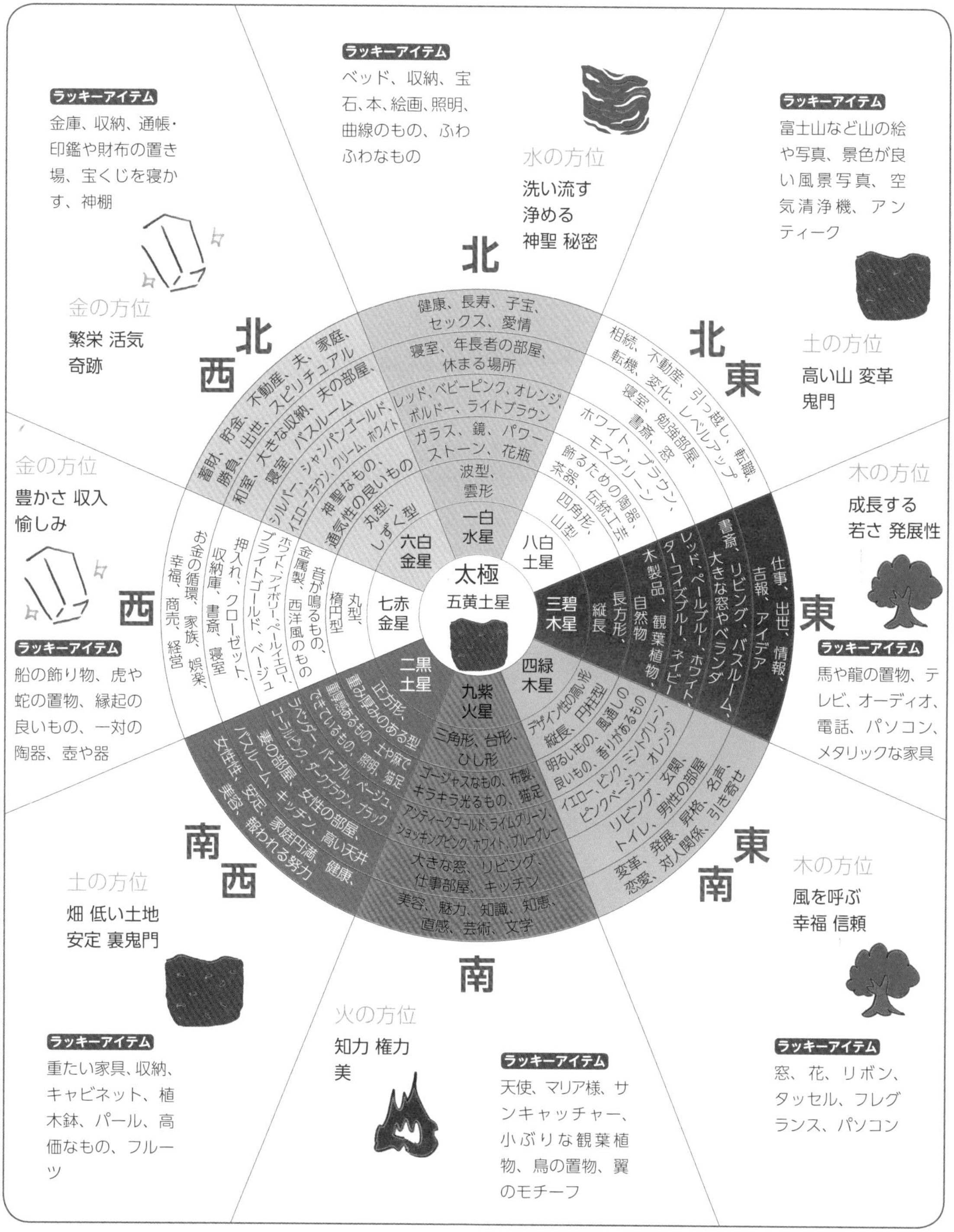

北
水の方位
洗い流す
浄める
神聖 秘密
ラッキーアイテム
ベッド、収納、宝石、本、絵画、照明、曲線のもの、ふわふわなもの
北西
金の方位
繁栄 活気
奇跡
ラッキーアイテム
金庫、収納、通帳・印鑑や財布の置き場、宝くじを寝かす、神棚
北東
土の方位
高い山 変革
鬼門
ラッキーアイテム
富士山など山の絵や写真、景色が良い風景写真、空気清浄機、アンティーク
西
金の方位
豊かさ 収入
愉しみ
ラッキーアイテム
船の飾り物、虎や蛇の置物、縁起の良いもの、一対の陶器、壺や器
東
木の方位
成長する
若さ 発展性
ラッキーアイテム
馬や龍の置物、テレビ、オーディオ、電話、パソコン、メタリックな家具
南西
土の方位
畑 低い土地
安定 裏鬼門
ラッキーアイテム
重たい家具、収納、キャビネット、植木鉢、パール、高価なもの、フルーツ
南
火の方位
知力 権力
美
ラッキーアイテム
天使、マリア様、サンキャッチャー、小ぶりな観葉植物、鳥の置物、翼のモチーフ
東南
木の方位
風を呼ぶ
幸福 信頼
ラッキーアイテム
窓、花、リボン、タッセル、フレグランス、パソコン
太極
五黄土星
一白水星
波型、雲形
ガラス、鏡、パワーストーン、花瓶
レッド、ベビーピンク、オレンジ、ボルドー、ライトブラウン
寝室、年長者の部屋、休まる場所
健康、長寿、子宝、セックス、愛情
八白土星
四角形、山型
飾るための陶器、茶器、伝統工芸
ホワイト、ブラウン、モスグリーン
寝室、勉強部屋、書斎、窓
相続、不動産、引っ越し、転職、転機、変化、レベルアップ
三碧木星
縦長
長方形、自然物
木製品、観葉植物、
レッド、ペールブルー、ホワイト、ターコイズブルー、ネイビー
書斎、リビング、バスルーム、大きな窓やベランダ
仕事、出世、情報、吉報、アイデア
四緑木星
デザイン性の高い形、縦長、円柱型
明るいもの、風通しの良いもの、香りがあるもの
イエロー、ピンク、ミントグリーン、ピンクベージュ、オレンジ
リビング、玄関、トイレ、男性の部屋
変革、発展、昇格、名声、引き寄せ、恋愛、対人関係
九紫火星
三角形、台形、ひし形
ゴージャスなもの、布製、キラキラ光るもの、猫足
アンティークゴールド、ライムグリーン、ショッキングピンク、ホワイト、ブルーグレー
大きな窓、リビング、仕事部屋、キッチン
美容、魅力、知識、知恵、直感、芸術、文学
二黒土星
正方形、重み厚みのある型
重厚感あるもの、土や麻でできているもの、照明、猫足
ラベンダー、パープル、ベージュ、コーラルピンク、ダークブラウン、ブラック
妻の部屋、女性の部屋、バスルーム、キッチン、高い天井
家庭円満、健康、女性性、美容、安定、報われる努力
七赤金星
丸型、楕円型
音が鳴るもの、金属製、西洋風のもの
ホワイト、アイボリー、ペールイエロー、ブライトゴールド、ベージュ
押入れ、クローゼット、収納庫、書斎、寝室
お金の循環、幸福、商売、家族、娯楽、経営
六白金星
丸型、しずく型
神聖なもの、通気性の良いもの
シルバー、シャンパンゴールド、イエローブラウン、クリーム、ホワイト
和室、大きな収納、夫の部屋、寝室、バスルーム
蓄財、貯金、不動産、夫、家庭、勝負、出世、スピリチュアル

二十四方位

一からの土地探し、家探しをするなら「易学」も含めた方位で詳しい個人鑑定もおすすめ

四方位、八方位に、さらに「干支《かんし》」と「十干《じっかん》」を入れて細分化したのが二十四方位です。冬至や夏至、立春や立冬などの二十四節気《にじゅうしせっき》もこれに当てはめることができます。家相は本来、二十四方位で細かく診ていったほうが良いのですが、そうすると現代のマンションや家づくりでは凶相だらけになってしまい、あまり現実的ではないかもしれません。一から土地を探して家を建てるというケースなら、二十四方位を用いて土地を探し、設計段階から方位をケアすることもできるでしょう。ただし、複雑な風水盤であるほど、各個人の生まれもった卦（本命卦）を計算し、それに合わせた二十四方位で盤を定めるため、個人鑑定がおすすめです。本書ではご紹介していない「易学」の詳細も必要となってきます。

北東組

丑 言葉を使う仕事に吉、学問、読書、不動産運

艮 大器晩成、先祖から受け継ぐ運、波乱万丈、地位や名声運、大成か借金か

寅 成功、宝くじ運、初代に運あり、移動や旅行運、健康運、一か八か

東組

甲 出世運、成功運、文筆業はデスクの方角に吉

卯 繁栄、子宝運、家族運、夫運、昇格運、妊活に吉

乙 才能を認められ財を成す、人気運、芸術家に吉

東南組

辰 博識、成績アップ、受験や勝負に吉、学者を目指すに良し

巽 成功、繁栄、子供部屋に吉、自営業者や社長に良し

巳 健康運、食事運、飲食業に吉、大器晩成、五穀豊穣

北西組

亥　仕事運、上司や部下運、対人運、健康運、発展運、リーダーや社長に吉

乾　強運、宝くじ運、蓄財運、幸運、とっておきのものを置いて吉

戌　蓄財運、知識、知恵、海外での成功、分析力アップ、学問や努力に吉

西組

辛　良縁、家庭運、異性運、出会い運、夫婦不和にはこの方角を整えて吉

酉　出世運、昇格運、地位と名声、安定した財運、入るのも多いが出るのも多い

庚　勝負運、決断力アップ、大事な決断はこの方角で考えて吉

南西組

申　子供や働きざかりの若い夫婦に吉、才能開花、語学に良し

坤　断捨離、デトックス、手放す、シンプル、スピリチュアルな仕事に吉

未　蓄財運、玉の輿運、投資運用や対人関係に吉、女運、妻運

北組

癸　引き立て運、人脈が金運へとつながる、優しさやボランティア精神が財を呼ぶ

子　始まりの意、何かを始めて吉、直感力アップ

壬　コツコツと努力して財を成す、勉強や受験に吉、集中力アップ

南組

丙　旅行運、海外運、故郷を離れての成功へ導く

午　アイデア、発想力、直感力、感受性を高める

丁　神秘、スピリチュアルパワーの高まり、名誉、名声、人気運

風水

基本マスターBOOK

いちばんやさしい風水入門　別冊付録